乡土法学文丛 ②

高其才　张　华　池建华　著

走向村居良法善治
广东省惠州市村居法治建设实践

ZOUXIANG CUNJU LIANGFASHANZHI
GUANGDONGSHENG HUIZHOUSHI CUNJU FAZHI JIANSHE SHIJIAN

中国政法大学出版社

2022·北京

图书在版编目（ＣＩＰ）数据

走向村居良法善治：广东省惠州市村居法治建设实践/高其才，张华，池建华著.—北京：中国政法大学出版社，2022.9

ISBN 978-7-5764-0674-0

Ⅰ.①走…　Ⅱ.①高…　②张…　③池…　Ⅲ.①社会主义法治－建设－研究－惠州　Ⅳ.①D927.653

中国版本图书馆CIP数据核字(2022)第175982号

出　版　者　　中国政法大学出版社

地　　　址　　北京市海淀区西土城路25号

邮寄地址　　北京100088 信箱8034分箱　邮编100088

网　　　址　　http://www.cuplpress.com (网络实名：中国政法大学出版社)

电　　　话　　010-58908586(编辑部) 58908334(邮购部)

编辑邮箱　　zhengfadch@126.com

承　　　印　　固安华明印业有限公司

开　　　本　　720mm×960mm　　1/16

印　　　张　　17.5

字　　　数　　300千字

版　　　次　　2022年9月第1版

印　　　次　　2022年9月第1次印刷

定　　　价　　79.00元

总　序

一

中国的法学研究需要关怀中国民众的日常生活，离不开中国的社会实践，为中国的政治、经济、文化、历史条件所制约。费孝通先生在《乡土中国》中提出了"乡土中国"的概念，对中国基层社会的性质进行了探讨。[1]我在三十多年的田野调查和研究中感到当今的中国社会本质上仍然属于乡土社会，[2]中国法学的产生和发展与这一社会环境息息相关。

如果中国法学可以根据城市、农村等区域研究对象不同而进行区分的话，显然我的主要兴趣点不在城市法学、都市法学领域，而集中关注乡土法学、乡村法学、农村法学领域的调查和研究。在三十年经历的基础上，我在《哈尔滨工业大学学报（社会科学版）》2015年第6期上，以《乡土法学初论》为题谈了自己的一些认识，并在学院组织教师出版自选集时我将自选集命名为《乡土法学探索》（法律出版社2015年8月）。在此基础上，近些年我逐渐萌生了编辑一套《乡土法学文丛》的想法，比较集中地表达我们学术共同体

---

〔1〕《乡土中国》是费孝通先生在20世纪40年代后期，根据他在西南联大和云南大学所讲"乡村社会学"一课的内容而写成的，1947年结集出版。《乡土中国》围绕着中国基层社会的乡土性质，以"乡土本色""文字下乡""再论文字下乡""差序格局""维系着私人的道德""家族""男女有别""礼治秩序""无讼""无为政治""长老统治""血缘和地缘""名实的分离""从欲望到需要"等14篇短小的论文从不同角度与层次勾画乡土社会的面貌，全面地展示了中国传统社会的社会状况，提炼出了一些至今被广泛引用的"乡土社会""差序格局""礼治秩序""长老统治"等基本概念。详见费孝通：《乡土中国》，生活·读书·新知三联书店1985年版。

〔2〕在我看来，当今的中国社会虽然工业文明有了一定的发展，商业文明也有某种程度的体现，但是从社会结构、治理体系、思维方式等方面整体衡量，当代中国社会从本质上仍为乡土社会。

有关乡土法学的思考，希翼展示我们同道人在乡土法学领域的学术成果，体现我们关注中国乡土规范和乡土秩序的一份社会责任。

二

乡村是具有自然、社会、经济特征的地域综合体，兼具生产、生活、生态、文化等多重功能，与城镇互促互进、共生共存，共同构成人类活动的主要空间。乡村兴则国家兴，乡村衰则国家衰。我国人民日益增长的美好生活需要和不平衡不充分的发展之间的矛盾在乡村最为突出，我国仍然处于并将长期处于社会主义初级阶段的特征很大程度上表现在乡村。[1]

以乡村、乡民、农业为研究对象的乡土法学具有中国法学特质，为中国法学的重要构成部分。中华文明是循着自己的独立途径成长起来，中国法学需要摆脱西方历史模式的影响，思考中国社会现实发展中的法律问题，揭示中国社会规范和秩序变动的独特过程和方式。乡土法学为中国法学主体性的重要表现，关注乡土法学是"法学中国化"的自觉与体现。

乡土法学是中国固有法学的接续和发展，对于弘扬中华法系优秀内容、传承中华优秀法文化是有积极意义的。中华文明根植于农耕文化，乡村是中华文明的基本载体。乡土法学对乡村规范、乡民社会秩序的研究，深入挖掘农耕文化蕴含的优秀法思想、法观念、法规范、法制度，结合时代要求在传承、弘扬的基础上创造性转化、创新性发展，有助于完整理解中国社会的法规范，把握中华法文化的特质，广泛传承和弘扬我国固有法观念，全力推进中华文明的复兴。

深入进行乡土法学研究有助于推进当代中国的国家法治建设。当代中国的法治建设具有移植为主、自上而下、政府主导、立法推进等特点，从一定意义上缺少社会内在生发动力，因此法治建设需要不断培育社会条件和社会土壤。通过乡土法学的调查、研究，对乡土法、乡村规范与秩序的运作机制进行全面的把握，探寻其与现代法治的共同点、相洽处，不断推进乡村地区的建设，推进乡村地区的治理能力和治理体系的现代化，从而推进中国的法治社会、法治国家建设，这无疑是极有意义的工作。

---

[1]《乡村振兴战略规划（2018-2022年）》（中共中央、国务院2018年9月26日印发）。

三

乡土法学以乡土法、乡村法为研究对象，涵括乡土法、乡村法的观念、规范、运行、秩序等层面。乡土法、乡村法是乡土社会成员在日常的生产、生活过程中，逐渐内生形成的权利、义务规范，依赖乡土社会成员的信守和一定的社会强制力保障实施。

乡土法、乡村法具有这样一些特征：（1）乡土法、乡村法是在乡村地区内生形成的行为规范，在乡土社会共同体内部萌发、生成并发展、完善。乡土法、乡村法的产生与成长是一个长期而缓慢的过程，因而民众具有更为持久的内心确信和实际遵从性。（2）乡土法、乡村法是农业文明、农耕文明、乡村社区的产物，与自给自足的小农经济密切相关。乡土法、乡村法对乡民的日常生产、生活进行全面的规范，满足乡民生存、安全、发展的需要。（3）乡土法、乡村法既包括国家法律，也包括非国家法意义上的习惯法，通常表现为不成文法的形式，但成文性的乡土法也占有重要地位。（4）乡土法、乡村法具有地域特色，表现了某一乡土区域的历史特点、地理特征、生产状况和文化样貌。（5）乡土法、乡村法为身边的法。乡土法为乡土社会成员生活中的法，为乡土社会成员最为优先选择的行为规范，具有极强的拘束力。（6）乡土法、乡村法具有文化性，体现了某一乡土区域的民情、社会特质，为这一群体、组织的成员的智慧累积。乡土法、乡村法的表现形式十分多样，包括村规民约、自治规章、社区惯例等，既有成文形式的规范，也有不成文形式的规范。格言、谚语、警句等也可能表达了乡土法、乡村法的某种观念、规范。

乡土法学的内容较为广泛，包括乡土公共生活法学、乡土民事法学、乡土调处法学、乡土处罚法学等。具体而言，乡土法学具体的研究对象包括乡土法观念、乡土法规范、乡土法行为、乡土法人物、乡土法物件等方面，涉及应然、实然各个层面。

四

进行乡土法学研究需要对我国法学进行批判性反思。乡土法学不是一个简单的概念提出，是在反思我国法学基础上对未来法学发展方向的思考。我国的法学需要多元发展，既要求"洋"，更要立"土"，需要回应我国社会的需要、分析我国法律实践提出的问题。法学的发展需要树立"本根"观念，我国法学的发展必须建立在固有文化、传统文明的基础上。我们需要认真思考法学发展与文化、历史的关系，使我国法学具有坚实的价值支撑、具有明晰的主体性。

进行乡土法学研究要求研究者眼睛向下。乡土法学要求研究者进一步认识乡土法、乡村法的客观存在，正视乡土法、乡村法的实际社会意义和现实价值。法学研究应当眼睛向下，从生活中寻求研究的动力。当代中国进行现代化建设，需要理解历史的中国，准确把握国情和国民性，从中国社会的发展中把握中国社会的特质和发展趋向。特别是中国基层社会，对当代中国社会的发展具有真实、潜在、深刻、广泛的影响。乡土法学能够更恰当地理解我国法律与社会的关系，关注社会生活中的规范与秩序建构。

进行乡土法学研究需要丰富法学研究方法。法学界应该重视田野调查，了解乡土法、乡村法的实际状况，努力总结乡土法、乡村法的特质，探讨和概括乡土法、乡村法的内在规律，不断提升乡土法学的理论概括性和指导力，逐渐形成乡土法学的概念和理论体系。

五

《乡土法学文丛》为开放性的系列作品汇集，举凡与中国乡村、乡民、农业相关的法学作品均宜收入其中。

根据稿件情况，《乡土法学文丛》每年推出若干作品，以积少成多逐渐形成规模，促进乡土法学的发展。

《乡土法学文丛》欢迎法学、乡村学、管理学、社会学、民俗学、政治学、历史学等各领域作者的作品，尤其欢迎年轻作者的力作。

《乡土法学文丛》作品形式不限于研究专著，调查实证报告、田野观察记述、事件案件分析等都可纳入之中。

高其才谨识

2020 年 12 月 28 日于樛然斋

目　录

CONTENTS

第一章

导 言

我国《宪法》[1]第 5 条第 1 款规定："中华人民共和国实行依法治国，建设社会主义法治国家。"2014 年 10 月 23 日《中共中央关于全面推进依法治国若干重大问题的决定》提出全面推进依法治国，坚持依法治国、依法执政、依法行政共同推进，坚持法治国家、法治政府、法治社会一体建设，强调"全面推进依法治国，基础在基层，工作重点在基层"。2021 年 1 月 10 日中共中央印发的《法治中国建设规划（2020-2025 年）》指出法治是人类文明进步的重要标志，是治国理政的基本方式，是中国共产党和中国人民的不懈追求。2020 年 12 月 7 日中共中央印发的《法治社会建设实施纲要（2020-2025 年）》强调法治社会是构筑法治国家的基础，法治社会建设是实现国家治理体系和治理能力现代化的重要组成部分；建设信仰法治、公平正义、保障权利、守法诚信、充满活力、和谐有序的社会主义法治社会，是增强人民群众获得感、幸福感、安全感的重要举措，提出开展法治乡村创建活动。

村庄、居住小区为我国乡村和城市的基层社区。城乡村居社区是法治建设、社会治理的基本单元。村居社区治理事关党和国家大政方针贯彻落实，事关居民群众切身利益，事关城乡基层和谐稳定。我国《宪法》第 111 条规定："城市和农村按居民居住地区设立的居民委员会或者村民委员会是基层群众性自治组织。居民委员会、村民委员会的主任、副主任和委员由居民选举。居民委员会、村民委员会同基层政权的相互关系由法律规定。居民委员会、

---

[1]《宪法》，即《中华人民共和国宪法》，为表述方便，本书中涉及的我国法律直接使用简称，省去"中华人民共和国"字样，全书统一，不再赘述。

村民委员会设人民调解、治安保卫、公共卫生等委员会，办理本居住地区的公共事务和公益事业，调解民间纠纷，协助维护社会治安，并且向人民政府反映群众的意见、要求和提出建议。"《中共中央、国务院关于加强基层治理体系和治理能力现代化建设的意见》（2021年4月28日）指出："基层治理是国家治理的基石，统筹推进乡镇（街道）和城乡社区治理，是实现国家治理体系和治理能力现代化的基础工程。"城乡村居社区的法治建设和社会治理事关党和国家大政方针贯彻落实，事关居民群众切身利益，事关城乡基层和谐稳定。

推进全面依法治国，实现党领导下的政府治理和社会调节、居民自治良性互动，全面提升城乡社区治理法治化、科学化、精细化水平和组织化程度，促进城乡社区治理体系和治理能力现代化，需要进一步推进村居法治建设。《中共中央、国务院关于加强和完善城乡社区治理的意见》（2017年6月12日）提出："坚持以基层党组织建设为关键、政府治理为主导、居民需求为导向、改革创新为动力，健全体系、整合资源、增强能力，完善城乡社区治理体制。"《中共中央、国务院关于实施乡村振兴战略的意见》（2018年1月2日）和《乡村振兴战略规划（2018-2022年）》（2018年9月26日）明确提出了建设法治乡村这一重大任务。《中共中央关于坚持和完善中国特色社会主义制度　推进国家治理体系和治理能力现代化若干重大问题的决定》（2019年10月31日）强调"系统治理、依法治理、综合治理、源头治理"。《中共中央办公厅、国务院办公厅关于加强和改进乡村治理的指导意见》（2019年6月23日）对法治乡村建设提出了明确要求。中央全面依法治国委员会于2020年3月印发的《关于加强法治乡村建设的意见》则具体提出了法治乡村建设的主要任务。《农业农村部关于全面推进农业农村法治建设的意见》（2021年4月20日）强调："坚持依法治农、依法护农、依法兴农，走中国特色社会主义乡村振兴道路，充分发挥法治在我国农业农村现代化进程中固根本、稳预期、利长远的重要作用，全面推进农业农村法治建设。"《中共中央、国务院关于加强基层治理体系和治理能力现代化建设的意见》（2021年4月28日）强调："推进基层治理法治建设，提升基层党员、干部法治素养，引导群众积极参与、依法支持和配合基层治理。"根据法律法规，按照国家、省的安排，广东省惠州市展现出了先行先试的胆识和敢闯敢拼魄力，在村居法治建设方面进行了积极的探索，取得了显著的成效，值得全面总结。

惠州市位于广东省东南部，属珠江三角洲东北、东江中下游地区；现辖惠城区、惠阳区、惠东县、博罗县、龙门县，设有大亚湾经济技术开发区和仲恺高新技术产业开发区两个国家级开发区。2019 年末，全市县（区）以下划分 1 个乡、48 个镇、22 个街道。[1]截至 2021 年 1 月 20 日，惠州市有村民委员会 1043 个、居民委员会 270 个。[2]2020 年户籍人口 397.76 万人，其中城镇人口 223.24 万人，乡村人口 163.52 万人。2020 年，惠州市地区生产总值（初步核算数）4221.79 亿元，其中第一产业增加值 219.09 亿元，第二产业增加值 2134.36 亿元，第三产业增加值 1868.33 亿元。[3]惠州是东江中下游的中心城市，处在客家文化、广府文化和潮汕文化的交汇地带。

作为国家历史文化名城、国家森林城市的广东省惠州市，按照国家法律法规和中央规范性文件的要求，结合实际情况积极创新，在社会治理、法治乡村（居）建设方面走在全国的前列。惠州市探索实践了"村（居）法制副主任""一村一法律顾问""司法惠民工作室""'六治'（政治、自治、法治、德治、智治、美治）基层治理模式"等创新性村居法治建设的模式、制度和方式。惠州市 2009 年获全国社会治安综合治理优秀市，2016 年获首批全国社会治理创新优秀城市称号，2017 年获全国社会治安综合治理优秀市称号，2017 年获全国平安建设领域最高荣誉"长安杯"，荣膺 2017 全国社会治理创新优秀城市，荣膺 2018 年全国社会治理创新示范市，荣膺 2019 社会治理创新典范案例城，[4]2021 年获评平安中国建设示范市、再度捧回代表全国平安

---

[1] "走进惠州"，载惠州市人民政府网：http://www.huizhou.gov.cn/zjhz/qyxx/content/post_220644.html，2021 年 6 月 2 日最后访问。

[2] 惠州市民政局门户网站："惠州市村（居）委会数量统计表（截至 2021 年 1 月 20 日）"，载惠州市民政局门户网站：http://mzj.huizhou.gov.cn.proxy.huizhou.gov.cn/zwgk/bmwj/tzgg/content/post_4174683.html，2021 年 4 月 21 日最后访问。2021 年 1 月 25 日，惠州市圆满完成全市 1313 个村（社区）"两委"换届选举，共选举产生 8105 名"两委"干部，"两委"成员交叉任职比例达 89.7%。截至 3 月 28 日，全市 11 324 个村（居）民小组、1313 个村（居）务监督委员会、1082 个村级集体经济组织、1295 个村（社区）共青团组织、1325 个村（社区）妇联组织全面完成换届选举。参见"好消息！惠州市 1313 个村（社区）'两委'换届选举工作圆满完成"，载惠州先锋网：https://zzb.huizhou.gov.cn/web/article/detail?id=2526，2021 年 5 月 13 日最后访问。

[3] "走进惠州"，载惠州市人民政府网：http://www.huizhou.gov.cn/zjhz/shsy/content/post_220957.html，2021 年 6 月 2 日最后访问。

[4] "走进惠州"，载惠州市人民政府网：http://www.huizhou.gov.cn/zjhz/yjcs/content/post_220945.html，2021 年 6 月 2 日最后访问。

建设领域的最高荣誉"长安杯"。[1]

惠州市村居法治建设工作吸引了《人民日报》《光明日报》《法治日报》《南方日报》《羊城晚报》以及新华网、人民网、央广网、中国长安网等国家级、省级媒体的关注和报道。例如，《人民日报》以《广东惠州探索"一村一法律顾问"10 年，协助调解矛盾纠纷 2 万多宗 专业优质便捷的法律服务进村来》为题对惠州市的一村一法律顾问制度进行了专题报道；[2]《光明日报》以《在推动基层普法中有所作为》为题报道了惠州市于 2009 年开始推行的"村居法制副主任"制度，刊登了村居法制副主任代表徐向辉律师的履职工作经验和感悟；[3]《法制日报》以《法制副主任助力基层治理法治化》为题，报道了由法制日报社主办、惠州市法学会承办的"深化广东省惠州市村（居）委'法制副主任'制度研讨会"情况，并刊登了罗豪才、查庆九等 10 位专家的发言内容；[4]《法治日报》以《"网格共商"演绎出"和美之治"：惠州凝智聚力探索基层社会治理新路径》为题详细展现了"和美网格""网格共商"等基层治理机制在惠城区江南街道祝屋巷的生动实践；[5]《南方日报》以《平安建设法治建设持续深化，市域社会治理有序推进：惠州再捧"长安杯"获评平安中国建设示范市》为题对惠州市充分发挥"六治"作用、开展"和美网格"试点工作、推进"一村（居）一警"等社会治理创新举措进行了报道；[6]新华网以《惠州博罗观背村如何蝶变？由空心村变成"网红村"》为题介绍了"全国民主法治示范村"观背村的治理经验；[7]中共中央政法委员会官方新闻网站中国长安网以《广东惠州：司法惠民接地气》为题报道了惠

〔1〕"平安建设法治建设持续深化，市域社会治理有序推进：惠州再捧'长安杯'获评平安中国建设示范市"，载《南方日报》2021 年 12 月 17 日。

〔2〕吴冰、贺林平、李刚："广东惠州探索'一村一法律顾问'10 年，协助调解矛盾纠纷 2 万多宗专业优质便捷的法律服务进村来"，载《人民日报》2020 年 7 月 24 日。

〔3〕徐向辉："在推动基层普法中有所作为"，载《光明日报》2017 年 12 月 5 日。

〔4〕"法制副主任助力基层治理法治化"，载《法制日报》2014 年 4 月 10 日。

〔5〕章宁旦、邓君："'网格共商'演绎出'和美之治'：惠州凝智聚力探索基层社会治理新路径"，载《法治日报》2021 年 5 月 8 日。

〔6〕"平安建设法治建设持续深化，市域社会治理有序推进：惠州再捧'长安杯'获评平安中国建设示范市"，载《南方日报》2021 年 12 月 17 日。

〔7〕"惠州博罗观背村如何蝶变？由空心村变成'网红村'"，载新华网：http://www.gd.xinhuanet.com/newscenter/2021-12/28/c_ 1128209280.htm，2022 年 1 月 12 日最后访问。

州市司法惠民工作的成效和经验。[1]主流媒体的关注和报道提升了惠州市村居法治建设的传播力、引导力、影响力、公信力，为人们了解惠州市村居法治建设状况提供了有益参考。

惠州市村居法治建设本着为了群众、依靠群众的原则，因地制宜开展，勇于探索创新，注重实际效果；过程群众参与、效果群众评判、成果群众共享。惠州市村居法治建设颇具特色和亮点，非常值得总结。接受中共惠州市委政法委员会的课题调研委托以后，我们课题组于2021年4月、10月到惠州市就惠州市村居法治建设进行实地调查。我们到惠东县稔山镇范和村、惠东县稔山镇范和公益理事会、惠东县稔山镇范和村陈氏理事会、惠东县稔山镇大墩村、惠东县稔山镇司法所、惠城区江南街道祝屋巷、惠城区江南街道祝屋巷文旅协会、博罗县罗阳街道观背村、博罗县手有余香志愿者协会、博罗县湖镇镇坪山村、坪山村欢乐稻场项目、博罗县湖镇镇黄塘村、博罗县杨村镇羊和村、博罗县杨村镇洋和花卉基地、博罗县杨村镇石滩村、博罗县杨侨镇万洋众创城、博罗县李艺金钱龟园、大亚湾经济技术开发区西区街道塘尾村、大亚湾经济技术开发区澳头街道东升村、大亚湾经济技术开发区霞涌街道霞新村、大亚湾经济技术开发区霞涌街道新村新海港民宿、惠东县平山镇碧山村大湖洋村民小组、惠东县梁化镇小禾洞村、惠东县梁化镇小禾洞村吾乡别院民宿、惠东县人民法院等进行参观、考察。

我们在惠州市司法局参加了由中共惠州市委政法委员会组织的座谈会，听取了惠州市农业农村局、惠州市民政局、惠州市司法局、惠州市中级人民法院等单位的工作介绍；在惠城区江南街道祝屋巷参加了由中共惠州市惠城区委政法委组织的座谈会，听取了中共惠州市惠城区委政法委、惠城区江南街道、惠城区江南街道下角村民委员会、惠城区江南街道祝屋巷居民委员会、惠城区江南街道祝屋巷文旅协会等单位的工作介绍；在博罗县罗阳街道参加了由中共惠州市博罗县委政法委员会组织的座谈会，听取了中共惠州市博罗县委政法委员会、博罗县罗阳街道、博罗县罗阳街道观背村等单位的工作介绍；在博罗县湖镇镇黄塘村，我们参加了由湖镇镇人民政府组织的座谈会，听取了博罗县湖镇镇坪山村、博罗县湖镇镇黄塘村、黄塘村法律顾问张律师

---

[1]　林晔晗、温永宏、李有军："广东惠州：司法惠民接地气"，载中国长安网：http://www.ch-inapeace.gov.cn/chinapeace/c28505/2013-08/06/content_ 12088745.shtml，2022 年 1 月 12 日最后访问。

等单位和个人的工作介绍；在惠东县稔山镇范和村，我们与惠东县稔山镇范和公益理事会的各位成员进行了座谈；在惠东县稔山镇人民政府综治中心，我们参加了由中共惠东县委政法委员会组织的座谈会，听取了稔山镇人民政府综治中心、稔山镇司法所、稔山镇信访办等单位的工作介绍；在惠东县人民法院，与中共惠东县委、惠东县人民法院的领导和法官等进行了交流。我们课题组与中共惠州市委政法委员会等单位和个人保持密切联系，获得了诸多村居法治建设方面的资料。

从可资参考借鉴的相关学术研究状况来看，学界围绕村居法治建设的主题从国家法和习惯法层面对村居法治建设的内涵、主体、方法、规范、运行、价值、问题、路径等进行了理论和实证研究，[1]还有部分研究者专门以惠州市村居法治建设为主题展开了相关学术研究，力图通过理论梳理、理论总结和理论创新为惠州市的村居法治建设提供理论参考和法理支持。其中，杨择郡、王利军等编著的《软法之治的乡土实践——惠州市村（居）委"法制副主任"制度的源流与嬗变》分析了惠州市"法制副主任"制度的经验与不足并提出了完善建议。[2]李步云教授等所著的《论法治社会建设的基本要求——以惠州经验为参照》以广东惠州的做法为参照，论证了政社分开、鼓励各类社会组织发展、重点培育社会组织中的涉法机制、建立健全各类社会组织的规章制度充分发挥"软法"的积极作用、加强社会领域的法治文化建设等五项法治社会建设基本要求的合理性。[3]周巍所著《惠州市基层社会治理模式的探索与实践》分析总结了惠州市基层治理探索的成效和现实挑战。[4]周林生所著《社会治理创新概论》对惠州市惠城区开展社会安全治理过程中的"六民共治"经验进行了理论总结。[5]袁文峰所著《公法学的规律与迁变》

---

〔1〕 以中国知网收录研究成果为例，研究主题中包含"农村+法治"的成果数量高达 12086 篇，研究主题中包含"基层+法治"的成果数量高达 14 329 篇，研究主题中包含"社区+法治"的成果高达 6829 篇。这些研究成果大多与村居法治建设有一定的相关性。最后检索日期：2022 年 1 月 13 日。

〔2〕 参见杨择郡等编著：《软法之治的乡土实践——惠州市村（居）委"法制副主任"制度的源流与嬗变》，世界图书出版公司 2014 年版。

〔3〕 李步云、张舜玺："论法治社会建设的基本要求——以惠州经验为参照"，载《法治社会》2016 年第 1 期，第 5~12 页。

〔4〕 周巍："惠州市基层社会治理模式的探索与实践"，载《惠州学院学报》2021 年第 4 期，第 38~44 页。

〔5〕 周林生：《社会治理创新概论》，广东人民出版社 2015 年版，第 206~209 页。

对惠州开展的部分法治建设探索进行了法理分析。[1]中国警察法学研究会编著的《警察法学研究》（第2辑）细致梳理了惠州市开展平安惠州建设中推进"五项建设"的经验。[2]惠州市社会建设研究院编著的《走在善治的路上》从法治维度等多个维度对惠州市惠州社会治理创新举措进行了理论概括与提炼。[3]综合来看，目前学界围绕村居法治建设这一主题已开展了较为深入和充分的研究，但目前专以惠州市为单位的村居法治建设研究尚不够充分和全面。既有的以惠州市为单位的研究大多属于理论深度较浅的工作纪实式研究或仅聚焦特定内容的非全面性研究。当然，这些研究仍有一定的学术参考价值，为本书全面展现、系统深描惠州市村居法治建设状况提供了一定的经验基础和理论资源。

在现场调研、座谈的基础上，通过查阅有关文件和材料，结合学习贯彻落实习近平法治思想的要求，围绕惠州村居的良法善治，我们对惠州市村居法治建设的良法建构、村居法治建设的善治运行、村居法治建设的主要特点进行全面的总结，系统梳理惠州市村居法治建设的亮点工作，提炼实践性、操作性强的路径与方法，探寻提升村居法治建设质量、效率、公信力的途径与方法，就惠州市村居法治建设的进一步发展和完善提出思考和建议，为惠州市村居地区弘扬社会主义法治精神、增强全民法治观念、完善公共法律服务体系、夯实依法治市基层基础提供决策参考依据，以深入推进惠州市村居法治建设，全面提升村居社会治理法治化水平，依法维护社会秩序、解决社会问题、协调利益关系、推动社会事业发展，培育村居民众办事依法、遇事找法、解决问题用法、化解矛盾靠法的村居法治环境，促进惠州市的村居社会既充满活力又和谐有序。

---

〔1〕 袁文峰：《公法学的规律与迁变》，知识产权出版社2017年版，第82~98页。

〔2〕 中国警察法学研究会编：《警察法学研究》（第2辑），中国人民公安大学出版社2016年版，第1~5页。

〔3〕 参见惠州市社会建设研究院编：《走在善治的路上——讲述社会治理创新的惠州故事》，广东人民出版社2015年版。

第二章

村居法治建设的良法建构

　　村居法治建设，必须加强和改进法律法规和规范性文件的制定和修改工作，重视村规居约议订，深入推进立法工作、立规工作和立约工作，不断提高涉村居制度规范的质量和效率，维护村居社会的和谐稳定、保障村居社会的全面发展。

　　惠州市地方立法机关、党政机关、基层群众自治组织等立法、立规、立约主体根据国家宪法、法律和行政法规的规定，本着以良法促进社会建设、保障社会善治的目标，结合惠州地方实际，充分发挥主观能动性，积极推进村居法治建设的制度创新，制定并完善了多层次、多领域的地方性法规、政府规章、规范性文件、村规居约以及社会组织规约等村居治理"良法"，为党组织领导下的政府治理、社会调节和居民自治的良性互动提供了行为范式、行动准则与评价标准，为村居依法治理奠定了较为坚实的制度基础。

第一节　审慎立法

　　《中共中央、国务院关于加强和完善城乡社区治理的意见》（2017 年 6 月 12 日）要求："有立法权的地方要结合当地实际，出台城乡社区治理地方性法规和地方政府规章。推进法治社区建设。"中共中央印发的《法治社会建设实施纲要（2020-2025 年）》（2020 年 12 月 7 日）提出，要"健全社会组织、城乡社区、社会工作等方面的法律制度，进一步加强和创新社会治理"。围绕着村居法治建设的实际需要，惠州市地方立法机关坚持以人民为中心，以解决村居法治建设过程中的突出问题为着力点，根据具体情况和实际需要，审慎运用地方立法权，切实提高立法质量和效率，在村居经济建设、村居政治建设、村居社会建设、村居文化建设、村居生态文明建设、村居秩序建设等方面加强制度建设，形成和完善了系统化的地方性法规体系。

一、立法引导村居政治建设

惠州市地方立法机关注重村居政治建设，将村居政治建设纳入市域社会治理治理体系与治理框架，建立起面向村居、依靠村居、以村居满意度为衡量标准的治理评价体系和评价结果公开机制，将政府推动和引导村居政治建设的经验、方法和手段予以制度化、规范化、法治化，以高质量立法引导村居政治高质量建设，推动基层治理体系和治理能力现代化。

具体到立法实践，一方面，惠州市地方立法机关坚持共建共治共享，审慎制定引导村居政治建设的地方性法规。例如《惠州市罗浮山风景名胜区条例》第6条第1款规定："罗浮山风景名胜区及其外围保护地带内的村民委员会、居民委员会，应当协助、配合政府和罗浮山风景名胜区管理机构做好风景名胜区的保护管理工作。"2016年2月29日惠州市第十一届人民代表大会第六次会议通过的《惠州市制定地方性法规条例》第12条规定："下列事项由市人民代表大会制定地方性法规：……（二）规定本市城乡建设与管理、环境保护、历史文化保护等方面特别重大事项的；……"第22条第1款规定："下列事项由市人民代表大会常务委员会制定地方性法规：（一）对本市城乡建设与管理、环境保护、历史文化保护等方面的事项作具体规定的；……"第33条第3款规定："法规案有关问题存在重大意见分歧或者涉及利益关系重大调整，需要进行听证的，应当召开听证会，听取有关基层和群体代表、部门、人民团体、专家、人大代表等方面的意见，组织意见分歧各方代表或者利益相关方代表进行辩论。听证情况应当向常务委员会报告。"另一方面，惠州市地方立法机关注重开展创建乡村振兴长效帮扶工作机制专题调研，深入县镇村（社区）了解指导惠州市村（社区）换届工作，推动相关工作部署落地生根、开花结果。

就结果而言，惠州市的地方立法实践有助于基层社区贯彻执行党和政府的方针政策，维护居民的合法权益，建立和发展各类政治组织，推进基层民主和法治建设，实现村居社区的政治功能，建立起人人有责、人人尽责、人人享有的共同体。

二、立法保障村居经济发展

自广东省人大常委会表决批准惠州成为广东省首批行使地方立法权的地级市开始，惠州市人大及其常委会即着手制定了一系列与村居经济密切相关的地方性法规，为村居经济发展举旗定向、保驾护航，为基层社区组织、开展、管理生产经营活动指明了方向。

例如，"为了更好地处理罗浮山风景名胜区保护与当地村（居）民生产生活的关系，促进旅游产业健康有序发展"，[1]惠州市人民代表大会常务委员会根据《广东省旅游条例》相关规定，制定了《惠州市罗浮山风景名胜区条例》，对风景名胜区内的民宿管理进行了细致规定。该条例第 29 条规定："博罗县人民政府和罗浮山风景名胜区管理机构应当采取有效措施，鼓励和支持风景名胜区内的村民、居民利用自己拥有所有权或者使用权的住宅或者其他条件开办民宿旅游经营。在罗浮山风景名胜区内开办民宿旅游经营应当依法登记。民宿的建筑风貌应当与当地的人文民俗、景区和村庄环境景观相协调。博罗县人民政府、罗浮山风景名胜区管理机构应当根据旅游发展规划和专项规划，加强对民宿经营的监督管理。"此外，"为了协调风景名胜区保护管理与当地自然资源和财产所有权人、使用权人的关系，特别是与当地基层组织和村（居）民合法权益的关系"。[2]《惠州市罗浮山风景名胜区条例》第 13 条规定："经批准的罗浮山风景名胜区规划是风景名胜区建设、保护、利用和管理的依据，任何单位和个人不得擅自修改；确需修改的，应当征求有关的镇人民政府、部门、社会公众等方面的意见，经专家论证后依照法定程序办理；因修改规划给利害关系人合法权益造成损失的，应当依法给予补偿。"

总体而言，惠州市地方立法机关制定的高质量涉村居地方性法规有利于引导涉村居社会主体履行法定义务、承担社会责任，保障村居经济高质量发展。

三、立法推进村居文化传承

惠州市人大及其常委会注重加强和创新社会治理，完善社会文化领域立

---

〔1〕 陈裕瑾："关于《惠州市罗浮山风景名胜区条例（草案）》审议结果的报告"，载惠州人大信息网：http://rd.huizhou.gov.cn/pages/cms/hzrd/html/lfwj/f848a53ed9ef43539c1c84f365c9d9f6.html?cataId=66efb5b37f5245748c96f731e8b03130，2021 年 5 月 25 日最后访问。

〔2〕 陈裕瑾："关于〈惠州市罗浮山保护条例（草案）〉修改情况的报告"，载惠州人大信息网：http://rd.huizhou.gov.cn/pages/cms/hzrd/html/lfwj/b3e09a00ad6443d9b9fe9fbb6e864dae.html?cataId=66efb5b37f5245748c96f731e8b03130，2021 年 5 月 25 日最后访问。

法，通过立法促进和保障文化产品供给、文化阵地建设、文化活动开展和文化人才培养，推进村居文化传承。

2016 年 10 月 27 日惠州市第十一届人民代表大会常务委员会第三十八次会议通过的《惠州市历史文化名城保护条例》第 13 条第 3 款规定："县级人民政府应当在预先保护对象确定后十个工作日内，向其所在地乡镇人民政府、街道办事处和所有权人、使用权人或者代管人发出预先保护通知，并在当地居民委员会、村民委员会公示栏上发布公告。任何单位和个人不得损坏、拆除预先保护对象。"第 33 条规定："县级以上人民政府可以采取以下措施促进历史文化街区、不可移动文物、历史建筑的合理利用：……（五）鼓励国家机关、企业事业单位、基层自治组织和社会组织将符合条件的不可移动文物、历史建筑作为办公场所；……"值得注意的是，《惠州市历史文化名城保护条例》第 14 条更是明确了历史文化名城保护规划应重点保护的内容，与村居文化传承密切相关。相关规定如下：

第十四条 历史文化名城保护规划应当明确下列重点保护内容：

（一）东江、西枝江、西湖自然水系与历史城区相融共依的城址环境和山水格局，历史城区的空间特色结构；

（二）与罗浮山宗教文化相互依存的自然和人文景观；

（三）惠州西湖风景名胜区的风貌格局、山水界面和主要景观视线通廊；

（四）北门直街、金带街、水东街、铁炉湖及淡水老城等历史文化街区的空间格局和历史风貌；

（五）叶挺故居、百庆楼、罗氏祖祠、归善学宫、东坡井、宾兴馆、惠州府城遗址、平海城门楼等文物保护单位和地下文物埋藏区；

（六）演达小学、鼎臣亭、惠州生产资料商店、淡水战时钟楼、三太子庙等历史建筑；

（七）惠东渔歌、罗浮山百草油制作技艺、小金口麒麟舞、淡水客家凉帽制作技艺、舞火狗、龙门农民画、惠州莫家拳等非物质文化遗产；

（八）市人民政府确定的其他重点保护内容。

惠州市制定的推进村居文化传承地方性法规：一方面，依靠村居、源自村居。在制定《惠州市历史文化名城保护条例》的过程中，惠州市人大常委会法工委曾面向村居基层组织及业主代表举办座谈会、法律专家和历史文化专家咨询会，就条例草案修改中的主要问题广泛听取意见、开展深入探讨。[1]另一方面，面向村居、调整村居。例如，针对目前社会公众对历史文化名城的认知度低、保护意识不强、参与意愿不高的情况，《惠州市历史文化名城保护条例》规定鼓励企业事业单位、社会团体和个人通过设立社会基金、捐赠、开展志愿者活动等方式参与历史文化名城保护和利用。[2]总体而言，惠州市立法机关制定的涉文化相关立法能够为基层社区发展教育事业，组织开展文化娱乐和体育活动，组织开展群众性精神文明创建活动等提供指引，帮助村居社区实现其文化功能。

四、立法引领村居社会文明

惠州市地方立法机关注重通过立法规范引导文明行为，提升村居民文明素质和社会文明程度，将村居建设成和谐有序、绿色文明、创新包容、共建共治共享的幸福家园，使得惠州市村居文明达到新高度。

目前，惠州市正在有序推进《惠州市文明行为促进条例》的制定工作，以解决惠州市市民文明行为领域法规空白的问题。2020年4月9日惠州市第十二届人民代表大会常务委员会主任会议通过的《惠州市人大常委会2020年立法工作计划》指出："我市规范市民文明行为领域的规定多为市民公约，有必要通过地方立法，做好倡导文明行为、治理不文明行为的顶层设计，以指导全市贯彻落实好中央和省关于精神文明建设工作的重要决策部署。"[3]该立法工作计划从侧面明确了在文明行为促进方面相关立法亟待完善。2020年7月16日发布的《惠州市文明行为促进条例（草案）（征求意见稿）》将居住

---

〔1〕 陈裕瑾："关于《惠州市历史文化名城保护条例（草案）》修改情况的报告"，载惠州人大信息网：http://rd.huizhou.gov.cn/pages/cms/hzrd/html/lfwj/057939e262064e9086d0c7c5ec58ed2f.html?cataId=66efb5b37f5245748c96f731e8b03130&artId=057939e262064e9086d0c7c5ec58ed2f&tmp=0.3175620870541679，2021年7月20日最后访问。

〔2〕 陈裕瑾："关于《惠州市历史文化名城保护条例（草案）》修改情况的报告"，载惠州人大信息网：http://rd.huizhou.gov.cn/pages/cms/hzrd/html/lfwj/057939e262064e9086d0c7c5ec58ed2f.html?cataId=66efb5b37f5245748c96f731e8b03130&artId=057939e262064e9086d0c7c5ec58ed2f&tmp=0.3175620870541679，2021年7月19日最后访问。

〔3〕 "惠州市人大常委会2020年立法工作计划"，载惠州人大信息网：http://rd.huizhou.gov.cn/pages/cms/hzrd/html/lfjh/cc1980f1b47040bea5d7944cde9a835f.html?cataId=96a8f4d22da84c2c9cd81fea380e038c，2021年5月25日最后访问。

小区文明行为规范、乡村文明建设规范等内容纳入其中，让文明行为有法可依。

五、立法构筑村居生态屏障

随着城镇化的快速推进，农村的扬尘污染问题不容小觑。为了守住"惠州蓝"，惠州市人民代表大会常务委员会及时回应市民关切和现实需求，于2020年8月27日通过了《惠州市扬尘污染防治条例》。该条例明确了村（居）民委员会的劝阻、报告和协助义务，将扬尘污染监管从市、县（区）、镇（街）延伸至社会治理的"最后一公里"。[1]该条例第3条第3款规定："村（居）民委员会应当及时劝阻、报告区域内扬尘污染行为，协助开展扬尘污染防治工作。"同时，惠州市人民代表大会常务委员会注重依托市民信任度较高的12345平台，设立举报奖励制度，鼓励公众参与，推进社会共治。该条例第14条第1款规定："任何单位和个人有权通过12345热线或者其他方式，对扬尘污染违法行为向有关部门进行举报。……"该条例以村居社会为关注对象、重点场域和行动主体，推进防治格局从单一向多维转变，形成多方参与的防治格局，以法治之力守护"惠州蓝"。

《惠州市扬尘污染防治条例》并非惠州市唯一一部与村居生态文明建设相关的立法。自2015年获得地方立法权以来，惠州市以推动绿色发展为立法工作重心，先后为保护"一条江（西枝江）""一座城（历史文化名城）""一座山（罗浮山）""一个湖（惠州西湖）"进行立法。2016年2月29日惠州市第十一届人民代表大会第六次审议会议通过，2018年12月27日惠州市第十二届人民代表大会常务委员会第十九次会议修正的《惠州市西枝江水系水质保护条例》第4条规定："西枝江流域县级以上人民政府生态环境主管部门对本行政区域的水质保护工作实行统一监督管理。发展改革、水利、林业、农业农村、自然资源、住房城乡建设、城乡管理、公用事业、卫生健康、公安、民政、市政园林、港务、海事等其他负有生态环境监督管理职责的部门在各自职责范围内，做好水质保护工作。"第19条规定："禁止在西枝江流域使用高毒、高残留农药。各级人民政府及其农业农村等有关部门和机构应

---

[1]"立法治扬尘 守护惠州蓝"，载惠州人大信息网：http://rd.huizhou.gov.cn/pages/cms/hzrd/html/lfdt/7fed3b78d64d44a082e6dd46b58766e9.html？cataId=700f4a18e13a476381250e962f560556，2021年7月20日最后访问。

当指导农业生产者科学使用化肥、农药、农用薄膜和饲料添加剂，开展农作物病虫害绿色防控和统防统治。"第28条规定："违反本条例第十九条规定，使用高毒、高残留农药的，由县级人民政府农业农村主管部门责令改正，农药使用者为农产品生产企业、食品和食用农产品仓储企业、专业化病虫害防治服务组织和从事农产品生产的农民专业合作社等单位的，处五万元以上十万元以下罚款，农药使用者为个人的，处二千元以上一万元以下罚款；构成犯罪的，依法追究刑事责任。"第20条第1款规定："西枝江流域县级以上人民政府应当划定畜禽养殖禁养区、限养区，并向社会公布。禁养区内不得从事畜禽养殖业。限养区内不得新建、扩建养殖场（小区），改建养殖场（小区）不得增加污染物排放量。"第29条规定："违反本条例第二十条规定，有下列行为之一的，由县级以上人民政府生态环境主管部门按照以下规定处罚：（一）在禁养区从事畜禽养殖业的，责令停止违法行为；拒不停止违法行为的，处五万元以上十万元以下罚款，并报县级以上人民政府责令拆除或者关闭。（二）在限养区新建、扩建养殖场（小区）或者改建养殖场（小区）导致污染物排放量增加的，责令限期改正；拒不改正的，处三万元以上五万元以下罚款，并报县级以上人民政府责令拆除或者关闭。（三）畜禽养殖场（小区）未配套建设污染防治设施或者污染防治设施未正常运行的，责令停止生产或者使用，处五万元以上十万元以下罚款。"

有关法规还规定村民委员会、居民委员会可以组织制定保护风景名胜区的村规民约和居民公约。如2017年12月29日惠州市第十二届人民代表大会常务委员会第十次会议通过的《惠州市罗浮山风景名胜区条例》第6条第2款规定："罗浮山风景名胜区管理机构和有关的镇人民政府应当指导村民委员会、居民委员会组织制定保护风景名胜区的村规民约和居民公约，鼓励村民、居民积极参与风景名胜区的保护。"第9条第2款规定："罗浮山风景名胜区内居民点建设的详细规划应当突出风景环境特点，与自然景观相协调，并根据居民人口、旅游服务设施的实际需要和用地条件，按照适量、适建原则，确定居民建设用地范围、规模与标准。"第10条规定："编制城市、镇规划，规划范围与罗浮山风景名胜区存在交叉或者重合的，应当将风景名胜区总体规划的保护要求纳入城市、镇规划。编制村庄规划，规划范围与风景名胜区存在交叉或者重合的，应当符合风景名胜区总体规划。"

有关法规突出对重点地区如风景名胜区的生态保护。如2019年8月27日惠州市第十二届人民代表大会常务委员会第二十五次会议审议通过的《惠州西湖风景名胜区保护条例》第8条第1款规定："编制、修改惠州西湖风景名胜区总体规划和详细规划，应当征求有关部门、科研机构、社会团体、基层组织和社会公众的意见，组织专家进行论证；必要时，应当进行听证。"第29条规定："违反本条例第十四条第五项规定，在惠州西湖风景名胜区内放生的，由农业农村主管部门或者林业主管部门责令停止违法行为，处五十元以上两百元以下罚款；造成严重后果的，由农业农村主管部门或者林业主管部门责令采取补救措施，并处一千元以上三千元以下罚款；造成损失的，依法承担民事赔偿责任。"第31条规定："违反本条例第十九条规定，在惠州西湖风景名胜区内使用高音广播喇叭的，或者组织娱乐、集会等活动使用音响器材，产生干扰周围生活环境的过大音量的，由公安机关给予警告，可以并处两百元以上一千元以下罚款。"

此外，2021年5月27日惠州市第十二届人民代表大会常务委员会第四十次会议通过《惠州市市容和环境卫生管理条例》第8条规定："本市倡导和鼓励居（村）民委员会组织制定维护市容和环境卫生公约，动员居（村）民积极参与市容和环境卫生治理工作。"作为惠州的"美颜"利器，该条例面向村居、立足村居、适用村居、美化村居，致力于通过地方立法，筑牢村居生态屏障，建设优美、整洁、宜居的城乡生活环境。

六、立法夯实村居秩序体系

村居法治建设立基于安然有序、和谐稳定的社会秩序。为了确保群众身心健康和人身安全，切实维护社会公共秩序，让基层社会既充满活力又和谐有序，2021年1月5日发布的《惠州市城市养犬管理条例（草案）（征求意见稿）》明确了村民委员会和居民委员会的养犬管理职责。[1]该草案为养犬人、管理方等有关主体规定了行为规范。该征求意见稿第5条规定："城市区域内的居（村）民委员会应当协助做好养犬管理工作，在本居住区内开展依法养人、文明养犬宣传教育，接受居（村）民的举报、投诉，对违法养犬行为予以劝阻、制止，并向有关行政管理部门报告，调解因养犬引起的纠纷。居（村）民委员会可以就本居住区内有关养犬事项制订公约，并监督实施。"该征求意见稿第7条第2款规定："居（村）民委员会和业主委员会、物业服

---

〔1〕《关于公开征求〈惠州市城市养犬管理条例（草案）〉（征求意见稿）意见的公告》。

务企业应当通过宣传栏、电子屏和发放资料等方式，对所在服务区域内的居（村）民、业主开展养犬知识的宣传教育。"通过积极制定地方性法规，发挥地方性立法的积极作用，惠州市的村居秩序体系变得更为健全，村居基层村居法治建设的基础变得更为稳固。

综合来看，惠州市人民代表大会及其常务委员会制定和完善村居治理地方性法规的立法实践初步奠定了惠州市村居法治建设的制度基础，为党政机关精细立规和村居组织自主立约开了好头。通过审慎立法、科学立法、民主立法，惠州市初步建立起了党组织统一领导、政府依法履责、各类组织积极协同、群众广泛参与，自治、法治、德治相结合的基层治理规范体系。惠州市制定和形成的这些地方性法规有利于全面提升村居社会治理法治化水平，有利于依法维护村居社会秩序、解决村居社会问题、协调村居利益关系、推动村居社会事业发展，促进村居社会既充满活力又和谐有序，达到以良法促进发展、保障善治的法律效果和社会效果。

第二节　精细立规

制发规章和规范性文件是党组织、行政机关依法履行职能的重要方式，直接关系到村居群众的切身利益，紧密涉及村居法治建设，事关党和政府形象。惠州市各级党政机关坚持精细立规的价值取向，遵循法治思维，按照民主原则、运用科学方法，使社会公众参与和监督立规的全过程，建立健全充分反映民意、广泛汇聚民智的立规机制，推进规章、规范性文件建设的法制化、科学化、民主化、精细化，使法规、政策、公约规定充分体现和表达人民的意志，真正成为保护人民财产权利和人身权利的良法善规，推进村居法治建设。

具体到立规实践，惠州市、各区县、乡镇的党委和人民政府按照产业兴旺、生态宜居、乡风文明、治理有效、生活富裕的总要求，立足惠州基本市情，统筹考虑经济社会发展状况、法治建设总体进程、人民群众实际需求等多种因素，汲取中华法律文化精华，借鉴全国法治建设有益经验，根据上位法的要求，为惠州市村居法治建设设计、打造了一套行得通、真管用的规章和规范性文件体系，统筹推进村居经济建设、村居政治建设、村居文化建设、村居社会建设、村居生态文明建设和村居党的建设。在总结实践的基础上，惠州市还在不断完善这套规章和规范性文件体系，不断织密规则之网，细化规则之力，发挥规章和规范性文件的积极作用，通过村居法治建设增强人民群众的获得感、幸福感、安全感。

一、立规强化村居政治建设

《中共中央、国务院关于加强基层治理体系和治理能力现代化建设的意见》（2021年4月28日）提出，加强基层治理体系和治理能力现代化要"加强基层党组织建设、增强基层党组织政治功能和组织力"，"加强基层政权建设和健全基层群众自治制度"。惠州市把抓基层、打基础作为长远之计和固本之举，以提升组织力为重点，分别由市、县、乡三级党政机关根据中央精神制定了系统、全面的制度规范，指引、规范和保障村居政治建设，将立规强化村居政治建设作为村居法治建设的核心内容。具体而言，惠州市、县、乡三级党政机关制定的强化村居政治建设的规章和规范性文件主要包括以下三个方面：

（1）加强党的基层组织建设。惠州市十分注重制定和完善在基层治理中坚持和加强党的领导的有关规范，把基层党组织建设成为领导村居法治建设的坚强战斗堡垒。2018年11月23日中共惠州市委办公室、惠州市人民政府办公室印发《惠州市强化村党组织领导核心地位暂行办法》（惠市委办发电〔2018〕81号），从强化村党组织对人事安排的领导、村党组织对重大事项决策的领导、村党组织对集体基金资金管理使用的领导、村党组织对民主监督的领导四个方面，强化村党组织在农村各项工作和各类组织中的领导核心地位，建立健全村党组织领导农村各项工作和各类组织的制度机制。中共惠州市委办公室、惠州市人民政府办公室印发的《关于进一步加强和完善城乡社区治理工作的通知》（惠市委办发电〔2019〕17号）则要求各县（区）及镇（街道）党（工）委，"要把城乡社区治理工作纳入地方党政领导班子和领导干部政绩考核指标体系，纳入市县镇党委书记抓基层党建工作述职评议考核。逐步建立以社区居民满意度为主要衡量标准的社区治理评价体系和评价结果公开机制"。[1]2021年4月25日，中共惠州市委办公室印发《惠州市贯彻落实〈广东省加强党的基层组织三年行动计划（2021-2023年）〉的实施方案》

---

[1]《关于进一步加强和完善城乡社区治理工作的通知》（惠市委办发电〔2019〕17号），2019年6月4日发布，中共惠州市委政法委2021年4月23日提供。

（惠市委办发电〔2021〕3号），提出坚持一年一主题，2021至2023年分别以"完善组织体系开启新征程""提高党建引领基层治理效能""高质量党建推动高质量发展"为主题，加强基层党组织建设。

（2）指引村居自治规范的制定与修订。惠州市民政局、市委组织部、市委政法委员会等部门立足实际、着眼长远，于2019年6月10日印发《关于做好村规民约和居民公约修订工作方案的通知》。[1]该通知为全市村居的村规民约与居民公约的内容构成、村规民约与居民公约的修订程序、村规民约与居民公约的监督落实确立了明确具体的路线、方案、原则与规则，为村居自治规范的修订工作建章立制，为村居自治事业的发展夯基固本。

（3）明晰村居自治的具体内容。为了依法厘清基层政府与村（居）民委员会的权责边界，增强社区自治和服务功能，惠州市制定了《惠州市村（居）民委员会工作职责事项指导目录》。该指导目录确立了76项村（居）民委员会群众自治工作职责事项，125项村（居）民委员会协助政府工作职责事项，以及38项村（居）民委员会没有权限且不须承担的应取消和禁入的事项。[2]制定村（居）民委员会工作职责事项清单，明晰村居民自治的界限、范围和内容为村居民的自治实践提供了正当依据、规范标准、行为范例，使得村居法治水平在制度层面得以跨入更高的层次。

为了加强社区配套公共服务设施建设和管理，惠州市民政局印发了《关于进一步加强社区配套公共服务设施建设和管理的指导意见》，进一步明确了社区配套公共服务设施的定义、配建标准、建设原则和部门职责，在实体设施方面着力补齐城乡社区治理短板，提升城乡社区治理服务水平。[3]为规范村居权力运行，博罗县相继出台了《博罗县农村重大事项"4+2"全程纪实工作法》《博罗县农村党组织、村民委员会、村民小组、村集体经济组织、村务监督委员会小微权力清单》，为村党组织领导村民自治等重大事项提供了制度抓手，为村级党组织带领其他基层组织高质高效推进农村各项工作提供了

---

〔1〕《关于做好村规民约和居民公约修订工作方案的通知》（惠民发〔2019〕79号），2019年6月10日发布，惠州市民政局2021年4月19日提供。

〔2〕《惠州市民政局关于印发〈惠州市村（居）民委员会工作职责事项指导目录〉的通知》，2018年8月14日发布，中共惠州市委政法委2021年4月23日提供。

〔3〕《惠州市民政局关于进一步加强社区配套公共服务设施建设和管理的指导意见》，2020年6月23日发布，惠州市民政局2021年4月20日提供。

有力保障。

二、立规促进村居经济发展

惠州市各级党政机关充分发挥规章与规范性文件的价值和优势，及时制定和修改规章与规范性文件，促进村居经济发展，使村居治理、村居发展和村居法治建设具有坚实的制度基础。

为切实解决乡村振兴发展面临的"用地难"问题，2020 年 7 月 23 日，惠州市农业农村局、惠州市自然资源局印发了《关于加强乡村振兴用地保障的指导意见》，明确要求市、县区两级每年安排不少于 10% 的新增建设用地指标用于乡村振兴发展，同时预留 5% 的规划建设用地规模优先用于满足乡村振兴发展建设需要。该指导意见的总体目标任务是设施农用地规范便利、建设用地指标总量保障、预留用地规模落实到位、存量建设用地整治盘活，明确乡村振兴用地保障范围、设施农用地和乡村振兴专项建设用地的保障措施、相关保障机制。[1]通过相对稳定的制度安排为村居建设和经济发展提供必要的土地保障。

为充分发挥财政保费补贴的引导作用，实现政策性农业保险"扩面、提标、增品"，提高农业保险的广度和深度，促进农业供给侧结构性改革，2020 年 8 月 10 日，惠州市农业农村局、财政局金融工作局发布了《关于修改惠州市农业局 财政局金融工作局〈关于 2018-2020 年惠州市政策性农业保险的实施方案〉的决定》（惠农〔2020〕125 号），公布了修订后的《关于 2018-2020 年惠州市政策性农业保险的实施方案》。该方案决定通过政府引导、市场运作、自愿参保、协同推进的方式，建立由政府、种植（养殖）户、保险公司共同参与的农业风险分担机制，让农业生产有了托底保障，为农户种养撑起了一把抗灾"保护伞"，保障农业生产和农产品有效供给，促进公民持续增收，推动农村经济发展。

为适应经济快速发展的现实需求，让农村经济发展中的土地山林纠纷行政裁决有章可循、依法办理，博罗县制定了《博罗县镇级人民政府土地林地林木权属争议行政裁决程序规定》。该程序规定明确了行政裁决受案范围、工

---

〔1〕"【部门解读】：《惠州市农业农村局惠州市自然资源局关于加强乡村振兴用地保障的指导意见》政策解读"，载惠州市人民政府网：http://www.huizhou.gov.cn/zwgk/fggw/zcjd/content/post_3956869.html，2021 年 7 月 20 日最后访问。

作程序，要求镇级人民政府设立行政裁决机构具体负责行政裁决工作，处理因不服行政裁决提起的行政复议、行政诉讼事项。博罗县司法局印发了《镇级土地林地林木权属争议行政裁决格式文书》，为镇级人民政府行政裁决工作提供文书范本，统一文书内容和格式，提高裁决工作的规范化水平，符合法制要求。[1]

三、立规提升村居文化氛围

文化具有导引性、根本性和长远性的特点，在村居法治建设中具有重要作用，须予以重视、予以规划，不断提升村居基层文化在村居法治建设和社会治理方面的影响力。为推动乡风文明建设再深化、再提升，2018年惠州市印发了《惠州市乡风文明建设提升行动实施方案》。该方案指出，要大力实施社会主义核心价值观培育提升行动、农民思想道德建设提升行动、良好社会风尚引领提升行动、公共文化服务优化提升行动，在补短板上下功夫，在强基础上谋实效，打造"一镇村一品牌、一镇村一特色"，实现全市农村人文美、风尚美、文化美，全面深化农村精神文明建设。该方案提出，加强乡风文明建设，既要传承优秀传统文化，更要发挥好先进文化的引领作用。该方案指出，要实施乡村物质遗产保护活化工程，加强历史文化名村、文物古迹、传统村落革命遗址的修复保护和活化利用；开展万村万名非物质文化遗产传承人培育计划，保护传承岭南特色的民间音乐、民间舞蹈、民间戏曲和传统手工艺；推进文化祠堂建设，弘扬宗祠文化，把祠堂打造成国学教育新平台、地方文化传承新载体、乡风民俗博物馆和精神文明建设新阵地；继承弘扬红色文化，推动建设红色基因传承工程，大力挖掘、保护红色革命遗址，让坚守信仰、甘于奉献、艰苦奋斗、为民服务等红色基因在农村代代相传。该方案还提出，要因地制宜地建设村史馆、农耕文化馆、家风家训馆，以"文化替换"促进文化传承创新。[2]

为在村居基层治理和法治建设中加强村居文化建设，博罗县发布了《"六治"协同构建基层治理新格局试点工作方案》，给村居文化设施、村居文化阵

---

〔1〕 "行政复议 | 惠州博罗'五招'推动镇级土地山林权属争议行政裁决工作"，载澎湃网：https://www.thepaper.cn/newsDetail_forward_5580720，2021年9月14日最后访问。

〔2〕 龚妍："惠州实施乡风文明建设提升行动 深化农村精神文明建设"，载中国文明网：http://www.wenming.cn/dfcz/gd/201811/t20181114_4896466.shtml，2021年7月23日最后访问。

地、村居文化人才、村居文化作品、村居文化活动、村居文化融合等指明了方向、确立了标准、提供了抓手。该方案提出，要传承发展农村优秀传统文化，不断整合推出地域文化资源。该方案要求，要结合传统节日、民间特色节庆、农民丰收节等，因地制宜地广泛开展乡村文化体育活动；挖掘培养乡土文化本土人才，注重文化场地设施统筹安排，打造文化长廊、文化团队、文化活动、文化产业品牌，促进传统文化资源与现代消费需求有效对接。该方案同时要求推动社会主义核心价值观落细、落小、落实，融入文明公约、村规民约、家规家训；培育良好的道德风尚，大力加强社会公德、职业道德、家庭美德、个人品德建设，大力开展道德模范、时代楷模、最美人物、凡人善举等宣传活动；惩恶扬善，弘扬社会正气，建立机制褒奖乡里德行善事，设立村（社区）贤德光荣榜，让德育内化于心、外化于行。

四、立规改善村居社会管理

为充分发挥群团组织、社会组织在联系动员群众参与村居治理和法治建设中的积极作用，惠州市注重出台相关规章和规范性文件，对群团组织、社会组织参与村居治理进行适当的引导、培育和管理。在惠州市层面，2018年惠州市发布了《惠州市乡风文明建设提升行动实施方案》。该方案提出建立健全道德评议会、禁赌禁毒协会、红白理事会，发挥其在民间事务中的调解、监督与服务作用。加强反邪教、反迷信、反"黄赌毒"警示宣传教育，切实加强无神论宣传教育，引导农村群众自觉抵制腐朽落后文化的侵蚀，大力倡导喜事新办、丧事简办、厚养薄葬。[1]2020年6月惠州市民政局印发《惠州市民政局关于进一步加强社区配套公共服务设施建设和管理的指导意见》，对社区配套公共服务设施的概念、建设规划、建设原则、建设职责、建设用途等进行了规定，推动社会治理和服务重心向一线下移，规范惠州市社区配套公共服务设施建设和管理，提升社区综合治理水平。

在各县区层面，惠州市仲恺高新区基于流动人口占全区常住人口63.9%的事实以及工厂宿舍、出租屋遍布城乡的情况，积极探索推进流动人口信息化管理新模式，发布了《流动人口管理工作方案》《关于着力提升社会治安综合治理水平进一步加强流动人口管理工作的通知》等文件，为村居、社区人

---

〔1〕 龚妍："惠州实施乡风文明建设提升行动 深化农村精神文明建设"，载中国文明网：http://www.wenming.cn/dfcz/gd/201811/t20181114_4896466.shtml，2021年7月23日最后访问。

口管理提供了制度依据和制度支撑；出台《关于加强出租屋治安管理的执法指引》，建立违规出租屋现场简易处罚程序；制定《流动人口案事件倒查制度》，对6类违法犯罪嫌疑人通过"五项内容"逐一实行责任倒查追究；建立《出租屋日常巡查工作机制》，明确检查任务、频次，落实出租屋检查责任范围和内容。仲恺高新区通过建章立制，搭建流动人口信息数据平台，突出实战应用需求，实现了对流动人口信息的全覆盖，扭转了出租屋的粗放管理状况，改善了城市社区社会治安，有效提升了群众的安全感、获得感和幸福感，改善了村居社会管理状况，推进了村居法治建设。

五、立规推进村居生态治理

村居生态环境治理是村居治理和村居法治建设的重要方面。惠州市各级党政机关严守绿色生态底线，不断健全、完善生态环境保护制度规范，重点就环境保护、防灾减灾等村居生态环境治理内容加强制度建设，充分发挥政府规章和规范性文件的引领、规范、保障和推动作用，让惠州天更蓝、地更绿、水更清。2020年8月10日，惠州市农业农村局、惠州市生态管理局印发了修订后的《关于惠州市畜禽养殖污染防治整改工作方案》，建立了畜禽养殖与农业面源污染防治长效化监督机制，有力地保障了村居生态安全。2018年9月28日，为规范市非道路移动农业机械排气污染防治工作，保护和改善大气环境，惠州市农业农村局制定出台《惠州市农业局关于惠州市非道路移动农业机械排气污染的防治方案》（惠农〔2018〕205号），规定农业机械需符合国家和省要求的污染物排放标准方可投入使用，要求农业机械的使用者树立起环保意识，为村居生态文明建设提供良善规范。

为了推进农村人居环境整治工作，博罗县出台了《博罗县实施乡村振兴战略规划（2018-2022年）》《全域推进农村人居环境整治建设生态宜居美丽乡村的行动方案》，层层动员部署落实，蹄疾步稳地推进乡村生态文明建设。此外，博罗县还制订出台了《关于博罗县农村保洁员招聘和管理指导意见（试行）》，形成了对农村保洁员进行统筹管理和考核的长效机制，建设美丽宜居村居。

六、立规开创法制副主任制

在村居法治建设过程中，惠州市创造性地设立了村居法律顾问制度，注重发挥村居法律顾问（法制副主任）的作用，不断建立健全村居法律顾问制度，成了全国村居法律顾问制度的发源地。

2009 年 11 月，惠阳区沙田镇在田头村建立了首家村级法律顾问室。在总结沙田镇经验的基础上，惠阳区于 2010 年 10 月在 20 个行政村试点设立了村法律顾问——村法制副主任。2011 年以来，惠州市在总结试点经验的基础上建立完善了村法制副主任制度，明确功能定位、工作职责，分批分阶段推行到所有村居。[1]2012 年 10 月，中共博罗县委办公室、博罗县人民政府办公室印发了《关于印发博罗县推行村（居）委"法制副主任"工作制度方案的通知》，明确了村（居）委"法制副主任"制度及该制度的基本原则，界定了村（居）委"法制副主任"工作要达到的"十有"标准，以及法制副主任制度的实施主体、服务队伍、实施形式和工作职责。2018 年 3 月，惠州市司法局制定了《惠州市司法局关于推进公共法律服务平台建设的实施意见》，进一步加强村居法律顾问队伍管理，进一步规范提升村居律顾问工作。2014 年5 月，广东省出台《关于开展一村（社区）一法律顾问工作的意见》，将惠州市"法制副主任"的探索经验推向全省，并统一定名为"村（社区）法律顾问"。[2]2016 年，全国普法办印发工作要点，把村（居）"法制副主任"制度作为基层依法治理的抓手在全国推广。2020 年中央一号文件提出："组织开展'一村一法律顾问'等形式多样的法律服务。"

探索建立健全村居法律顾问制度是惠州市壮大村居法律服务力量、提升村居法律服务水平、丰富村居法律服务内容、健全村居法律服务体系的关键举措，通过逐步推进村居法律顾问制度，惠州市有效改善了村居法治状况，积累了大量有益经验并走在了全省、全国前列，成了惠州市村居法治建设的亮点工作。

七、立规加强"一村（居）一警"工作

建设法治村居，安全和谐是底色。惠州市各级党政机关积极探索设立"一村（居）一警"，不断完善"一村（居）一警"相关制度规范，注重发挥"一村（居）一警"的作用。例如，2020 年初，24 名惠州市人大代表联名提

---

〔1〕 吴冰、贺林平、李刚："广东惠州探索'一村一法律顾问'10 年，协助调解矛盾纠纷 2 万多宗——专业优质便捷的法律服务进村来"，载《人民日报》2020 年 7 月 24 日。

〔2〕 吴冰、贺林平、李刚："广东惠州探索'一村一法律顾问'10 年，协助调解矛盾纠纷 2 万多宗——专业优质便捷的法律服务进村来"，载《人民日报》2020 年 7 月 24 日。

出有关全面推进惠州市"一村（居）一警"工作的议案，建议统筹落实"一村（居）一警"警务室经费保障以及配齐驻村（居）民警警用摩托车。该建议由惠州市公安局主办。惠州市公安局专门成立了建议办理工作小组、制定建议办理工作计划，在收集、汇总、分析相关工作情况的基础上形成了《关于全面推动"一村（居）一警"工作着力打造基层社会治理新格局的建议办理工作方案（征求意见稿）》。经过两次征求各会办单位意见、多次与相关会办单位沟通协调以及对工作方案进行修改调整后，该方案经惠州市政府审批同意通过。2020 年 10 月 16 日，惠州市公安局正式印发《关于全面推动"一村（居）一警"工作着力打造基层社会治理新格局的建议办理工作方案》，交各有关单位贯彻落实。[1]博罗县全力推动惠州市人大常委会 2020 年重点督办建议的办理方案及市公安局《关于全面推动"一村（居）一警"工作着力打造基层社会治理新格局的建议办理工作方案》的落实，推动形成了"村警+村居两委""村警+综治办""村警+基层信访""村警+驻村律师"等共建共治共享综合治理体系，并由博罗县委县政府出台了《关于进一步健全"大调解"工作格局，完善多元化纠纷解决机制的实施意见》，以保障博罗"一村（居）一警"工作的顺利开展，通过维护村居的小平安实现社会治理的大平安，不断推进村居法治建设。

实践中，在推行"一村（居）一警"警务工作之初，惠州市公安局即着手精心研究制定《推行"一村（居）一警"警务工作机制实施意见》《一村（居）一警"警务机制工作规范》《驻村居警力工作手册》等一系列纲领性、指导性文件，建立完善涵括日常运作、组织保障、交流培训、宣传推动、挂点联系、督导推进的制度体系，保障惠州"一村一警"工作的顺利开展。[2]这为"一村（居）一警"工作制度这一惠州市村居法治建设的又一亮点工作奠定了规范基础。

总体而言，惠州市各级党委、政府制定的内容细致、程序严密、配套完备、运行有效的规章和规范性文件构成了村居法治建设的重要制度基础，为村居政治建设、村居经济发展、村居文化提升、村居社会管理、村居法律服

---

[1] "惠州将为村警配齐'铁骑'"，载广东政法网：http://www. gdzf. org. cn/zwgd/202012/ t20201215_ 1062935. htm，2021 年 7 月 12 日最后访问。

[2] "创新警务机制 深化基层治理——惠州市公安机关推行'一村（居）一警'警务机制"，载澎湃新闻网：https://www. thepaper. cn/newsDetail_ forward_ 9339969，2021 年 9 月 13 日最后访问。

务、村居安全保障奠定了良好的规则基础，在制度建构层面推进了惠州市的村居法治建设。

第三节　自主立约

中共中央印发的《法治社会建设实施纲要（2020－2025 年）》（2020 年 12 月 7 日）提出，要促进社会规范建设，"充分发挥社会规范在协调社会关系、约束社会行为、维护社会秩序等方面的积极作用。加强居民公约、村规民约、行业规章、社会组织章程等社会规范建设，推动社会成员自我约束、自我管理、自我规范"。中共中央办公厅、国务院办公厅印发的《关于加强社会主义法治文化建设的意见》（2021 年 4 月 5 日）提出："推动完善市民公约、乡规民约、学生守则、行业规章、团体章程等社会规范。"

在宪法、法律、行政法规、地方性法规、规章以及惠州市制定的地方性法规、规范性文件的基本框架下，惠州市的基层群众性自治组织、村居民小组、群团组织、社会组织十分重视村规民约、居民公约和章程规约的建设，充分发挥主观能动性，依法自主制定了适用于村居范围的村居民自治章程、村规民约、居民公约、村小组自治规范、社会组织规范等多层次、多领域的良善规范，建构起了系统化的村居治理制度体系和规范体系。

一、立约规范基层自治

《村民委员会组织法》第 2 条第 1 款规定："村民委员会是村民自我管理、自我教育、自我服务的基层群众性自治组织，实行民主选举、民主决策、民主管理、民主监督。"第 27 条第 1 款规定："村民会议可以制定和修改村民自治章程、村规民约，……"《城市居民委员会组织法》第 2 条第 1 款规定："居民委员会是居民自我管理、自我教育、自我服务的基层群众性自治组织。"第 15 条规定："居民公约由居民会议讨论制定，……"为了保证村民自治制度和居民自治制度的有序、稳定运行，惠州市域内的村居根据《村民委员会组织法》《城市居民委员会组织法》以及惠州市地方性法规、规章和规范性文件的规定，制定了大量既符合一般法治精神又具有村居特征的村规民约、居民公约等村规居约，夯实了村居治理和村居法治建设的制度基础。

在村民自治方面，惠东县稔山镇范和村积极探索符合本色的自选动作，研究制定了《范和村委会内部财务管理制度》《范和村党群联席会议制度》《范和村委议事协商制度》《范和村党组织议事决策制度》等一系列村居自治方面的规范，坚持用制度管人、管事、管财、管权，为民主选举、民主决策、民主管理、民主监督提供了细致的行动依据和行动规范，将村居事务的人治逐渐转变为法治，护航村民自治。惠东县多祝镇永和村不断建立健全《村官述职述廉制度》《村民小组财务廉政管理制度》《村民小组议事规则》《村务公开制度》等方面制度，使村委会和村民小组被纳入了制度化、规范化的管理轨道。惠阳区沙田镇东明村以推进长效管理为目标，建立岗位责任制度、"两委"联席会议制度、财务管理制度，完善党务、村务、财务"三公开"制度，建立印章使用管理制度，为民主管理提供了长效保障。

在居民自治方面，仲恺高新区陈江街道曙光社区建立了居民议事机制，依托社区党建联盟平台，由党组织牵头召集，搭建社区居委会、有关单位或部门、社区社工、社区志愿服务组织及社区居民代表等多方力量共同参与的社区议事平台，定期召开研讨会，在学习党建知识内容的同时商量讨论社区公共问题解决方法，营造浓厚的社区居民参与社区治理氛围，增强社区居民对社区的参与感和归属感。惠城区江北街道清湖社区成立后，从建章立制入手，制定并完善了《社区居委会工作制度》《党员联系居务责任制》《居民议事制度》等一整套工作制度，夯实了社区治理的民主基础，在根本上取信于民。

二、立约发展村居经济

作为粤港澳大湾区东大门和珠江三角洲中心城市之一，惠州市的经济水平在全国处于相对领先的地位。惠州市村居经济在惠州经济发展中发挥着重要作用。为了保障村居经济的健康有序发展，各村居通常会通过制度化手段为村居经济发展提供基本原则和具体规范。具体来说表现为两方面：一方面，制定专门的村居经济规范，为村居经济发展提供制度保障。例如，惠州市惠阳区镇隆镇山顶村制定完善了《山顶村股份合作经济联合社章程》，促进村居经济健康发展。另一方面，在综合性的村规民约、自治章程中对村居经济发展进行专门规定。例如，博罗县湖镇镇坪山村在该村自治章程中专列一章"经济管理"，用20条具体规范对村集体经济、土地管理、财务管理进行了细致规定。

需要特别提及的是，惠州村居治理具有十分显著的多元共治特征。申言之，除了基层群众性自治组织，各类群团组织、社会组织也在村居治理中发挥着极为重要的作用。例如，惠城区祝屋巷文旅协会在祝屋巷社区治理（特别是促进文旅产业升级和社区经济发展）中发挥着十分重要的作用。[1]为了更好地服务商家、规范自身运行，充分发挥协会在经济发展中的积极作用，该协会制定了《惠城区祝屋巷文旅协会街区管理职责方案》。内容如下：

惠城区祝屋巷文旅协会街区管理职责方案

惠城区祝屋巷文旅协会的职责是更好地服务商家，做好对接协调工作，此次方案主要包括业态经营、商家招牌、食品安全、环境卫生四项内容。

一、业态经营

1. 职责：

监督祝屋巷商家的入驻。

2. 执行：

对于新入驻的商家，商家法定代表人在办理工商营业执照之前，需要在祝屋巷文旅协会开具诚信经营的证明并加盖协会公章，方可办理营业执照与后续的经营。

3. 可入驻商家：

文创商家、文房四宝、琴棋书画、美食、小吃、饮品、小酒吧、咖啡馆、民宿、手信、特产、园艺花卉、娱乐、培训、音乐、服装、书吧文具等。

二、商家招牌

1. 职责：

监督祝屋巷商家的招牌设计与装饰。

2. 执行：

对于已有的商家，其招牌会协助商家进行一定的升级与改造；

对于新入驻商家，招牌与广告牌协会要进行引导去规范制作，可以帮请设计公司出效果图，或者由协会协助审核，提供一些建议。

---

〔1〕　有关该协会的详细信息可参见"全国社会组织信用信息公示平台"有关公示：https://data-search. chinanpo. gov. cn/gsxt/newDetails？b=eyJpZCI6IjUxNDQxMzAyMTUpNMDQxNTE0OSCJ9.

三、食品安全

1. 职责：

监督祝屋巷商家的食品安全卫生。

2. 执行：

在餐饮店、协会办公楼、祝屋巷主干道等一些区域提供监督举报热线，如遇到消费者投诉商家，协会协助工商部门去处理消费者投诉的问题，监督商家的食品安全。

四、环境卫生

1. 职责：

坚持"垃圾不落地"政策，监督祝屋巷商家的卫生处理并进行协调规范。

2. 执行：

2.1. 目前将祝屋巷的垃圾分类大致分为餐厨垃圾与其他垃圾两类，其中所有商户的垃圾统一由协会聘请的保洁人员每日 3 次上门进行收取，所有商户的垃圾不经过垃圾桶。

2.2. 我们制定了统一的垃圾收费标准，主要针对餐饮、民宿、文创商家进行差异收费。

2.3. 对于存在违反祝屋巷垃圾分类管理办法的商户，我们将采取以下四个步骤来让商家配合我们的垃圾分类工作：

（1）口头通知该商家；

（2）在祝屋巷商家群进行公布并在群里告知该商户；

（3）向商家发放书面告知书；

（4）协调城管部门对商户进行一定处罚。

惠州市惠城区祝屋巷文旅协会

2020 年 11 月 2 日

《惠城区祝屋巷文旅协会街区管理职责方案》具体规范了祝屋巷各进驻企业、商铺的经营行为，有力地维护了正常的经营秩序，促进了祝屋巷地区的经济发展。

三、立约培育村居文化

中共中央办公厅、国务院办公厅于 2017 年 1 月 25 日印发的《关于实施中华优秀传统文化传承发展工程的意见》提出把优秀传统文化思想理念体现在社会规范中，与制定市民公约、乡规民约、学生守则、行业规章、团体章程相结合。中央全面依法治国委员会于 2020 年 3 月印发的《"全国民主法治示范村（社区）"建设指导标准》提出："坚持法德并举，组织开展社会主义核心价值观教育，宣传优秀传统道德文化，传承良好家风家训，培育富有地方特色和时代精神的乡贤文化。"

根据国家和惠州市的法律法规和规范性文件的规定和精神，惠州市的村居把符合社会主义核心价值观要求的基本道德规范转化为自治章程和村规民约、居民公约的组成部分，用制度、规范的权威来增强人们培育和践行社会主义核心价值观的自觉性，强化村居文化在村居法治建设中的引领能力。例如，惠东县范和村把法律规范和道德规范结合起来，以道德滋养法治精神，其制定的《范和村村民自治章程》第 14 条规定，村民应传承邻里和睦的良好社会风尚，"弘扬家庭美德、社会公德、职业道德，争做文明人，争创文明户"。范和村的自治规范完善了激励机制，有利于褒奖善行义举，形成好人好报、德者有得的正向效应。博罗县观背村注重通过村规民约革除落后文化，让乡村文明蔚然成风。例如，针对喜庆事宜大操大办所引发的一系列社会公德缺失问题，博罗县观背村制订了《村规民约》，坚决有效地革除陈规陋习，树立文明新风尚。[1] 总体而言，通过推动村居的道德规范建设、文化规范建设，惠州市各村居深入推进文化建设制度化，以良法保障村居文化事业发展、促进村居文化繁荣，为村居法治建设奠定基础。

四、立约改善村居环境

惠州市各村居注重改善村居环境，为了加强村居环境保护、促进村居生态治理、改善村居人居环境、建设美丽宜居村居，惠州市各村居进行了诸多制度建设，制定了大量的村规居约、自治章程等自治规约。例如，为了响应文明创建号召，保持乡貌美观整洁，惠东县白花镇福田村制订了《福田村卫生文明村规民约》，对村居环境卫生、生态文明建设、环境保护和违规违约行

---

〔1〕 "博罗：村民自发制定《村规民约》，坚决革除陈规陋习"，载"博罗在线"公众号：https://mp.weixin.qq.com/s/89qrEd9GRsC5PLO4fchskw，2021 年 7 月 26 日最后访问。

为进行规范。

如博罗县湖镇镇坪山村近年来致力于发展果园采摘、农事体验、越野露营等乡村旅游相关产业，对村容村貌和村居环境要求较高。基于发展需要，坪山村在村规民约中增加了环境保护相关内容。例如，面对家禽放养污染环境的问题，坪山村把"鸡鸭圈养，鸡鸭放出马路压死免赔"写进了村规民约，解决了家禽四处排便带来的脏乱差现象。此外，坪山村还不断修改完善村规民约，用良善的村规民约引导和约束村民，形成良好的环境保护习惯。《坪山村村规民约》第4条规定："加强牲畜看管，严禁放浪猪、牛、羊。"第10条规定："每位村民要有良好的卫生习惯，搞好室内清洁卫生，积极种植花木。"第11条规定："自觉养路护路，维护道路通畅，不准在村道、主道边搭建违章建筑、堆放废土、乱石、杂物、不准在路道上乱挖排水沟，不准在路肩上种植作物。"在上述村规民约制定之后，坪山村的村容村貌变得更为美观有序、村居环境变得更为干净整洁，乡村旅游产业发展的基础变得更为坚实。

惠州市的不少村居还专门制订了环境保护村规民约、居民规约。如为了引导村民增强环保意识、净化村庄环境，惠东县稔山镇范和村专门制定了村级环境门前卫生三包制度，为村居环境保护事业建章立制。该村的环境卫生门前三包制度如下：

范和村环境卫生门前三包制度

为了认真贯彻落实上级有关建设美丽乡村的文件精神，更好地建设社会主义新农村，进一步做好村庄环境卫生工作，经村两委研究决定，特制定农户"门前三包"制度，具体如下：

一、包门前环境卫生，即房前屋后无裸露垃圾、污水、污迹、杂物等，每天至少清扫一次房前屋后的环境卫生，彻底清除卫生死角，保持水泥路面的卫生整洁。家禽家畜要圈养，做到人畜分居，确保人民群众身体健康。

二、包门前公共秩序，即各家各户门前的村容村貌要整洁，无乱搭盖，店（门）前无乱设摊点，无乱堆放垃圾杂物、生产用具物资、车辆等，无乱涂画、乱张贴广告等有碍村容村貌的行为。

三、包门前绿化美化，即负责管护好门前树木花草，切实保护绿地干净整洁，做好亮化工作，不乱丢果皮、纸屑、烟头等，所有垃圾应自觉装袋放入定点的垃圾箱内，（晚上 7 点至凌晨 5 点堆放在指定垃圾箱或收集点）共同维护公共场所的卫生。

以上规定望广大村民共同遵守执行。

范和村民委员会

2017 年 1 月 2 日

这一环境卫生门前三包制度为范和村的门前环境卫生、门前公共秩序、门前绿化美化提供了制度规范，在范和村美丽建设中发挥了积极作用。

五、立约维护村居安全

加强村居治安管理、建设平安村居一直都是惠州市村居法治建设工作的重中之重，关系到广大村民、居民的获得感、幸福感、安全感。惠州市各村居结合自身特色，不断建立健全村居社会治安防控规范体系，使得平安乡村建设工作有规可依、有章可循、有案可查。例如，龙门县蓝田瑶族乡上东村按照社会治安综合治理责任要求，与各村民小组签订了《社会治安综合治理目标管理责任书》，成立了综合治安领导小组，组建村级治安巡逻队，制定完善了《村治保调委会的职责》等各项制度，建立了工作台账，做到了制度上墙、管理规范。博罗县湖镇镇《黄塘村村规民约》"治安篇"以朗朗上口、高度凝练的词句，阐述了该村治安理念、治安规范，摘录部分内容如下：

黄塘村村规民约

治安篇

邻里守望，防贼防盗

铜锣一敲，老虎变猫

相待和气，彼此相奿

鸡毛蒜皮，随风化了

恶语相向，实非高招

打架斗殴，情理难饶

耍钱赌博，带坏家小

贩毒吸毒，指定坐牢

尊重科学，反对邪教

天无馅饼，拒绝传销

公共秩序，严禁侵扰

谨防山火，牢记警告

黄塘村的这一村规民约基于村民的特点，针对本村的具体情况，规范具有可操作性，在维护村居秩序、保障村居安全中发挥了积极的作用。

六、立约发展村居公益

惠州市各村居的自治章程、村规民约、居民公约通常会对村居公益事业进行规范，为村居社会稳定提供了社会保障。例如，博罗县湖镇镇黄塘村村民自治章程从公益事业范围、公益事业资金筹措、公益事业开展方式、公益事业开展人员、公益事业事项公开等方面为村委会开展公益事业建设提供了详细制度依据。

除了基层群众性自治组织，村居设立的各类民间公益组织在村居公益事业发展中也发挥着十分重要的作用。这些公益组织通常会制定一套保障公益组织运行、推进公益设施建设、规范公益事务开展的制度规约。典型者如惠东县范和村公益理事会在范和村公益事业发展中发挥着极为重要的作用。其章程宗旨摘录如下：

范和公益理事会宗旨

本会是在村委会正确指导和主持下，由群众通过民主选举产生成立。为发挥广大热心人士积极参与本会工作，切实做到服务于群众公益事业为中心，尊重信仰自由，继承传统文化，加强精神文明建设，发挥先进文化传统，搞好村民团结，营造互助互爱精神，维护村中大局，共同进展，在力所能及情况下，解困扶贫。大力支持公益建设、教学事业建设和造桥修路，以精打细算办事精神，把村古迹加以改观，增添新景点，优化环境，给范和村民一个值得骄傲和自豪的报答，为后代造福事业，发扬优良传统，促进后举之秀，把好的光荣事迹代代传下去。

重视环保工作，把维护村中环境卫生列入工作新议程，确保水质不受污染等，维护广大群众健康素质而努力。

听取广大群众意见，善于解决问题，接受批评。本会每届会长任期三年，换届选举可连任，在职人员犯原则性错误可立即罢免。

有必要时，会长可马上召开特殊会议，年终全面终结，检查工作成绩和存在问题，从而作出今后计划安排，以达到广大群众满意和支持为宗旨。

范和公益事业理事会

2007 年 3 月 20 日

公益理事会在范和村的尊师重学、解困扶贫等方面具有积极作用，体现了村民互帮互助的良善传统。

七、立约保障民众权利

法治以权利保障为核心。为切实保障村居民权利，筑牢、织密村居治理的规范之网，不少村居会均在自治章程、村规民约、居民规约中对村居民权利作出了特别规定，规范村居民权利保障工作，把村居层面的权利保障落到实处。例如，惠东县平山街道六德村建立了村民委员会、村民小组的村务公开、组务公开制度，通过制度化的手段全方位保障村居民的知情权。博罗县湖镇镇坪山村则在村民自治章程中对村居民的权利类型进行了细致规定。该村自治章程第 24 条规定："凡户口在本村的村民享有下列权利：（一）享有《宪法》和法律规定的一切权利。（二）参加本村村务活动，提出有关村务的批评建议，对村干部和村务进行监督。（三）18 周岁以上的村有选举权和被选举权（依法被剥夺政治权利的人除外），有参加村民会议言论决定重大村务问题的权利。"博罗县罗阳街道观背村着力健全、完善村民广泛参与重大公共决策机制，在村规民约和自治章程的制定与修改过程中统一组织村民代表协商讨论，保障村民参与村务管理的民主权利。

通过制定完善村居自治规范，建立健全村居法治规范体系，基层群众自治性组织和村居群团组织、社会组织以制度化的手段强化了自身的自律功能、明确了自身的权利义务、保障了自身的依法自治、促进了自身的规范化发展，提升了村居治理的法治化、制度化、规范化水平，为村居法治建设的善治运行铺就了规范之路、奠定了制度基础。

第三章

村居法治建设的善治运行

在村居治理的法律法规日益完备，多层次、多领域村居治理制度日臻完善的基础上，惠州市致力于建设高效的法治实施系统，不断加强和改善守法、执法、司法工作，坚持依法维护村居社会秩序、依法解决村居社会问题、依法协调村居利益关系、依法推动村居社会事业发展，全面提升村居社会治理法治化水平，不断加强村居法治建设的实践创新，在实践中化良法为善治。

目前，在党委政府、司法机关、社会组织、村居群众等村居治理共同体的共同努力下，惠州市已初步形成了符合惠州市情、体现时代特征、人民群众满意的村居法治建设新局面，为惠州市社会治理体系与治理能力现代化，为建设更高水平、更高质量的法治惠州构筑了坚实的法治基础。

第一节　自觉守法

《法治中国建设规划（2020-2025年）》（2021年1月10日）指出："全面依法治国需要全社会共同参与，必须大力弘扬社会主义法治精神，建设社会主义法治文化，引导全体人民做社会主义法治的忠实崇尚者、自觉遵守者、坚定捍卫者。"自觉守法是法治建设的重要基础。

为此，在惠州市村居法治建设过程中，涉村居的国家机关、政党、社会团体、企业事业组织、村居群众等各类主体注重自觉尊法、学法、守法、用法，逐步形成了守法光荣、违法可耻的社会氛围。特别是在村居范围内，守法主体认真行使法律权利，努力履行法律义务，逐渐形成了日常重视学法、办事注重依法、遇事不忘找法、解决问题善于用法、化解矛盾主要靠法的法治环境，村民、居民的尊法、学法、守法、用法氛围日益浓厚。

一、日常自觉学法

在惠州市村居法治建设过程中，党员干部、村民代表、调解组织、法律顾问、法律明白人等村居法治建设的"关键少数"注重自觉发挥模范作用和示范作用，带头尊法、学法、守法、用法，积极参加法治培训，主动提高自身运用法治思维和法治方式推动发展、化解矛盾、维护稳定、应对风险的能力。在这个过程中，涌现了一批典型，值得予以关注。例如，惠城区水口街道姚村调解队在保质保量完成调解工作的基础上注重对法律知识的学习，每月到街道办参加联席会议，积极主动、系统全面地提升业务水准与业务能力。仲恺高新区沥林镇埔心村主动组织村干部、村民对热点法律问题进行学习，其中包含对热点疫情相关法律法规的学习、对扫黑除恶相关法律法规的学习以及对《民法典》的学习。惠城区小金口街道金源社区成立了社区法治教育学校，定期组织干部观看法治教育片，进行依法行政教育，让领导干部率先成为学法、守法的模范。博罗县湖镇镇坪山村积极推动"一村一警"、法制副主任进驻工作，主动提高基层干部群众的法治观念和法律意识，不断健全完善基层法治保障服务体系，切实维护村民合法利益。惠东县稔山镇范和村依托村党委党校、远程教育、"学习强国"等平台，由范和村党委书记带领党员干部率先学习《宪法》《民法典》《土地管理法》和《村民委员会组织法》等法律法规，切实增强了党员干部运用法治思维推动发展、化解矛盾、维护稳定的能力，实现了学法机制的常态化。

二、办事注重依法

在村居法治建设中，惠州市多数村居都能遵照国家法律法规和自治规范，对辖区内的村居民自治事务依法依规展开各项工作，让依法办事、依规办事成为一种自觉习惯。如仲恺高新区陈江街道办事处陈江村不断规范依法治理和民主管理制度，在民主选举、民主评议、民主决策等方面都切实做到了按制度、按规章办事。博罗县龙华镇旭日村严格执行该村的公章管理规范，该村及其下辖村民小组的公章集中由旭日村委会专人负责保管，村委会、村民小组及村民需要用章时由村委会、各村民小组核实盖章材料的真实性、合法性后向村委会申请用章并做好登记手续，公章使用流程较为规范。仲恺高新区中星社区的公章和各个居民小组的公章统一由中星社区的财务放置保险柜中进行管理、保存，并对每次使用公章的情况和使用人进行登记。博罗县罗阳街道莲湖村注重按制度办事，严格践行"管理民主"的社会主义新农村建设要求，在民主选举、民主协商、民主决策等方面都切实做到了按制度按规章办事。莲湖村还充分发挥了"村（社区）法律顾问"法律专业优势，让"村（社区）法律顾问"列席有关村务会议，提出法律意见和建议，为村内决策的合法性把关，确保村委会依法行动、依法办事。莲湖村通过严格执行"四民主工作法"和"村（社区）法律顾问"制度，真正实现了民主选举、民主决策、民主管理、民主监督，提高了民主化、法治化管理水平，融洽了干群关系，村民满意度高，社会和谐稳定。

三、遇事不忘找法

随着村居法治建设逐渐走深、走实，遇事找法逐渐成了惠州村居民的普遍观念和优先选择，以往存在的"遇事找人""首先找关系""信访不信法"的现象有所减少。为了培育遇事找法的习惯、形成遇事找法的氛围、创造遇事找法的条件，大亚湾经济技术开发区霞涌街道东兴社区对社区法制副主任信息及工作形式进行了公告，社区居民可通过电话、微信等方式随时进行法律咨询，法制副主任每月定时到社区办公室值班，现场为社区居民提供法律咨询服务。惠东县白花镇石陂村设立了村民联系箱、联系电话，依法解答村民反映的法律问题。遇到重大疑难的法律事务，石陂村委会会主动联系法制副主任，对疑难法律事务进行研判。

特别是自实行法制副主任制度以来，惠州市村居民遇事找法的思维习惯、行为偏好、思想观念基本逐渐形成和巩固。例如，高新技术开发区沥林镇英光村社区的法治工作取得了比较明显的成效，当遭遇相关法律事务时，村委、村小组、村民等愿意咨询法制副主任的意见和建议，特别是当涉及拆迁补偿等法律问题时更是如此。

当然，目前个别村居遇事找法的积极性仍有待进一步提高。例如，某村法制副主任在提供法律服务的过程中发现该村存在村民对运用法律解决问题兴致不高，主动前往村委会咨询的村民并不多，真正遇到问题的村民根本没有寻求法律途径解决问题的想法。此种情况形成的原因可能在于：第一，对于法律服务的宣传力度不够；第二，法制副主任在村时间较少，不能够在村民遇到问题时及时、当面解答；第三，有些村民法治观念淡薄，寻求法律途径解决问题的意识不强。

四、解决问题善于用法

在村居法治建设过程中，面对村居治理中的问题与挑战，惠州重视发挥法律的作用，运用法治思维和法治方式解决村居治理问题。如惠东县华侨城社区华侨城农贸市场周边路段流动摊贩占道经营现象严重，为了解决经营占道问题，该社区除了聘请专门的人员进行管理，还联合县城监大队、街道联防队对华侨城农贸市场周边的占道经营进行统一大整治，依法没收了一批摆卖的用具，把流动摊档引导到华侨城农贸市场临时摆卖区。现华侨城农贸市场周边占道经营情况有所收敛。惠城区水口街道姚村曾由于村里的制度不够完善，引发了不少问题及经济纠纷，甚至损害了村民集体利益。该村村委会于 2017 年换届，村内一名承包村中水库的村民自换届后至 2019 年一直拒绝缴交承包款，严重损害了村集体利益，村委会多次追讨无果。于此情形下，村委会以法律为武器维护自身权益，在姚村村法律顾问的指导帮助下，按照合同法的相关规定，解除了与该村民的租赁合同，并在此基础上按照村规民约自治章程的规定及相关的法律程序，把原来的水库重新外包，并将承包款由原来的每年 16 000 元提高到每年 165 000 元，不仅为姚村集体经济挽回了损失，还增加了收入。[1]

通过更多地运用法律手段解决村居治理问题，惠州市村居治理的法治水平、文明程度、实践效率、社会效果均得到了明显提升。

五、化解矛盾主要靠法

近年来，随着经济社会的快速发展变迁，利益日益多元，村居基层社会矛盾易发且较为复杂。惠州市注重通过法律手段化解矛盾纠纷，不少村居实现了无一人越级上访、无一重大治安刑事案件的治理目标，真正做到了大矛盾不出村（居）、小矛盾不出组。例如，面对惠东县平山街道南湖社区小区物业引发的社会矛盾、信访投诉逐渐增加的问题，南湖社区积极协调纠纷并多次邀请广东卓凡律师事务所杨小美律师参加调解会议，依靠法律手段有效化解了多起矛盾。在惠阳区沙田镇田头村，广东日升律师事务所主任钟君安律师每次到来都会被村民团团围住。从最初村里的"法律顾问"到现在的"法

---

〔1〕　惠州市惠城区水口街道姚村村民委员会《省"民主法治示范村（社区）"创建推进审批表》（2020 年 10 月 13 日），惠州市司法局 2021 年 5 月 15 日提供。

制副主任"，钟君安经常免费为村民提供法律咨询和服务，参与村里大事小情的解决。遇有矛盾纠纷，过去农村干部都习惯用老办法来处理，凭威信、讲感情、"和稀泥"，效果往往不理想。但现在，作为法制副主任的钟君安会从专业角度对矛盾纠纷进行法理分析、判断，帮助矛盾各方认清问题症结，在法律框架内提出各方都能接受的解决方案。此前，在惠州市，不安全、不和谐因素主要集中在劳资合同、土地承包、市场交易和行政诉讼中，而要想帮助群众防范法律风险、消除不和谐因素、促进经济社会和谐发展便需要"法律明白人"的介入。有了"法制副主任"后，许多村民都会主动找"法制副主任"征询意见并相信"法制副主任"调解，不少村（居）民由原来遇到矛盾纠纷动辄说"我打你"转变为"我告你"，[1]通过法律手段化解矛盾已成为村居法治建设中的一种常态。

第二节　规范执法

围绕着经济社会发展对村居法治建设的需求，惠州市村居法治建设主体坚持党的集中统一领导，坚持严格规范公正文明执法，深入推动国家层面的依法执法和村居层面的依法行约，保障村居法治建设的善治运行。

具体而言包括两方面：一方面，惠州市各级党政机关坚持严格规范执法，认真执行国家法律法规规章和惠州市地方性法规、规范性文件，不断规范执法行为、完善执法程序、改进执法方式，为村居法治建设提供强有力的外部保障；另一方面，基层群众性自治组织、群团组织、社会组织遵循法治精神，强化规范公正文明行约意识，自觉把村居自治规范作为行为准则，严格执行自治章程、村规民约、居民公约、组织规约等村居自治规范，弘扬公序良俗，发挥法律在村居治理中的积极作用，为村居法治建设提供强有力的内部保障。

一、党政机关执法执规

惠州市党政机关、惠州市各区县党政机关以及惠州市基层党政机关严格规范施行国家法律法规，惠州市地方性法规、规章和规范性文件，通过恰当指导、选树典型、宣传普法、督查考核、组织调解、开展培训、充实队伍、投入资金、借力社会等方式，实现了加强村居政治引领、夯实村居自治能力、

---

[1]　张晓娜："'法制副主任'破解基层难题"，载《民主与法制时报》2014年5月24日。

改善村居法治保障、加强村居德治教化、强化村居智治支撑、促进村居美治提升等治理目标和治理效果，突出亮点工作，深入推进惠州市村居法治建设事业。

（一）党政机关执法执规的内容

在村居法治建设的过程中，惠州市各级党政机关注重根据惠州实际积极开展政治、自治、法治、德治、智治、美治的"六治"协同构建乡村治理新格局试点工作，不断加强政治引领、夯实自治能力、改善法治保障、加强德治教化、强化智治支撑、促进美治提升，努力建构"六治"协同善治格局，促进村居法治建设工作走深走实、落地落细，打造具有惠州特色的村居法治建设亮点，形成具有惠州特色的社会治理创新品牌。

1. 加强村居政治引领

在良法建构基本实现、规范体系基本形成的前提与背景下，惠州市党政机关根据惠州实情，充分发挥主观能动性，严格、有效地执行制度规范，选优配强村"两委"班子及村民小组干部，规范基层党的组织建设，提高党员干部党性修养和工作能力，巩固党在基层的核心领导地位，加强基层党组织的政治引领作用。如博罗县罗阳街道党工委发布了关于进一步落实《惠州市强化村党组织领导核心地位暂行办法》的通知，要求各村对提交到街道党工委、街道办的请示、报告等材料，原则上要加盖村党组织公章，并附上村党组织相关会议记录，对未加盖村党组织公章或未附上会议记录的材料，街道相关部门不予受理。[1]惠城区小金口街道金源社区在上级党委的指导下做深做实社区"大党委"制，全面搭建镇（街）、村（社区）、子网格三层立体网格体系，在网格中成立党小组，对网格党支部实行统一调配、统一管理，对网格党员进行量化考核和评星定级，不断健全资源管理、制度运行、服务群众等工作机制，推进人、地、物、情、事、组织下沉到网格内，同时发挥平台大数据优势，完善闭环管理服务，及时发现、交办、整改和督办问题，畅通社情民意诉求渠道，使基层党组织成为联结辖区内各领域党组织的核心，切实提高基层党组织服务效能。惠东县平山街道实施村组"强根善治"工程，

---

〔1〕罗阳街道党工委："关于进一步落实《惠州市强化村党组织领导核心地位暂行办法》的通知"，载博罗县人民政府网：http://www.boluo.gov.cn/xzgwh/lyjdbsc/zwgk/bmwj/gzzd/content/post_2888841.html，2021年5月28日最后访问。

紧紧抓住最基层、最贴近人民群众的村民小组组长和支部书记，不断优化农村基层党组织架构，把符合条件的村党支部升格为村级党委或党总支，把党支部建在村民小组上。通过加强组织建设，提升队伍管理水平，完善村组管理治理机制，平山街道有效实现了"强根"，推动了"善治"，为城乡统筹发展和乡村振兴打好了组织基础。

2. 夯实村居自治能力

为了增强村居自治能力、激活村居内生动力，惠州市开展了不少颇有意义的探索和实践。如为了服务村居换届，2020 年底惠州市印发了《关于印发〈惠州市村（社区）法律顾问服务"两委"换届选举工作方案〉的通知》（惠市换届办〔2020〕3 号），组建了法律服务队，全程提供专业法律服务，要求各法律顾问充分发挥专业优势，开展法治宣传、掌握舆情动态、化解矛盾纠纷、加强法律把关，协助做好村（社区）"两委"班子换届选举工作，高效服务村社区两委换届，提升村居自治能力。博罗县严格落实县、乡两级联审机制，对候选人层层把关，让农村的选举起到公平公正的作用。与此同时，采取有力的措施严厉打击违规操作村两委选举的行为，不让家族和宗族黑恶势力入侵"村两委"，为村民自治保驾护航。

为了保障村居自治的长远发展，提升村居履约践诺意识和水平，打造具有长远影响力的人人有责、人人尽责的村居治理共同体，惠州市各级党政机关注重指导村、社区依法制定村规民约、居民公约，健全备案和履行机制，确保村规居约符合法律法规和公序良俗。如在惠州市民政局、组织部、政法委、文明办、司法局、农业农村局、妇联等部门的指导下，2020 年 9 月底全市 1043 个行政村和 227 个社区居委会全面完成了村规民约和居民公约修订完善工作。这些制定程序完整、内容合法、符合实际的自治章程、村规民约、居民公约在村级民主管理中发挥着重要的引导作用和约束作用。

此外，惠州市还注重调动多方主体参与治理，发挥人民团体和社会组织在村居法治建设中的作用，最大限度地调动群众参与村居治理的积极性、主动性、创造性，提高社会服务供给能力。如面对改造任务和投资方、游客、居民的不同诉求，惠城区江南街道党工委牵头，以基层党组织的名义，把祝屋巷这片区域内的党员召集起来，定期召开议事协商会议和党建联席会议，引入网格化治理理念，开展"网格共商"，细化基础网格责任单元，网格内的事情由相关网格内的群众民主商议，协会范畴的事情由协会出谋划策，联动解决。在巩固部门联动、诠释"和美"理念、增强网格自治能力的基础上，街区发展行业协会组织成立了祝屋巷文旅协会，邀请商会代表、村民代表、行业协会代表、村社代表等自愿加入，共同为祝屋巷的发展出谋划策，共同商议街区公共事务。该协会通过资源整合、信息互通，积极促进了文旅产业的转型升级；通过加强行业自律、相互监督，有力推动了文旅产业的快速发展；通过统一商户管理、统一对外宣传，有效维护了商户的合法权益。目前，协会共有会员 70 多户，通过赋能赋权，促进了自治共管。[1]

又如，为推进大亚湾区志愿服务事业发展，进一步提升基层社会公共服务水平，不断加强社会治理创新与发展，大亚湾区委政法委通过政策引导、重点培育、项目资助等方式，积极培育活动规范有序、作用发挥明显、社会影响力强的示范性志愿服务组织，联合澳头街道东升村、惠州市万嘉社会工作服务中心等多方主体共同推进东升海上救助、"志愿之城 爱心之城"等优秀志愿服务项目，厚植志愿服务发展土壤，提升群众获得感、安全感、幸福感和满意度，推动大亚湾区不断提升社会治理现代化水平。[2]在党的领导下，社会组织通过各种途径和形式参与村居社会治理，提升村居法治建设效果。

3. 强化村居法治保障

惠州市注重发挥法治的保障作用，认真贯彻全面依法治国要求，坚持把群众路线与法治方式结合起来，不断健全公共法律服务体系、加强平安社区建设、推动基层矛盾依法解决。例如，博罗县公安机关注重加强村居安全建设，深挖乡村黑恶势力，铲除背后的"保护伞"。面对农村黑恶村霸渗透甚至把持村级权力、梗阻党和国家惠民政策的"最后一公里"、践踏民主法制、妨碍农村社会的政治和谐的问题，博罗县提出了新的部署工作，除深入农村开展扫黑行动之外，还对村霸、宗族黑恶势力背后的保护伞采取"零容忍"态势，违法必究、冒头必打，不让其在农村为所欲为。

在强化村居法治保障的框架下，惠州公安机关近年来以党建引领"村警工程"不断开创村居安全建设新局面的经验尤其值得一提。"村警工程"的深入开展实现了"发案少、秩序好、社会稳、群众满意"的目标，促进了村居

---

〔1〕 中共惠州市委政法委员会：《典型示范 争创一流——惠州市市域社会治理现代化案例选编（二）》（2021 年 3 月），第 3~5 页，中共惠州市委政法委 2021 年 4 月 16 日提供。

〔2〕 中共惠州市委政法委员会：《典型示范 争创一流——惠州市市域社会治理现代化案例选编（二）》（2021 年 3 月），第 59 页，中共惠州市委政法委 2021 年 4 月 16 日提供。

法治建设水平、基础服务实战能力、群众安全感满意度的提升。截至 2020 年 8 月底，惠州市刑事、治安、黄赌警情同比分别下降 29.13%、34.43%、73.24%。[1] 2021 年初惠州全市村警队伍扩充至 2273 人，1283 个村（居）按规范要求完成了警务工作室的建设。全市村警组织指导基层巡逻队伍近 7000 个，有力推动形成了共建共治共享的村居法治建设"一盘棋"格局。[2] 此外，为全力打造一批在全省喊得亮、在全市叫得响的"一村（居）一警"工作室品牌，充分发挥工作室典型示范引领作用，营造争先创优的驻村（居）浓厚工作氛围，激励全市驻村（居）警力对标先进、真学先进、争做先进，2020 年惠州市公安局根据《惠州市公安局评定办法（试行）》规定的决定对 10 个"一村（居）一警"工作室进行命名并颁发了牌匾、证书。[3] 通过采取上述行动，惠州市有效实现了加快推进社会治理现代化、开创平安村居建设新局面、增强村居社会安全感的村居法治建设目标，强化了惠州村居法治保障。

4. 加强村居德治教化

惠州市注重发挥德治的先导作用，通过加强道德教化，以社会主义核心价值观为引领，丰富道德宣讲形式、培育文明新风，不断提高城乡居民的道德修养，使村居法治建设建立在较高的道德水平之上。如作为全国新时代文明实践中心建设"先行试验区"，博罗县建设了 60 个文明实践所（站），创新理论宣讲形式，组建了"1+10+N"宣讲队，宣传党的思想政策、传递文明风尚。通过公益创投评选扶持特色志愿服务项目，结合百姓需求，广泛开展志愿服务活动。博罗县还打造了博罗电视台"经典频道"、博仁文化志愿者服务队、博仁文化学堂等品牌，助力博罗成为道德之城、好人之城、平安之城、幸福之城，引导中华优秀传统文化的弘扬和传承。

---

〔1〕 王清波、尹利勇、胡璇："深怀为民心高扬平安旗 惠州：党建引领'村警工程'开创社会治理新局面"，载中国警察网：http：//news.cpd.com.cn/n3559/202012/t20201225_ 946667.html，2021 年 9 月 3 日最后访问。

〔2〕 钟宏连、惠公宣："惠州：2000 多名村警扛起使命，打通服务群众'最后一公里'"，载广州日报官网：https：//www.gzdaily.cn/amucsite/web/index.html#/detail/1465116，2021 年 9 月 13 日最后访问。

〔3〕 付巨晗、黄辉延："大亚湾区：全市 10 个'一村（居）一警'工作室获命名"，载惠州市人民政府官网：http：//www.huizhou.gov.cn/zwgk/hzsz/xqyw/content/post_ 4141340.html，2021 年 9 月 13 日最后访问。

此外，惠州还注重培育文明乡风，通过发挥行政执法的积极作用培育文明乡风、良好家风和淳朴民风，建设文明乡村。如博罗县注重引导鼓励村民委员会依据村规民约出台具体约束性措施，把推动革除婚丧陋习、解决孝道式微、培育公共意识、倡导健康生活方式等列为重要教育服务内容，真正让乡村留住乡韵、记住乡愁。博罗县文明实践所站广泛组织开展"文明新风进万家""敬老节""雷锋日""清洁日""小手牵大手"等主题实践活动。该县鼓励村级组织开展星级文明户评选，设立孝道红黑榜、文明积分等，选树并激励勤劳俭朴、孝亲敬老等先进典型和模范家庭，对反面典型加强批评教育和惩处力度。该县大力开展农村敬老爱老和婚丧嫁娶志愿服务，让农民群众在参与中改变观念，在实践中告别陋习，形成文明乡风，从而更好地发挥先进法治文化的引领、熏陶作用。

5. 强化村居智治支撑

惠州市党政机关在推进村居法治建设过程中注重发挥智治的支撑作用，善于运用智能化手段推动村居法治建设创新，以智能化建设提升村居法治建设的活力和效率。如惠州市公安局依托"智慧新警务"战略，为基层一线民警配齐移动警务终端，全市社区民警移动终端应用率已达100%。该局不断加强"一村（居）一警"警务APP、出租屋和流动人口管理APP等系统平台的开发应用，最大限度地让驻村（居）警力各项工作任务数据化、系统化、一体化。该局充分运用"互联网+"思维，灵活运用微信、微博、抖音等网络工具推广"掌上警务室""微服务"等。截至2020年8月，惠州全市驻村（居）警力共搭建微信工作群4584个，形成了不断拓展微信群覆盖面，持续优化集情报收集、线索排查、宣传防范功能为一体的"微警务"模式。[1]博罗县在工作方案中提出，该县将会运用"互联网+网格治理"手段，依托市、县、乡镇（街道）、村（社区）四级综治中心，建立多级信息资源共享平台。通过实行网格化精细管理，科学设定网格划分标准，按"全科网格"标准划分网格、配齐配强网格管理员，构建"横向到边、纵向到底、村（居）不漏户、户不漏人"的"一张网"。以"智慧新警务"为抓手，加快推进综治中

---

〔1〕"惠州公安致力构建'多元共治、协同治理、共建共享'基层治理体系'一村（居）一警'战疫显成效"，载惠州市公安局官网：https://gaj.huizhou.gov.cn/gkmlpt/content/3/3964/post_ 3964522. html#9525，2021年9月15日最后访问。

心、"雪亮工程"、网格化服务管理工作，加强城乡社区出入口、主要道路的公共安全视频监控建设，扩大公共安全视频监控联网应用范围，由乡镇（街道）和村（社区）综治中心、派出所进行联网，提高社会治安防范信息化水平，不断推进村居法治建设。[1]

6. 促进村居美治提升

惠州市注重遵循乡村自身发展规律，充分体现农村特点，不断推进农村人居环境整治、加强传统村落保护，从而建设生态宜居美丽乡村，留住乡土味道、保留乡村风貌、留得青山绿水，让村居群众得到美的享受、养成美的德行、过上美的生活，让城乡之间、乡村之间各美其美、美美与共，为村居法治建设创造条件。

2019 年以来，作为中央政法委确定的广东省唯一县级联系点，博罗县被惠州市赋予了探索"六治协同"的试点任务。在推行"政治、自治、法治、德治、智治"的基础上，博罗县把美育和社会治理深度融合，开创性地将"美治"引入社会治理。[2]博罗县注重规划先行，用美丽规划引领乡村发展，在全县开展以"家和、院净、人美"为主题的"美丽家园"创建活动，全域推进农村人居环境整治，建设了 71 个生态宜居美丽乡村。依托秀丽的山水自然风光和深厚的历史人文积淀，因地制宜地发展"一村一品、一村一景、一村一业"。[3]在开展"美治"实践的过程中，博罗县各级基层党委、政府积极动脑筋、想办法、出措施，有效地推动了工作开展，涌现出了一批先进典型。如博罗县观背村最初是个垃圾遍地、房屋破旧、杂草丛生的破败古村落，后该村在县委政法委的指导下采取了拓路、绿化、垃圾清理等村容村貌大整治行动、引入了"武当别院""手有余香"等 62 家文化团体协会以及在曾经残破不堪的墙体绘制 2000 平方米精美壁画等美治行动。如今观背村已成为远近闻名的"壁画村"、全国民主法治示范村、全国文明村，改写观背村命运的是"引美入治"治理思路的持续探索。基层的这些有益探索使"美治"的作

---

〔1〕 博罗县委政法委："'六治'协同构建基层治理新格局试点工作方案"（2019 年 9 月 27 日发布），载博罗县人民政府网：http://www.boluo.gov.cn/dqbm/xwzfw/pabl/content/post_ 2885814. html，2022 年 1 月 13 日最后访问。

〔2〕 章宁旦："用'美治'寻求治理最大公约数——广东博罗探索'六治协同'乡土治理新路径"，载《法治日报》2020 年 6 月 20 日。

〔3〕 黄进："惠州博罗：'六治'协同构建乡村治理新格局"，载腾讯网：https://view. inews. qq. com/a/20210113A05ADE00，2021 年 9 月 12 日最后访问。

用更加凸显，让惠州萌生了"引美入治"的治理思路，通过"引美入治"丰富基层社会治理现代化和村居法治建设的内涵。

（二）党政机关执法执规的举措

在推进惠州市村居法治建设的过程中，惠州市注重以恰当指导为重要抓手、以选树典型为重要手段、以宣传普法为重要途径、以监督考核为重要方式、以组织调解为重要行动、以开展培训为重要措施、以充实队伍为重要方法、以经费保障为重要支撑、以借力社会为重要补充，多举措推进村居法治建设工作，保障村居法治建设工作的顺利开展。

1. 恰当指导

惠州市注重对村居治理给予必要指导，为村居法治建设提供行动指南和有益帮助。首先，指导村居委会正确、充分、恰当地发挥作用，指导村居委会建立健全选举规范、决策规范、管理规范、监督规范，指导村居委会开展民主选举实践、民主决策实践、民主管理实践、民主监督实践。其次，指导村居民积极有序地参与村居法治的建设。最后，指导其他涉村居组织积极有序地参与村居法治建设。如在惠州市民政局的指导下，截至2021年3月底，惠州市各村居顺利完成第八届村委会、第七届居委会换届选举，共选举产生村（社区）"两委"干部8105名，其中党组织书记全部实现"一肩挑"，"两委"交叉任职比例达到88%，全市新一届村（社区）"两委"班子结构全面优化，人选质量较上届大幅优化提升。博罗县民政局对全县17个镇（街道）、1个管委会所辖村的村规民约和居民公约的制定和完善进行了深入指导帮助，重点指引各村居根据实际情况制定、完善村规居约，使村规居约的制订和实施既符合法治原则和精神，又符合村居实际、具有当地特点。为了帮助村居法律顾问更好地开展工作，博罗县司法局组建了工作指导组，建立了由县司法局领导班子成员具体包片牵头指导的责任制，以及司法所负责具体指导辖区内村（社区）与村（社区）法律顾问对接联系、局分管领导和相关股室负责相关的业务指导等诸多工作制度。

2. 选树典型

惠州市较为注重通过选树表彰村居法治建设先进典型的方法和手段，加强典型经验总结宣传，发挥先进典型的示范带动作用。一方面，惠州市各部门进行了不少有价值的探索，积累了不少有益经验。如2019年8月20日中共惠州市委农村工作办公室、惠州市农业农村局、中共惠州市委宣传部、惠州市民政局、惠州市司法局联合发布了《关于开展乡村治理示范村镇创建工作的通知》，要求全市做好乡村治理示范村镇创建工作，"通过示范创建活动推动健全党组织领导的自治、法治、德治相结合的乡村治理体系，培育和树立一批乡村治理典型，发挥引领示范和辐射带动作用，促进乡村治理体系和治理能力现代化"。[1] 2020年，结合惠州市丰字交通建设，惠州市司法局沿"一号公路"选点打造，挑选惠城区小金口街道金源社区等15个村（社区）成功创建"省级民主法治示范村（社区）"；挑选以法治助力脱贫攻坚、保障乡村振兴成效显著的惠阳区秋长街道周田村、惠城区水口街道姚村村成功创建第八批"全国民主法治示范村（社区）"。2021年，惠州市民政局配合市司法局做好"民主法治示范村（社区）"建设工作，指导各县（区）民政局严格按照申报条件和程序，严格执行评选标准，及时做好跟踪、指导，帮助惠阳区秋长街道周田村和惠城区水口街道姚村村荣获第八批"全国民主法治示范村"。

另一方面，惠州市各区县也对先进典型进行了不少有价值的探索，积累了不少有益经验。例如，博罗县司法局将罗阳、龙华、泰美、观音阁、公庄等镇作为村（社区）法律顾问工作示范点进行重点打造，组织司法所工作人员和律师在示范点现场观摩学习，以点带面，为其他镇提供参与和学习范本，进一步推动全县村（社区）法律顾问工作顺利开展。2017年7月17日，博罗县全面依法治县工作领导小组发布《博罗县全面推开法治建设"四级同创"活动实施方案（2017-2020年）》（博法治组［2017］6号），要求每个镇结合实际选取2个村、2个社区，打造法治创建示范点，通过选树典型，以点带面，积极推动村居法治建设。

3. 宣传普法

惠州市注重运用好普法宣传的手段增强村居民众法治意识和法治素养，推进村居法治建设。在惠州市级层面，2019年惠州市共开展普法宣传活动9255场，"惠州e普法"平台共发布资讯3712条，用户突破16万，浏览量、资讯阅读量突破470万人次。"法德大讲堂"获评2018年—2019年全省国家

---

［1］"关于开展乡村治理示范村镇创建工作的通知"，载惠州市农业农村局网站：http:// nyncj. huizhou. gov. cn/zfxxgkml/hzsnyncjwz/bmwj/tzgg/content/post_ 3129251. html，2021年5月31日最后访问。

机关"谁执法谁普法"创新创先项目"优秀普法项目"。2019年8月22日《法制日报》头版头条以《法德大讲堂让群众收获法理情——惠州探索构建新时期"社会治理讲习所"》为题，报道了惠州市"法德大讲堂"建设情况。[1]2020年度，惠州全市共开展普法宣传活动26 641场，全市村（社区）法律顾问开展法治宣传活动4596次，法律咨询20 359次。2020年，惠州市还以普法联席会议、普法责任清单、领导干部旁听案件庭审、年度学法考试"四大制度"，普法月刊、午间说法、惠州e普法、法德大讲堂"四大平台"，千人百场送法律服务下基层、普法·公共法律服务宣传周、"谁执法谁普法"履职报告评议、宪法宣传周"四大活动"为载体，不断深化普法活动，加强法治宣传教育。[2]2020年5月22日，惠州市农业农村局还印发了《2020年普法工作要点》，制定了《2020年重点普法责任清单》，从普法内容、牵头科室、普法对象、普法方式、实施时间等五个方面明确了惠州市2020年普法工作重点，深入开展普法工作。[3]

在县区层面，惠城区司法局开展了新春"送法下乡"活动，以法治文艺表演、法律宣传资料派送、现场教学宣讲、有奖问答互动、法律咨询答疑等形式宣传安全生产、扫黑除恶、禁毒等法律法规。2019年，惠城区全区共开展了160场春节前送法下乡活动，为法治村居建设提供了优质公共法律服务，营造了良好环境。惠东县党委通过开展"向日葵工程"，强化对涉毒家庭未成年子女的法治宣传教育，充分利用未成年人思想道德教育基地、德法讲堂、禁毒基地、少年法庭、德育课堂等平台，深入开展法治宣传进家庭活动，提高涉毒家庭未成年人子女的法律意识，教育引导他们从小学法、懂法、守法。龙门县注重对宣讲手段的运用，2019年以来，龙门县委政法委组织政法各单位和妇联共同开展"送法下乡""家庭教育大讲堂进村（社区）"等活动42场次，通过宣讲《宪法》等知识来增强妇女群众主动参与村民自治和民主管理的意识，通过宣讲《婚姻家庭法》《反家庭暴力法》等知识来增强妇女群

---

〔1〕"惠州市人民政府关于2019年度法治政府建设情况的报告"，载惠州市人民政府网：http://www.huizhou.gov.cn/zwgk/wgk/content/post_3932154.html，2021年1月11日最后访问。

〔2〕"中共惠州市委、惠州市人民政府关于2020年法治政府建设年度报告"，载惠州市人民政府网：http://www.huizhou.gov.cn/zwgk/tzgggs/zw/content/post_4173384.html，2022年1月11日最后访问。

〔3〕《关于印发〈惠州市农业农村局2020年普法工作要点〉的通知》（惠农函〔2020〕128号）。

众拿起法律武器维护自身合法权益的意识,教育引导妇女群众自觉成为守护家庭平安、维护社会安定的"平安嫂",通过宣讲社会治安等方面的法律法规知识来增强群众自觉抵制黄、赌、毒、邪的意识。

4. 督查考核

惠州市注重发挥督查考核对村居法治建设的推动作用,通过开展监督、检查和考核活动,促使各项涉村居法律法规和决策部署落到实处。如惠阳区司法和信访局于 2020 年 11 月 10 日发布了《关于做好 2020 年惠阳区村(社区)法律顾问工作考核的通知》,对 2020 年度一村(社区)一法律顾问履职情况进行考核,并将考核结果作为支付村(社区)法律顾问工作补贴、年度评优以及下一年度法律顾问调整的依据。2020 年 9 月 20 日,惠州市司法局、惠州市律师协会发布了《关于在全市各村(社区)开展法治建设评估的通知》,由全市 588 名村(社区)法律顾问律师对 1294 个村(社区)开展法治评估,对村居法治建设状况进行考察,对村(社区)法治建设情况、依法治理情况、法律服务需求情况等内容进行评估,通过考核评估准确掌握全市村(社区)法治建设情况,并在考核评估的基础上构建供需平衡、精准高效的法律服务模式。

为进一步加强四级公共法律服务平台建设,推进公共法律服务体系城乡一体化建设,2018 年惠州市司法局商请惠州市委、市政府督查办,共同对惠州市四级法律服务平台进行专项督查,并发布了《惠州市司法局关于加强公共法律服务四级平台建设督查工作的通知》(惠市司通〔2018〕128 号),对督查时间、督查内容、督查形式、督查结果处理等相关事项进行了具体部署,通过督查提高法律服务质量和水平,全面做实做优公共法律服务。[1]惠东县平山街道按照"四议两公开"、《村民小组议事规则》、"四民主工作法"等要求,由街道挂点领导牵头,每年年终对各村民小组组长和党支部书记年度工作进行量化考评。2014 年上级组织部门在考核中将观背村列为"软弱涣散基层党组织",这促使和刺激观背村村党支部知耻后勇,彻底改变落后面貌。现观背村已蜕变为惠州市"法德同治示范村""全国文明村""全国民主法治示

---

〔1〕《惠州市司法局关于加强公共法律服务四级平台建设督查工作的通知》(惠市司通〔2018〕128 号),2018 年 7 月 16 日发布,惠州市司法局 2021 年 5 月 15 日提供。

范村"和"全国先进基层党组织"。[1]

5. 组织调解

面对村居治理中的新矛盾、新问题，惠州市注重整合矛盾纠纷化解资源力量，积极组织调解，充分发挥调解在化解基层矛盾纠纷中的价值和作用。表现在具体行动上，惠州市司法局积极指导各级人民调解组织深入开展矛盾纠纷排查化解活动，做好人民内部矛盾纠纷调处情况的分析研判，在辖区内深入开展对各类矛盾纠纷的大排查、大调处活动，完善矛盾纠纷大调解机制建设，整合法律服务资源，参与矛盾纠纷化解，拓宽人民调解领域，推进行业性、专业性人民调解组织建设，最大限度地消除不稳定隐患，最大限度地把矛盾纠纷解决在基层、化解在萌芽状态。惠州市还在全市范围内积极开展村（社区）"两委"换届矛盾纠纷排查化解工作，目前没有发现涉及群体性事件、聚集上访等重大、敏感性案件。2020 年，全市各级人民调解组织调处各类矛盾纠纷共 4245 件，调解成功 4205 件，调处成功率为 99.05%。

6. 开展培训

为了提升村居法治建设的主体维度的力量，提升村居法治推动者、建设者、参与者的综合素质和专业素养，惠州市注重加强对村居法治建设队伍的培养，探索多元的培训机制，通过培训村居干部、培训法律顾问、培训村居民，提高其素质，为村居法治建设奠定人才基础、主体基础。如 2020 年 11月，为进一步落实一村（居）一法律顾问工作制度，改进和规范村（居）法律顾问的履职行为，提升全市村（居）法律顾问的履职能力，惠州市司法局指导惠州市律师协会主办了惠州市村（居）法律顾问工作专题培训，对 370余名村（居）法律顾问律师进行了培训。[2]2021 年，惠州市民政局积极配合计划市委组织部做好全市新一届村（社区）党组织书记（主任）培训工作，同时指导各县（区）对村（社区）其他"两委"班子成员［含村（居）务监督委员会主任］开展培训。

7. 充实队伍

为了强化村居法治的组织保障和人员保障，加强基层执法队伍建设，充

---

〔1〕"从'软弱涣散'到'全国先进'"，载腾讯网：https://new.qq.com/rain/a/20210706A03KJQ00，2021 年 7 月 29 日最后访问。

〔2〕惠州市司法局信息专报《2020 年全市村（社区）法律顾问工作专题培训举行》（〔2020〕第 121 期），2020 年 11 月 23 日发布，惠州市司法局 2021 年 5 月 15 日提供。

实村居法治建设力量，2019 年惠州市改革行政执法体制，按照"编随事走、人随编走"原则，推进执法力量向基层和一线倾斜，共划转市直属 217 名行政执法专项编制到县（区），大力推进执法力量下沉。[1]除了惠州市层面的行动，各区县也积极采取行动，充实壮大村居法治建设力量。如惠城区全面铺开基层法律服务活动，基层司法所引导农村法律服务工作的开展，依托"法制副主任"，组成普法志愿者团队，帮助、指导农民依法维护自身的合法权益。博罗县推进"一村（居）一警"工作，将全县 378 个村（居）划分为三个类别，按照"三不一刀切"原则，派驻了 626 名村警，实现了警力全覆盖，扩充了村居法治建设的生力军。通过加强基层执法队伍建设，充实村居法治建设力量，惠州市有效促进了法律服务进社区、进农村、进家庭，有力保障了村居法治建设的顺利开展。

8. 经费保障

中央全面依法治国委员会印发的《关于加强法治乡村建设的意见》（2020年 3 月）要求："加强法治乡村建设经费保障，列入财政预算，建立正常增长机制。统筹利用好现有经费渠道，大力支持法治乡村建设。"惠州市注重资金投入，为村居法治建设提供充足的经费保障。其一，在惠州市层面，惠州市民政局按照"政府主导、社会协同、公众参与、民主协商"思路，推进实施"惠民空间计划"，共投入资金 8900 多万元，完成 84 个老旧小区微改造，改造面积 9 万多平方米，惠及群众 10 万多人。其中，市级负责的 22 个改造项目，投入资金 1400 多万元，全部来源于社会捐赠。惠州市司法局积极争取财政支持，推动建设了由市公共法律服务中心、县（区）公共法律服务中心、镇（街道）公共法律服务站、村（社区）公共法律服务室组成的法律服务实体平台，由门户网站、移动客户端、微信公众号组成的法律服务网络平台以及法律服务热线平台，将公共法律服务纳入基本公共服务均等化保障体系，将公共法律服务推进至基层末梢，"解决最后一公里问题"。[2]其二，在各区县层面，博罗县为了推进村居法律顾问工作的开展，贯彻落实省、市有关文件要求，由县财政每年预算安排配套资金 170.1 万元（每个村 4500 元）予以

---

[1] "惠州市人民政府关于 2019 年度法治政府建设情况的报告"，载惠州市人民政府网：http://www.huizhou.gov.cn/zwgk/wgk/content/post_ 3932154.html，2021 年 1 月 11 日最后访问。

[2] 《惠州市司法局关于印发〈惠州市司法局关于推进公共法律服务平台建设的实施意见〉的通知》（惠市司通［2018］17 号），2018 年 3 月 12 日发布，惠州市司法局 2021 年 5 月 5 日提供。

保障。为了更好地推进诉前联调工作，博罗县委、县政府给法院和非诉调解部门拨付专项经费，设立诉前联调办案奖励金，对联调成功并经司法确认的案件给予一定的奖励，调动诉前联调积极性。其三，在乡镇、街道层面，惠阳区淡水街道为进一步支持村（社区）的社会治理工作，自筹经费，陆续推进各村（社区）会议（活动）室的视频录播设备安装工作，并于2020年7月下旬实现了全区28个村（社区）视频设备全覆盖，有力保障了对社会治理问题的跨部门协同处置以及对应急事件的快速响应。

9. 借力社会

惠州市注重引领和推动社会力量参与村居法治建设，建设人人有责、人人尽责、人人享有的社会治理共同体。例如，为帮扶解决涉毒服刑人员家庭的困难和问题，惠东县充分整合家庭、学校、村（社区）、社会的力量，开展涉毒家庭帮扶"向日葵工程"，探索建立"家长+老师+干部+社工"的监管和帮教机制，采取一帮一、一帮多的方式加强对涉毒家庭未成年子女（特别是"问题少年"）的日常监护。开展"向日葵工程"以来，惠东县已纠正20个孩子的行为偏差，解决了4名学生的转学问题，帮助7名辍学学生重返校园，解决了1名学生的住宿问题，帮助70多个家庭提升教育能力，为13个孩子重建了家庭支持系统。

惠州市司法局坚持社会主义民主，高度重视政协委员的意见与建议。根据惠州市部分政协委员提出的提高"法制副主任"任职要求、强化"法制副主任"培训力度、完善"法制副主任"机制制度、加大"法制副主任"宣传力度的意见和建议，惠州市司法局采取了提高全市1275个村（社区）的"法制副主任"任职要求、加强对镇街司法所工作人员和村（社区）联络员的培训力度、修订了《惠州市村（社区）"法制副主任"工作管理办法》、借助村务APP、村（社区）微信群以及其他的村（社区）宣传手段开展形式多样的宣传活动等措施。[1]

惠城区桥西街道退役军人基数大，党员多，训练有素，素质较高，是极为宝贵的社会资源。基于此，桥西街道党工委锐意进取，在加强退役军人党建工作上大胆创新，成立了退役军人党总支，在辖区12个社区退役军人服务

---

〔1〕"对惠州市政协十二届二次会议第20180257号提案的答复"，载惠州市司法局网站：http://sfj. huizhou. gov. cn/zwgk/jytaxxgk/content/post_ 69357. html，2021年6月6日最后访问。

站分别成立退役军人党支部，统一了辖区内的退役军人教育管理。在党组织的引领下，桥西街道退役军人在社区志愿服务，环境治理，平安巡逻，结对帮扶退役军人创业就业，慰问退役军人家属，关心关爱特困退役军人、抗战老兵等诸多方面都发挥了重要作用，展现了榜样力量、传递了正能量。退役军人以独有的特色参与法治建设和社会服务，成了桥西街道村居法治建设中的一道靓丽"迷彩风景线"。桥西街道的做法为引领社会力量参与社会共治、推进村居法治建设提供了有益的启迪和示范。

二、自治组织守约行约

在村居法治建设中，党政机关开展的执法执规活动是国家层面的外力推动型执法，通过村居外部力量推动村居法治建设。与之同等重要的是村居层面的村居自治组织开展的内部自生型执法，通过村居内部力量推动村居法治发展。从实际情况来看，惠州市村居自治组织能够认真执行村居规范（简称"行约"），不断规范村居行约工作，提高村居行约水平，做到了严格、规范、公正、文明行约，促进了村居治理体系和治理能力的现代化。

另外值得注意的是，惠州市村居法治建设具有明显的多元主体参与特征。具体而言，一方面，村居执"法"机构除了基层党组织和基层群众性自治组织、村（居）民小组等自治组织，公益组织、宗亲组织、志愿服务组织等村居社会组织也发挥着举足轻重的作用。另一方面，村居执"法"人员除了村干部、专职人民调解员、派出所民警等带有行政色彩的人员，法制副主任、顾问律师、公益组织成员、志愿者等其他人员也发挥着不可或缺的基础性作用。

（一）自治组织守约行约的内容

在守约行约方面，惠州市域范围内的基层群众性自治组织、村居民小组、群团组织、社会组织将深化基层群众自治、促进村居经济发展、保护村居历史文化、维护村居群众权益、提升村居文明程度、化解村居矛盾纠纷、改善村居治安管理等作为村居法治建设的重要方面，推动村居社会成员自我约束、自我管理、自我规范，以高度的自觉、高效的行动全面推进村居法治建设。

1. 深化基层群众自治

惠州市的村民委员会、居民委员会根据《村民委员会组织法》《城市居民委员会组织法》进行村民自治、居民自治。如为深化基层群众自治，提升村居自治能力和自治水平，惠东县白花镇沿河社区依据《村民委员会组织法》、村规民约、自治章程等每年召开居民代表会议 2 次。第一次会议的主要议题为上半年沿河社区会工作总结和下半年工作计划；第二次会议的主要议题为沿河社区会全年工作总结和第二年的工作计划。惠东县平山街道六德村坚持村委会成员、村民小组长、村民代表 100% 由村民选举产生。该村村民参与民主决策意识高涨，农村的重大事务依法通过村民会议或者村民代表会议讨论决定。博罗县福田镇周袁村围绕"四个民主"，认真贯彻落实民主选举制度。在换届选举工作中，周袁村严格执行有关法律法规的规定，积极开展村级换届选举的各种宣传教育工作，提高了群众对村级换届选举工作重要性的认识。为确保选举的公开、公正、公平，周袁村还在选举前派出专门人员深入各小组宣讲《村民委员会组织法》和《村民委员会选举法》，让全体村民了解、熟悉该法，充分行使民主权利。在党支部换届工作和村委会换届选举中，周袁村通过党内外结合，广泛听取意见。选举采用直接、差额、无记名投票方式进行，让选民直接投票，投票结束后当众开箱验票、唱票、计票、公布选举结果，在严密组织、严格程序下选出村民信任的村干部。由于普法到位，周袁村大大地调动了村民民主选举的积极性。惠东县平山街道城东社区高度重视依法治理工作，努力做到社区管理法制化、规范化、制度化，把依法治理工作纳入社区居委会重要议事日程，成立了依法治理工作领导小组，责任落实到人。惠州市惠城区江北街道清湖社区结合自身实际，根据社会规范，每年召开社区专职工作人员年终考核测评会，居民代表、党员代表、物业代表全部参与其中，更好、更全面地反映居民心中所想，加强人民监督，真正地把"为人民服务"落到实处。[1]

2. 促进村居经济发展

立足大湾区，面向港澳深，惠州市村居较为注重用好区位优势、释放自身潜能、加快经济发展。如惠东县铁涌镇油麻地在上级部门的指导下，按照有关规范在 2019 年完成了农村集体产权制度改革，清查盘点了集体资产，明确了人员的分类和股份设置及分类。2020 年油麻地村民委员会、油麻地股份经济合作联合社与福昌实业（惠州）有限公司共同成立了惠州兆福康养有限

---

〔1〕　惠州市惠城区江北街道清湖社区《省"民主法治示范村（社区）"创建推进审批表》（2020 年 10 月 13 日），惠州市司法局 2021 年 5 月 15 日提供。

公司，共同推进"农旅康一体化田园综合体"项目的实施和发展。[1]博罗县湖镇镇坪山村注重搭建城市与农村的沟通桥梁，促进城乡交流、加快经济发展，努力在乡村振兴中实现弯道超车。2019年初，坪山村引进"欢乐稻场"项目。"欢乐稻场"是一个集田园观光、亲子拓展、古村文化、越野露营、农事体验等为一体的生态农场。坪山村"欢乐稻场"的建设与开发带动了经济和旅游业的发展。该村试种成功的"网红"网纹瓜成了远近闻名的香饽饽，供不应求；该村农业观光采摘、自驾越野、民宿、露营基地等系列乡村生活体验项目、悠闲的田园生活，可以让游客品味乡村魅力、消解乡愁，让农民在家门口就业致富，守护美好家园。通过把环境资本转化为发展资本，坪山村推动了乡村"美丽资源"向"美丽经济"转化，塑造了"山沟沟里飞出金凤凰"的典范。[2]在坪山村发展转型过程中，该村村规民约和自治章程中关于经济发展、家畜管理等与乡村旅游密切相关的规范得到了切实执行，保障了乡村经济发展。惠州市惠城区江南街道祝屋巷充分利用社会组织的作用。祝屋巷文旅协会成立并运行以后，严格执行协会的组织章程，帮助祝屋巷吸引了70余家文旅企业和团队入驻，活化利用改造旧房屋70多栋，使得祝屋巷面貌焕然一新，经济得到了快速发展。[3]

3. 保护村居历史文化

为了保护和传承村居历史文化，惠州市不少村居在遵守文化传承类村规民约与习惯规范的基础上，开展了诸多创新性实践。如博罗县龙华镇鹤溪村是中国传统村落，村内有众多的文物保护单位、文物保护点、古建筑等。鹤溪村的村干部在农村更新改造工作中遵守村规民约和自治章程的规定，积极听取法制副主任的建议，将改造工作与传统村落保护相结合，尊重村庄原有的历史风貌和建筑肌理，做到精心规划、科学修缮，有效保护村庄历史文化。[4]博罗县湖镇镇坪山村大田村民小组注重传承崇文重教的传统，充分发

---

〔1〕 惠州市惠东县铁涌镇油麻地村《省"民主法治示范村（社区）"创建推进审批表》（2020年9月10日），惠州市司法局2021年5月15日提供。

〔2〕 中共惠州市委政法委员会：《典型示范 争创一流——惠州市市域社会治理现代化案例选编（二）》（2021年3月），第41~45页，中共惠州市委政法委2021年4月16日提供。

〔3〕 张荟婷："惠州庆祝记者节：铁肩抗疫勇担当 铁笔记录新时代"，载惠州文明网：http://hz. wenming. cn/ecjj/202011/t20201104_ 6794252. htm，2021年7月18日最后访问。

〔4〕 钟凯萍：《关于鹤溪村委全面开展法治建设评估报告》（2020年10月7日），惠州市司法局2021年5月15日提供。

挥德治教化作用。在大田村民小组，有一座"九厅十八井"的古建筑曙楼书室。为了传承流传了200多年的崇文重教精神，该村依照村内习惯将每年的奖学活动均放在曙楼书室举行。[1]此外，为了让后代传承先祖崇文重教的美德，鼓励后辈认真读书，村里还特别成立了九九慈善会，牵头开展奖学、助老助困等活动，善款的来源主要由大田村的外出乡贤、有志青年等捐赠。惠东县稔山镇范和村不断继承和发扬村内习惯规范，利用迎妈祖旅游文化节、谭公醮会、渔歌比赛等民俗传统节日，积极开展具有范和特色的法治文化活动，推动村风民风持续向好。通过开展上述活动，范和村的干部群众尊法、学法、守法、用法的自觉性明显增强，使得村居优秀历史文化得到了保护和传承。

4. 维护村居群众权益

惠州市的村居以人民为中心，在村居法治建设中注重维护村居群众权益。为了提高村民法治意识、帮助群众维护自身合法权益，惠东县白花镇李洞村村委会与白花镇司法所、卓凡律师事务所在村规民约有关规定的基础上一起组织了系列普法讲座培训，组织、帮助务工人员学习《劳动合同法》《劳动法》等法律，以提高其维护自身合法权益的能力。[2]为了帮助外来人员维护自身合法权益，构建和谐乡村，惠东县白花镇石陂村帮助外来务工人员学习《劳动合同法》《劳动法》等法律法规。[3]为了在村居换届选举过程中注重保护女性村居民的民主权利，博罗县公庄镇党委印发的《公庄镇2021年村（社区）"两委"换届选举工作实施方案》提出，全镇要在换届选举中重视培养使用女干部，村（居）民委员会成员中应至少有1名妇女成员，力争村民委员会成员中女性比例达到30%，村民委员会主任中女性比例达到10%，社区居民委员会成员中女性比例达到50%。[4]公庄镇各村居在实践中，严格按照

---

〔1〕 中共惠州市委政法委员会：《典型示范 争创一流——惠州市市域社会治理现代化案例选编（二）》（2021年3月），第41页，中共惠州市委政法委2021年4月16日提供。

〔2〕 钟凯萍：《关于李洞村委全面开展法治建设评估报告》（2020年10月7日），惠州市司法局2021年5月15日提供。

〔3〕 胡耀宏：《关于石陂村委全面开展法治建设评估报告》，惠州市司法局2021年5月15日提供。

〔4〕 中共公庄镇委："关于印发《公庄镇2021年村（社区）"两委"换届选举工作实施方案》的通知"，载惠州市博罗县公庄镇官网：http://www.boluo.gov.cn/hzblgzz/gkmlpt/content/4/4134/post_4134020.html，2017年7月17日最后访问。

公庄镇印发的方案要求和村居自治章程关于民主选举的有关规定，在换届工作中高度重视保护女性权益，保障女性在班子成员中的适当比例。

5. 提升村居文明程度

为提升村居文明程度，惠州市各村居结合村居文明规范充分发挥主观能动性，主动在本村居范围内开展文明村居建设。如博罗县龙华镇竹园村在村村委会办公地点建设了"传思想习理论、传政策习富路、传道德习品行、传文化习新风、传法律习法制、传科技习新业"——"六传六习"的新时代文明实践站，摆放了许多法律书籍和各类书籍，设置了宣传手册书架及文化走廊，摆放并张贴了《民法典》《社区矫正法》等相关法律的宣传手册和书籍。[1]博罗县湖镇镇黄塘村开展了最美庭院建设活动，推广农家小四院建设，培养村民形成讲卫生、爱环境的生活习惯。黄塘村还注重对杰出党员、优秀巾帼、好村民、五好家庭等予以表彰，通过宣传榜样的力量，引导广大村民从"要我文明"向"我要文明"转变，打造"处处是课堂、人人是模范"的良好氛围，为实施乡村振兴战略汇聚强大力量。博罗县罗阳街道莲湖村建立了中华优秀文化讲堂和法治讲堂，定期邀请文化志愿者和律师给村干部和村民讲课，传播优秀传统文化和法治文化，不断提高村民的法律素质和道德素质。博罗县泰美镇车村村利用法德讲堂，邀请巾帼文化志愿者到村进行宣讲，积极开展"传承好家训，弘扬好家风""评选最美家庭"等崇尚道德的宣传活动，充分发挥家庭、家教、家风在乡村治理中的积极作用，形成了文明的村风民风，提升了乡村文明程度。[2]

6. 化解村居矛盾纠纷

及时有效化解村居矛盾纠纷，构建和谐稳定的村居氛围是村居法治建设的基础性内容。为了有效化解矛盾纠纷，惠州市村居注重坚持和发展新时代"枫桥经验"，根据国家法律法规和政策指引，结合本村村规民约、自治章程等有关规范，畅通和规范群众诉求表达、利益协调、权益保障通道，建立了体制完善、运行有效的纠纷解决机制。如在惠东县平山镇泰园社区，社区内出现的大部分纠纷都能通过社区工作人员的及时调解得到解决，少部分较为

[1] 黄景瑜：《博罗县龙华镇竹园村法制建设评估报告》（2020年9月30日），惠州市司法局2021年5月15日提供。
[2] 惠州市博罗县泰美镇车村村《省"民主法治示范村（社区）"创建推进审批表》（2020年9月22日），惠州市司法局2021年5月15日提供。

复杂的法律问题在社区律师的持续跟进下一般也能得到妥善解决。[1]通过健全村居矛盾纠纷一站式、多元化解决机制和心理疏导服务机制，依照有关规定深入开展系列矛盾化解措施，惠州市村居有效完善了社会矛盾纠纷多元预防调处化解综合机制，促进了基层村居矛盾的化解，维护了村居社会的和谐、有序、稳定。

7. 改善村居治安管理

惠州市村居普遍重视加强村居治安防控措施，完善村居治安防控体系，提升村居治安防控效果，为村居法治建设提供保障。如惠东县平山街道红岭社区在 2019 年至 2020 年间，为加强社会综合治理管理，营造平安、和谐的生活环境，进一步加大对辖区居民法制、政策、法规的宣传教育，加强娱乐场所、流动人口、房屋租赁规范化管理工作，清查娱乐场所、出租屋 66 间次。红岭社区还深入开展扫黑除恶、禁毒与反邪教警示教育，在社区内以固定扫黑除恶、禁毒、反邪教宣传栏和入户宣传小册子、宣传单等宣传形式，全面加强小区居民的扫黑除恶、禁毒、邪教意识。[2]仲恺高新区沥林村狠抓社会治安综合治理工作：一是采取多种形式开展普法教育和社会公德教育，不断提高居民的法律素质和道德素质；二是做好重点人口和易违法犯罪高危人群的教育；三是积极调动广大居民积极参与综合管理。[3]惠东县稔山镇范和村将平安乡村建设与村居法治建设紧密结合起来，围绕防控违法犯罪、化解矛盾纠纷、排除安全隐患三大工作重点，大力推进"中心+网格化+信息化"建设和社会治安防控体系建设，通过整合驻村干部、村"两委"干部、驻村民警以及禁毒巡查员等资源力量组建起一支网格化巡防队伍，在村中各重要路口、重要路段、重点海域安装 33 个高清视频监控，动态掌握本村社情民意和不稳定因素，深入推进扫黑除恶、反走私、禁毒工作，做到有黑必扫、有乱必治，全力压缩违法犯罪空间。近年来，范和村整体警情数逐年下降。2020 年治安、刑事案件分别同比下降 6%、62%，全村社会治安环境得到了进

---

〔1〕 何鸿超：《惠东县平山镇泰园社区法治建设评估报告》（2020 年 9 月 30 日），惠州市司法局2021 年 5 月 15 日提供。

〔2〕 杨小美：《惠东县平山街道红岭社区法治建设评估报告》（2020 年 9 月 30 日），惠州市司法局 2021 年 5 月 15 日提供。

〔3〕 张威伦：《惠州市仲恺高新区沥林村法治评估报告》（2020 年 9 月 30 日），惠州市司法局2021 年 5 月 15 日提供。

一步净化，乡村治理法治化水平进一步提升。[1]

(二) 自治组织守约行约的举措

围绕着村居法治建设的基本要素、主要方向和目标价值，惠州市域范围内的基层群众性自治组织、村居民小组、群团组织、社会组织等村居法治建设主体注重通过采用严守规约、充实队伍、公开事务、教育宣传、主动探索、以申促建、激活社会、善用技术等方法、手段和措施，实现和达到了贯彻落实村居自治规范、增强村居法治建设力量、提升村居管理民主程度、强化村居群众法治意识、发现村居群众法律需求、创建民主法治示范村居、凝聚村居社会治理合力、提高基层智慧治理能力等村居法治建设目标，推进村居的民主决策、民主管理、民主监督。

1. 严守规约，认真执行村居自治规范

为了使自治章程、村规民约、居民公约以及社会组织规约等村居自治规范得到履行、落到实处、产生效果，惠州市各村居注重不断健全村居自治规范的落实执行机制，充分发挥自治规范在村居治理中的积极作用。如惠东县平山街道圆领社区居委内的自治活动基本能依照基层群众自治的法律法规以及相关的村规民约开展，始终遵守《平山街道圆领社区居民自治章程》，不断规范集体经济组织资产的经营和管理，保障集体合法权益。[2]为了响应文明创建号召，仲恺高新区沥林镇泮沥村对村中存在"个别党员干部带头违法建设，于2018年新建房屋，报建占地面积104平方米，实际建筑面积占地约192平方米，超建88平方米，引发周边群众不满，影响较坏"及"党员的教育管理落不到实处，现有2名党员参加组织生活不正常，其中一位从2017年开始从未参加过组织生活，支部没有采取有效措施进行教育管理"的情况，按照法律法规与村规民约等规章制度对之进行了严厉整改。[3]

2. 充实队伍，增强村居法治建设力量

为了保证村居法治事业的顺利开展，惠州市各村居普遍重视充实村居法

---

[1]《稔山镇范和村多元参与构建法治乡村新局面》(2021年4月14日)，惠东县稔山镇综治办2021年4月19日提供。

[2] 张威伦:《惠东县平山街道圆领社区法治评估报告》(2020年9月30日)，惠州市司法局2021年5月15日提供。

[3] 王颖宜:《关于仲恺高新区沥林镇泮沥村全面开展法治建设评估报告》(2020年10月10日)，惠州市司法局2021年5月15日提供。

治建设的骨干力量，不断提高法治工作队伍思想政治素质、业务工作能力、职业道德水准，努力建设一支德才兼备的正规化、专业化、职业化的村居法治专门队伍。如惠东县白花镇沿河社区为了促进沿河社区内部的法治建设，成立了社区主任为组长，民调主任为副组长，民兵营长、妇女主任、妇女委员等人组成的法治专班，并设立了社区居民联系箱、联系电话，依法解答社区居民反映的法律问题。[1]2020年6月23日，博罗县暖阳法律服务与调解中心在博罗县观背村正式揭牌。该中心设立的初衷是把涉及困难群众的矛盾纠纷纳入法治化轨道，加强对维权当事人的心理疏导和人文关怀，充分发挥法律援助作用，提供咨询服务、宣传法律知识，力求做到"矛盾不上交、平安不出事、服务不缺位"。[2]惠东县梁化镇水联村注重完善法治机构，组建了以村书记为组长，各村小组及其他村委干部为成员的活动小组，明确职责分工，将责任落实到人，加强了依法治村的组织建设。仲恺高新区陈江街道曙光社区组建了一支25人的社区大群防志愿服务队，通过在社区内日常徒步巡查的方式发现、收集和协助调解社区内发生的问题。

在增强村居法治建设力量的过程中，惠州市十分重视法制副主任的作用。例如，为了更好地发挥法制主任的作用，博罗县龙华镇群丰村设置了法制副主任咨询处，为法制副主任更好地发挥作用提供了场地和设备。针对社区内居民与物业服务单位纠纷多发的情况，大亚湾经济技术开发区霞涌街道东兴社区安排法制副主任与社区工作人员在值班日为各方进行调解。[3]

除了行政机关和村居组织的推动，作为村居法治建设的骨干力量，法制副主任自身也会积极作为，主动服务于村居法治建设。如高新技术开发区沥林镇英光村法制副主任、广东卓凡律师事务所林木明总结道："本律师开展定期坐班及法治宣传讲座的过程中，如承办律师为举民法典专题讲座，还有平时坐班时村民不时前来咨询，涉及如何处理民间借贷、婚姻家事、交通事故纠纷、劳动争议等日常法律问题，甚至协助政府做好相关拆迁的法律服务工

---

〔1〕　涂嘉民：《关于沿河社区全面开展法治建设评估报告》，惠州市司法局2021年5月15日提供。

〔2〕　"惠州市博罗县成立暖阳法律服务与调解中心"，载民主与法制网：http://xm.mzyfz.com/detail.asp？id=414462&dfid=2&cid=32，2021年7月8日最后访问。

〔3〕　曾顺刚：《惠州大亚湾经济技术开发区霞涌街道东兴社区法治建设评估报告》（2020年10月1日），惠州市司法局2021年5月15日提供。

作，社区群众法治意识总体较好。"[1]惠东县平山街道圆领社区居委会法制副主任张威伦于 2020 年 9 月 30 日总结道："本年度为圆领社区提供了多次法律咨询，包括关于民间借贷，婚姻家事、拖欠货款、承包合同纠纷等问题，参与了居民人事意外赔偿调解。以及开展多次法治宣传讲座，配合村居进行法治宣传，开展法治讲座如禁毒宣讲、民法典宣讲、监察法宣讲等主题讲座。"[2]其需要处理的任务包括：

1. 为居委治理提供法律意见，协助起草、审核、修订村规民约和其他管理规定；

2. 为居委重大项目谈判、签订重要经济合同和其他重大决策提供法律意见；

3. 协助居委处理换届选举中的法律问题；

4. 为群众提供法律咨询和法律援助，解答日常生产生活中遇到的法律问题，提供法律意见；

5. 为符合法律援助条件的群众提供必要的法律帮助；

6. 接受群众委托代为起草、修改有关法律文书和接受村（居、渔）委会或群众委托参与诉讼活动并酌情减免服务费用，维护群众合法权益；

7. 开展法制宣传，定期举办法制讲座，普及日常生产生活涉及的法律知识，增强基层干部群众的法律意识，帮助树立正确的权利义务观念，依法办事、依法维权；

8. 参与人民调解工作，为调处医患、交通事故、征地拆迁、劳资、环境保护等引发的矛盾纠纷提供法律意见。[3]

惠州市各村居还注重培养"法律明白人"，进一步加强城乡社区法治工作者队伍建设。例如，惠州市惠阳区良井镇霞角村将 100 多位有威信、具备一定法治观念的村民培养成了"法律明白人"。这些"法律明白人"成了带动

---

〔1〕 林木明：《沥林镇英光村民委员会法治体检报告》（2020 年 10 月 8 日），惠州市司法局 2021 年 5 月 15 日提供。

〔2〕 张威伦：《惠东县平山街道圆领社区法治评估报告》（2020 年 9 月 30 日），惠州市司法局 2021 年 5 月 15 日提供。

〔3〕 张威伦：《惠东县平山街道圆领社区法治评估报告》（2020 年 9 月 30 日），惠州市司法局 2021 年 5 月 15 日提供。

身边的亲人、邻居懂法、用法的重要力量。除了培养"法律明白人"，霞角村还注重培育"法治带头人"，增强村干部的法治意识。该村依托村级党校，由法律顾问牵头制定村"两委"干部、村民小组长等"领头雁"年度法治培训计划，每月开展至少1次培训或讲座，把"领头雁"培育成"法治带头人"，推动村务管理方式由"拍脑袋"干事向依法决策转变。

3. 公开事务，提升村居管理民主程度

惠州市村居注重依法依规对村务进行事前公示、事中公布和事后公开，公开的内容主要包括本村处理的涉及国家、集体和村居群众利益的事务的相关情况，党务、政务、财务以及服务等内容。通过将上述内容张贴在公告栏等显著位置向村民公开，接受本村村民群众的监督。如惠东县多祝镇永和村结合自身资源禀赋和良好的法治环境，吸引企业合作打造文旅产业，项目合作的全流程都通过召开村民会议、村代表会议、公示栏公告、征询挂点法制副主任法律意见等形式让村民"参与"其中，有效推动了项目的落地。仲恺高新区沥林村设有村委工作人员明细栏、党务村务工作公开栏、党风廉政建设宣传栏、廉洁文化宣传栏、法治宣传栏，通过分类公开，提升公开效果。[1]博罗县湖镇镇黄塘村自治章程要求，涉及组织人事、三资管理、集体经济发展等村级重大事项，要严格执行"四议两公开"议事决策机制，落实"党组织提议、村两委商议、党员大会审议、村民代表大会决议、决议结果公开、实施结果公开"程序要求。黄塘村村委会注重按照自治章程的要求将《关于为〈白花镇黄塘村黄塘文化室维修工程采购造价咨询服务〉公开选取工程造价咨询机构的公告》《关于〈白花镇黄塘村新建排水渠道工程项目采购预算审核服务〉中选结果的公告》《关于为〈白花镇黄塘村委员会枫山下山塘溢洪道维修项目采购结算审核服务〉公开选取工程造价咨询机构的公告》等文件上传至中国采招网，向社会大众及村民发布招投标公告、公布招投标结果，接受大众监督。[2]

4. 教育宣传，强化村居群众法治意识

惠州市村居在普法宣传与普法教育方面有计划、有人员、有阵地、有措

---

〔1〕张威伦：《惠州市仲恺高新区沥林村法治评估报告》（2020年9月30日），惠州市司法局2021年5月15日提供。

〔2〕钟凯萍：《关于黄塘村委全面开展法治建设评估报告》（2020年10月7日），惠州市司法局2021年5月15日提供。

施，在村规居约的规范下采用了设置宣传栏、开展讲座、组织普法文艺活动、开通网络普法账号、建设法律书籍专柜、建立法治阅览室等多种形式的法治宣传活动，收获了较为显著的法律效果和社会效果，涌现了一批典型案例。如惠东县多祝镇永和村深入开展普法进村入户工作，在普法工作中充分、有效地调动村民的主动性、积极性和创造性，引导村民投工、投劳，支持新农村法治建设。永和村还以新农村建设为契机，着力打造"法德"文化片区，围绕永和村道、文化长廊、永和小学等场所融入"法德"元素，建设"法德广场""法德学校""法德宣传栏"等丰富载体，让群众在劳动、生活中了解学习法律知识，潜移默化地提升群众的法德意识。[1]惠东县白花镇石陂村积极联系惠东县司法和信访局开展一系列法治宣传活动，以法治建设创建带动文明村创建，提高村民的法律意识，并定期邀白花司法所、派出所和本村法制副主任到村为村民做专题讲座，宣传各种法律知识。[2]大亚湾区澳头街道海滨社区为提高普法宣传教育实效，实施"互联网+普法"模式，打造海滨社区"E家小程序"，将基层党建工作、普法宣传教育工作同现代化的技术方法相结合，实现普法"零距离""零时差"。大亚湾区澳头街道海滨社区还打造了海滨法治文化公园，潜移默化普及法律知识。在集休闲、旅游于一体的滨海公园融入各类法治元素，在大屏幕循环播放普法宣传视频，用最直观的表达方式将法律知识传递给民众，让《民法典》成为海岸边最亮的风景线。[3]博罗县观背村将全村近千米的旧围墙变成了绘就2000多幅以中国梦、法德同治、传统文化为主题的画作的长廊，建成了一批集休闲、娱乐、教育于一体的公共法治文化场所。如今观背村已有50多个文化团体进驻，成为各级参观学习的示范点和群众旅游的观光点。

由于地处东部沿海发达地区，经济状况相对较好，惠州市域范围内各村居通常为法治建设配备了较为充足的场地和设备，为村居法治宣传、法治教育、法律服务提供了较为完备的硬件基础。村居通常会设置法律服务室，为

---

〔1〕"加强民主法治，构建和谐永和"，载惠州市人民政府网：http://www.huizhou.gov.cn/zdlyxxgk/fpgzxxgk/tpcxjkhxx/content/post_ 4164223.html，2021年6月6日最后访问。

〔2〕胡耀宏：《关于石陂村委全面开展法治建设评估报告》，惠州市司法局2021年5月15日提供。

〔3〕惠州市大亚湾区澳头街道海滨社区《省"民主法治示范村（社区）"创建推进审批表》（2020年9月28日），惠州市司法局2021年5月15日提供。

村居法律顾问提供履职保障，在人流量大的显著位置设置法治宣传栏，放置与村民日常生活密切相关的法律宣传小册子以供村民学习。当然，不容忽视的是部分村居的法治建设硬件保障状况不容乐观。如惠东县白花镇凌坑村2020年9月仍未设立专门的机构场所及人员队伍，该村主要依靠"两委"干部在日常工作中兼任法治建设任务，缺少专门的场所。大亚湾经济技术开发区霞涌街道东兴社区主要依靠社区工作人员在日常工作中兼顾法治建设任务，社区党群服务中心临时办公室截至2020年10月仍尚未具备设立专门法治工作室的条件。

5. 主动探索，发现村居群众法律需求

随着乡村振兴战略的深入实施，广大群众对法律服务的需求呈现多样化特征。为了更好地提供法律服务，推进村居法治建设工作，惠州市部分村居充分发挥主观能动性，在村规居约的指引下，深入村居主动探索，积极发现村居群众法律需求。如惠东县平山镇泰园社区积极走访社区居民，了解居民需求。[1]为改善村居治安状况，提升村居法治化水平，惠东县多祝镇永和村每月定时开展一次矛盾纠纷集中排查调处，全力做到"早发现、早控制、早化解"。[2]大亚湾区澳头街道海滨社区形成了"社区+法律顾问+社工+志愿者"的普法队伍工作机制和工作模式，通过组织化、制度化、常态化的运行机制和运行体制普及法律知识和法治理念，主动为社区群众提供便捷、高效的法律服务。[3]博罗县湖镇镇黄塘村进一步拓展法律顾问的工作范围，及时了解社情民意、发现村民之需，解决群众困难，多渠道、多方式地满足村民的法律需求，积极维护村民的合法权益，努力做到"小事不出村，大事不出镇"，从而化解社会矛盾、破解发展难题、维护社会稳定。

6. 以申促建，创建民主法治示范村居

与市县层面注重选树典型、以评促建的举措相呼应，惠州市村居层面注重以申促建，积极申报创建民主法治示范村居，以创建民主法治示范村为契

---

[1] 何鸿超：《惠东县平山镇泰园社区法治建设评估报告》（2020年9月30日），惠州市司法局2021年5月15日提供。

[2] 惠州市惠东县多祝镇永和村《省"民主法治示范村（社区）"创建推进审批表》（2020年9月17日），惠州市司法局2021年5月15日提供。

[3] 惠州市大亚湾区澳头街道海滨社区《省"民主法治示范村（社区）"创建推进审批表》（2020年9月28日），惠州市司法局2021年5月15日提供。

机、载体和抓手，推进村居民主法治建设。如博罗县铁场村以"民主法治示范村"创建为重要抓手，成立了以党支部书记和村委会主任为组长、有关村干部为成员的民主法治示范村创建工作领导小组，加强了对民主法治创建工作的统筹和领导，制定了具体的实施方案和工作计划，切实抓好村务公开、民主议事、民主监督制度建设。通过主动申请、申报创建民主法治示范村，铁场村为村委会及村民提供了目标和方向，使得村居法治建设有方向、有目标、有步骤、有计划。惠东县范和村以创建"民主法治示范村"为载体，强化组织建设，建立健全民主决策、民主管理和民主监督制度，充分发挥村级调解组织的作用，有效促进了范和村的协调发展。[1]除了村居委会，村居法治建的其他主体也注重以申促建，推动村居法治建设的深入开展。如驻设于博罗县观背村的暖阳法律服务与调解中心在成立后旋即申请成为中央专项彩票公益金法律援助项目实施单位，为村居法律援助事业的发展积极争取支持，并于2020年6月11日正式获批。

7. 激活社会，凝聚村居社会治理合力

公众参与是法治建设（特别是村居法治建设）的重要手段和重要内容，是基层治理现代化的标志之一。为了形成村居法治建设的强大合力，惠州市村居注重引导社会组织、社会工作者、新乡贤、村居志愿者、社会慈善资源主动参与村居法治建设，形成了过程群众参与、效果群众评判、成果群众共享的村居法治建设格局。如惠东县多祝镇永和村面向群众、依靠群众，坚持以群众需求为导向，成立了村民理事会、巾帼志愿服务队、青年志愿者服务队、舞狮队、广场舞队、爱心理发室、农村书屋，激活了社会活力，有力推动基层依法治理，切实起到了引领示范作用。[2]惠城区水口街道姚村在普法工作中注重利用好志愿者的力量，通过居中协调、统筹安排，推进街道普法工作与普法志愿者普法工作的衔接，形成村居普法合力，提升村居普法效果。[3]博罗县罗阳街道观背村借助该村文化驿站，如一亩三分地（讲习所）、

---

〔1〕 范和村委会：《民主法治示范村汇报材料》（2014年7月2日），惠东县稔山镇范和村民委员会2021年4月17日提供。

〔2〕 "加强民主法治，构建和谐永和"，载惠州市人民政府网：http://www.huizhou.gov.cn/zdlyx-xgk/fpgzxxgk/tpcxjkhxx/content/post_ 4164223.html，2021年6月6日最后访问。

〔3〕 惠州市惠城区水口街道姚村村民委员会《省"民主法治示范村（社区）"创建推进审批表》（2020年10月13日），惠州市司法局2021年5月15日提供。

手有余香志愿者协会、依久八三、博罗人才协会等通过"身边人讲身边事"的形式，让传统优秀文化、法治文化、志愿者热心公益的高尚文化日渐渗入村民的生活和思想观念，形成了法治建设多元主体参与的联动机制。博罗县湖镇镇黄塘村对党员家庭挂牌，要求支部党员充分发挥模范带头作用，在工作和生活中以高标准要求自己，同时积极发展新党员，优化人员结构，进一步夯实基层党支部的力量。[1]

惠州市不少村居的新乡贤在村居法治建设中发挥了积极的作用。如惠东县梁化镇小禾洞村的张立军，在企业做大做强以后不忘家乡发展，主动回到村里担任村党支部书记、村委会主任，把村集体经济发展和村民的致富挂在心上。他通过自己投资，把村里的旧房改造成特色民宿，发展乡村旅游；村里还引进了一家上海公司办起了有机蔬菜农场。这两个项目可以解决村里10%的闲置劳动力。小禾洞村接下来将继续推出花海、休闲栈道等项目，打造乡村特色旅游品牌，引进更多适合乡村振兴的好项目，以村企合作的模式带动村里的新一轮发展。此外，张立军还捐资助学、扶贫帮困，积极参加公益事业。张立军这样的新乡贤为村居社会治理提供了物力、财力、人力、智力，有力地推进了村居法治建设。

在村居法治建设过程中，惠州市不少村居十分重视外来社会力量的作用。如博罗县湖镇镇黄塘村在乡村规划、乡村治理、村规民约等方面请专业人士贾晓琦出谋划策，取得了较好的效果。博罗县湖镇镇坪山村引进深圳企业家发展乡村旅游，带领村民发家致富，并改变了乡村环境的卫生面貌，提高了乡村治理水平。

8. 善用技术，提高村居智慧治理能力

惠州市不少村居注重充分运用大数据、人工智能等现代信息技术，通过建设开发智慧社区信息系统和简便应用软件，推进智慧乡村、智慧社区基础设施、系统平台和应用终端建设，提高村居法治建设数字化、智能化水平，提升法治宣传、民情沟通、便民服务效能，让数据多跑路、群众少跑腿，为村居法治建设提供坚实的技术保障，筑牢村居法治建设的技术基础。如惠东县平山镇泰园社区早在2017年7月即已利用新媒体技术建立泰园社区手机信

---

[1]　惠州市博罗县湖镇镇黄塘村《省"民主法治示范村（社区）"创建推进审批表》（2020年9月21日），惠州市司法局2021年5月15日提供。

息平台——"掌上村务",通过手机信息平台开展村务公开、管理、服务等工作。驻设于博罗县观背村的暖阳法律服务与调解中心为了更好地服务村居法治建设,提高工作规范化程度,建立了专门的办公系统,使得中心的工作更为有序、更为规范、更为高效、更加透明。惠东县白花镇沿河社区投入了资金,更新了一批硬件和软件设施,如电脑、打印机等信息化工具,同时对案例进行归档,将社区的法治建设信息化。博罗县湖镇镇黄塘村自行筹措资金,在村庄主入口和村内重点区域安装了高清监控设备,利用技术手段初步实现村庄的网格化管理,增强村庄的治安防盗力量,提升村民的安全感和满意度。

通过实施上述举措,惠州市村居在建设信仰法治、公平正义、保障权利、守法诚信、充满活力、和谐有序的基层社会的进程中又向前迈进了坚实的一步,村居民众的获得感、幸福感、安全感得到进一步增强。

第三节 公正司法

司法是村居法治建设的重要议题、重要方法与重要内容。惠州市法院和检察院充分发挥司法机关的职能作用,通过依法确认调解效力、积极认可良善风俗、广泛利用社会力量、全力融入地方社会、适当借助行政力量、提供司法便民服务等方法,以立足司法职能、着重诉前调解、发布规范性文件和典型案例、注重普法宣传等形式,实现保障村居自治、促进社会治理、弘扬文明乡风、维护村居秩序、保护村居民权利的目标,为村居法治建设提供了有力的司法服务和保障,促进了村居善治。

一、司法推进村居法治建设的内容

惠州市司法机关积极履行司法职能,主动服务于惠州市村居法治建设的总体目标,注重通过公正司法保障村居自治、促进社会治理、弘扬文明乡风、维护村居秩序、保护群众权利,发挥司法对村居治理的引领、规范、保障作用,推动村居法治建设事业向前发展。

（一）司法保障村居自治

为有效保障村居民自治,使得基层自治既充满活力又和谐有序,惠州市检察系统和法院系统根据《宪法》《村民委员会组织法》《城市居民委员会组织法》等有关法律法规的规定开展了多方面的探索和实践,取得了较为显著的效果。如惠州市检察机关在办理案件的过程中注重为村民自治保驾护航。2020 年 4 月 28 日，在校大学生陈某强因帮助赌场望风被龙门县公安局抓获。5 月 10 日，陈某强父亲向龙门县公安局提交了一份盖有其所在村委、村小组公章的《关于要求释放陈某强的报告和陈某强实际出生时间的证明》。该证明称陈某强作案时才 16 周岁，并非其身份证记载的 18 周岁。这份证明上还有自称是村接生员陈某娇等其他 56 名村民的签名捺印。这与公安机关和龙门县人民检察院先后查证的事实明显不符。为此，承办检察官引导侦查人员补充了陈某娇的证言，并委托中山大学法医鉴定中心对陈某强作出骨龄鉴定意见，结合他的户籍资料可以合理认定陈某强作案时已满 18 周岁。为进一步查明案情，承办检察官又深入村组向该村委主任及村小组长核实有关情况，二人坦诚，因为考虑到怕不答应加盖公章会影响到以后调动村民配合村里开展工作才出现了不该有的"人情章""糊涂章"，影响了司法办案。龙门县人民检察院对该两名在校大学生所在村委公章使用不当、监管不严损害司法活动严肃性和权威性的问题公开送达检察建议并抄送镇政府，建议其切实提高认识站位，要深刻认识到公章使用的规范化程度是一个地方村民自治、村务治理是否成熟的标志，要从加强村民委员会组织建设的高度切实规范公章的使用和管理。[1]通过依法办理案件以及送达检察建议的方式，龙门县人民检察院有效纠正了村民自治中的不当现象，维护了村民自治秩序，保障了村民自治沿着法治的轨道继续前行。

　　惠州市法院系统也在司法实践中注重通过司法手段维护村民自治。如博罗法院注重在裁判中维护村民自治。博罗县马某强以未收到村集体补偿款为由（实际上是马某强拒收），经常纠集马某发、杨某兴、杨某成等人多次去某公司通过暴力、威胁、哄闹等手段阻挠施工，甚至暴力打砸该村委会办公场所，将大门反锁，将该村委会 4 名工作人员限制于办公楼内约 1 小时，甚至扬言要炸村委会办公楼、殴打村委会书记。博罗县人民法院依法认定马某强等为恶势力犯罪，依法判处马某强、马某发等 8 名被告人有期徒刑 9 个月至 1年 6 个月不等，有效维护了村委会权威，通过司法手段恢复了村内正常秩序，

---

　　〔1〕　郭秋成："在校大学生为赌场望风被抓，57 名村民联名上书要求释放"，载搜狐网：https://www.sohu.com/a/416776867_ 161795，2021 年 9 月 13 日最后访问。

保障了村民自治的顺利开展。[1]当然，需要注意的是，司法保障村民自治的手段不仅包括肯定、支持和维护合法的村居自治行为，也包括通过司法手段及时校正违法的自治行为，使村民自治回归正轨。例如，博罗县人民法院注重通过司法手段校正违法的村规民约，保障村民自治在正确的轨道上长远发展。2015年12月，从贵州来惠州打工的阿军的3岁女儿和2岁外甥不慎掉进鱼塘溺水身亡，死者家属和鱼塘所有权人李屋村村委会因责任问题相持不下。村干部提出，根据村民约定，在鱼塘溺水死亡不能向村里要求赔偿。博罗县人民法院园洲人民法庭法官黄植忠指出鱼塘位于村中心，而且面积大，仅凭一个告示牌，安全措施远远不够。根据法律规定，鱼塘管理者未尽到相应的安全保障义务，要承担相应的赔偿责任，村规民约也不能与法律规定相违背。黄植忠在承办案件的过程中释明家长监护不力是悲剧发生的主要原因，又从法律角度向他们详细说明了监护人的法定职责。最终，村委会经讨论同意承担部分责任。当天下午，双方达成协议，村干部当场支付了赔偿款。[2]

为了净化村居政治生态，近年来，惠州市司法系统严厉打击村霸，将犯罪分子清除出村干部队伍，为村民自治保驾护航。如2020年5月12日，惠州市中级人民法院依法对被告人宏某某等15人涉黑案进行一审公开宣判，判处宏某某有期徒刑25年，并处没收个人全部财产，罚金330万元。法院经审理查明，1999年起，宏某某拉拢仲恺高新区陈江东升村村组干部，连任4届村委书记、村委会主任，并安插亲信担任村组干部等职务。随后，宏某某纠集村组干部等在梧村收费站旁修建道路，逼迫收费站支付150万元，此外还默许村治安队收取"管理费"、经营临时违法建筑物。2008年起，宏某某等人利用职务便利非法占用村小组土地，伙同他人侵吞村委资产，通过隐瞒土地性质非法买卖土地，骗取钱财。宏某某以宗亲关系为纽带，逐步形成了以其为组织、领导者，骨干成员基本固定，人数众多的黑社会性质组织。该组织实施了一系列违法犯罪行为，造成了重大影响。根据各被告人的犯罪事实、情节和社会危害程度，法院依法作出判决，有效净化了村居的政治生态、优

---

〔1〕 "扬言要炸村委会、聚众赌博等惠州14人因涉恶案获刑"，载博罗县人民法院网站：http://www.hzblfy.com/courtweb/web/content/1825-？lmdm=1021，2021年7月24日最后访问。

〔2〕 徐志毅、邹兴："园洲法庭：'小镇大法官'释法破村民约定"，载中国法院网：http://rmfyb.chinacourt.org/paper/html/2016-04/20/content_110992.htm？div=-1，2021年7月24日最后访问。

化了村干部队伍、增强了基层战斗堡垒，有力保障了村民自治。[1]

（二）司法促进村居治理

近年来，惠州市司法机关注重发挥自身优势，积极参与村居法治建设，推动村居社会治理体系和治理能力现代化。如惠东县人民法院在办好案件的同时，积极主动地参与基层社会治理，针对在审判工作中发现的社会治理问题，主动向当地政府、相关行业协会发出司法建议，联动探讨问题根源、探索解决方案，助力村居社会治理机制的发展完善。[2]

2020年，受全球性的新冠疫情等各种因素影响，博罗县人民法院石湾法庭辖区内某工厂难以为继，欲迁至东莞市。但该厂170名劳动者均在此工作多年，且疫情期间该厂实行轮休制度，只发放基本工资，基本工资相对较低且该厂搬迁时未支付足额工资，劳动者生活受到了严重影响，从而引发了纠纷。根据劳动者财产保全申请，石湾法庭依法冻结了该厂的银行账户并查封了其机器设备。为防止群体性事件的发生，石湾法庭积极参与调解。调解从当天下午持续到当晚22时，经过反复说法释理、促进双方互相理解，最终达成协议：确认工资总额为63.32万元，经济补偿金按劳动者诉求的60.6%计算为400万元。次日，庭长叶堂辉迅速到银行解冻账户，并监督被告厂法定代表人取出现金，一一分发给劳动者。随后，经济补偿金400万元也通过被告厂出售机器设备、原材料等落实到位。博罗县人民法院强化参与村居法治建设思维，除圆满解决本宗纠纷外，早前该院杨村法庭也通过"保全+调解"顺利解决了一宗涉59名劳动者的群体纠纷，避免了矛盾纠纷被进一步激化，助益辖区村居治理，推动辖区村居法治建设。[3]

在依法办案之外，惠州市司法机关还注重发挥主观能动性，通过选派驻村干部、结对帮扶等多元手段充实村居自治力量，增强村居"两委"的凝聚力、执行力、影响力，帮助村居提升自治能力。如从2013年至2015年新一轮扶贫开发"双到"工作起，惠州市中级人民法院的巫俏曦就被选派为院定

---

[1]　"惠州：持枪斗殴、横行乡里'村霸'获刑25年"，载广东政法网：http://www.gdzf.org.cn/zwgd/202005/t20200513_1031591.htm，2021年7月24日最后访问。

[2]　"惠东县法院人民法庭改革成效显著"，载惠东县人民政府网：http://www.huidong.gov.cn/hdxwz/ztlm/jswm/wmcj/content/post_4073354.html，2021年7月24日最后访问。

[3]　"博罗石湾法庭'保全+调解'助力保障170名劳动者权益"，载惠州市中级人民法院官网：https://hzzy.gov.cn/web/content? gid=8241&lmdm=1021，2021年7月23日最后访问。

点帮扶村驻村第一书记。2016 年之后，巫俏曦仍坚持驻守惠东县多祝镇田心村担任第一书记，始终奔走于新时期精准扶贫脱贫攻坚的第一线。疫情防控期间，巫俏曦也一直坚守抗疫防控最前线，带领村干部 24 小时不间断值守。在巫俏曦的带动下，扶贫村面貌焕然一新，村容村貌、基础设施、人居环境得到显著改善，逐步形成了"共建共治共享"乡村治理新格局。[1]博罗县石坝镇红星村是博罗县人民法院精准扶贫挂钩村，也是偏居一隅的贫困村。由于没有工厂、企业，红星村集体经济相当薄弱，2016 年村集体收入仅 1500元。博罗县人民法院为此专门成立了扶贫工作领导小组，召开座谈会，下乡调研。同时选派工作能力强、业务精通的党员干警到红星村村委担任第一书记，深入调研村情，将脱贫攻坚的触手精准延伸至每一户。首任驻村第一书记刘志华走马上任后，经过走访入户、细心筛查，摸清了底数并填报了信息台账，精准解决了"扶持谁"的问题。在精准扶贫的道路上，博罗县人民法院和大家心贴心地聊、手把手地教，给予项目、资金支持，变"输血式"为"造血式"，变"大水漫灌"为"精准滴灌"，同红星村村委、村民们一起敲开了幸福门。为了帮助红星村提升自治能力，博罗县人民法院还着手党建扶贫，以夯实基层组织建设为抓手，筑牢精准扶贫的战斗堡垒。博罗县人民法院院长周伟东带队多次深入扶贫村调研，掌握村党员队伍情况，通过召开村两委班子座谈会、第一书记列席村务会、支委会、扶贫工作例会等措施，强化对党组织的建设指导，提升党组织的工作能力，发挥基层党组织的示范引领和战斗堡垒作用。此外，博罗县人民法院还注重指导村规民约的制定工作，提升村民自治的规范化水平。[2]

（三）司法弘扬文明乡风

《最高人民法院关于为全面推进乡村振兴加快农业农村现代化提供司法服务和保障的意见》（法发〔2021〕23 号）第 14 条提出："发挥司法裁判规则引领和价值导向作用，促进乡风文明……用群众喜闻乐见的方式，加强以案释法和法治宣传，以法治大力弘扬真善美、打击假恶丑，实现法安天下、德润民心。"村居社会治理需要文明乡风的支持。惠州市各级人民法院在活动中

---

〔1〕 "一个会心的笑容，一句称赞的话，都会让我倍受鼓舞"，载最高人民法院公众号：https://mp. weixin. qq. com/s/djitaDO9TQyukzNu4hwPyw，2021 年 7 月 24 日最后访问。

〔2〕 卢慧、黄淑瑜："博罗法院：与村民同心，一起敲开幸福门"，载腾讯网：https://new. qq. com/rain/a/20210407A059SV00，2021 年 7 月 24 日最后访问。

充分发挥司法的积极作用，通过司法活动推进文明乡风建设，促进村居善治。

如在某确认收养关系纠纷中，林某云于 1983 年 11 月出生，1985 年因其父母缺乏抚养能力，将林某云按农村风俗过继给其叔叔林某明作为养女，但双方未到政府部门办理收养登记手续。林某云此后的生活、读书等费用均由原告林某明负担，直至 2005 年被告参加工作。后林某明请求人民法院判决确认收养关系。惠东县人民法院认为："虽然本案原告收养被告时未到相关部门进行登记，也未能与被告长期共同居住，但其负担被告的生活、读书等费用，收养关系有当地社区居委的证明，被告对双方存在收养关系无异议，并同意对原告尽赡养辅助义务，符合善良风俗的要求，亦值得道德提倡。"[1]因此，惠东县人民法院对原、被告双方之间存在收养关系予以确认。通过认可农村善良风俗，惠东县人民法院有效弘扬了向上向善、知恩图报、孝亲敬老的文明乡风。

又如，2021 年 3 月 31 日下午，惠阳区人民法院平潭法庭在平潭镇阳光村开展巡回庭审活动，公开审理了一宗民事纠纷案件。虽然这是一件普通的民事纠纷案件，但是考虑到阳光村作为省级共建新农村示范村、惠州市首批村企共建社会主义新农村示范点，经济产业发展快速、村企发展兴旺，这类案件在该地具有普遍性和指导性意义，平潭法庭将庭审现场直接"搬进"了阳光村村委会，公开审理这起民事纠纷案件，20 余名村民及村企负责人代表旁听了案件庭审。庭审结束后，李小芬法官告知村民及村企负责人代表应当主动承担在经营活动中的责任和义务，要做到依法经营、诚信经营，共同推进阳光村诚信体系建设，助力推进乡风文明建设。[2]

（四）司法维护村居秩序

《最高人民法院关于为全面推进乡村振兴加快农业农村现代化提供司法服务和保障的意见》（法发〔2021〕23 号）第 9 条提出："贯彻落实总体国家安全观，促进乡村和谐稳定。持续推进农村地区扫黑除恶斗争常态化，依法严惩宗族恶势力和'村霸''市霸''行霸''路霸'等农村黑恶势力，不断增强人民群众安全感。依法惩处侵害农村留守儿童、妇女和老年人以及残疾人、

---

〔1〕　广东省惠东县人民法院［2017］粤 1323 民初 3161 号民事判决书。

〔2〕　马玉娴："【我为群众办实事】巡回庭审走进新农村示范村 助力推进乡风文明建设"，载惠阳区人民法院网：http://www.hycourt.gov.cn/hyweb/web/content? gid＝587&lmdm＝1021，2021 年 7 月 22 日最后访问。

困境儿童合法权益犯罪行为，加大对农村留守儿童、妇女和老年人以及残疾人、困境儿童等特殊弱势群体的司法保护力度，加强对农村留守儿童、妇女和老年人以及残疾人、困境儿童的关爱服务。加大对农村非法宗教活动和境外渗透活动的惩处力度，严厉打击组织和利用邪教组织犯罪，防止邪教向农村渗透……"

按照这一意见精神，惠州市中级人民法院于 2020 年 5 月依法对仲恺高新区陈江街道东升村党支部原书记、村委会原主任宏某某等 15 人涉黑案进行一审宣判，其中宏某某被判处有期徒刑 25 年。[1]惠州政法机关打掉了多个盘踞于村居内的涉黑组织，有效改善了村居治安环境，恢复了村居正常秩序，给村居群众带来了安全感和获得感。

同时，惠州市检察机关在村居秩序维护中也发挥着重要的作用。如惠阳区某镇童某等人多次通过实施寻衅滋事、敲诈勒索等违法犯罪活动非法牟取利益，严重破坏了当地社会生活秩序。惠阳区人民检察院通过提前介入、指导侦查、追加逮捕等措施，依法批准逮捕童某等 19 名犯罪嫌疑人，有效恢复了当地的社会生活秩序，维护了农村社会的和谐稳定。[2]在新冠疫情期间，惠州市县两级检察机关聚焦社区废弃口罩处置安全隐患，组建了若干调查小组，分别随机走访辖区内入住率高、人口密度大或有确诊、隔离人员的居民社区，采取现场查验社区内垃圾投放点、询问物业管理人员及小区居民、发放调查问卷等方式对社区废弃口罩收集、处理情况进行实地摸排。全市共立案 5 件，发出诉前检察建议 5 件，提出口头建议 4 件（次）。相关行政职能部门对检察建议给予了高度重视，迅速开展整改，整顿和维持疫情期间的基层社区秩序，有效助力疫情防控。[3]

（五）司法保护群众权利

切实保障和维护村居民的合法权益，是司法推进村居法治建设的基础性工作。惠州市司法机关始终高度重视维护村民的合法权益。如 2019 年 12 月 6

---

〔1〕张琪彬、罗有远："广东纪检监察机关整治基层腐败和作风问题 群众关注点就是工作着力点"，载《中国纪检监察报》2021 年 2 月 8 日。

〔2〕"区检察院'五个聚力'塑造'五个角色'为乡村振兴提供有力司法保障"，载惠州市惠阳区人民检察院网：http://hyjcy.huiyang.gov.cn/include/detail_icms.shtml? id = 4787156，2021 年 9 月 14 日最后访问。

〔3〕中共惠州市委政法委员会：《网格治理 争创一流——惠州市市域社会治理现代化案例选编》（2020 年 4 月），第 54 页，中共惠州市委政法委 2021 年 5 月 10 日提供。

日，龙门县人民法院、龙门县妇联联合会共同印发《龙门县人民法院、龙门县妇联联合会关于做好诉讼调解与妇联组织调解衔接工作的意见》（龙法发〔2019〕38号），拓展矛盾纠纷解决渠道，及时、高效、妥善地处理各类涉及妇女儿童权益的民事纠纷，促进诉讼调解与妇联组织调解相衔接。[1]

又如，惠阳区人民法院注重加大涉民生案件查办力度，健全执行工作长效机制，依法保障胜诉当事人及时实现合法权益。2016年7月，姚某受雇佣为廖某修建一处民宅，因在从事木工工作时未做好安全措施不慎跌落，经司法鉴定为2处九级伤残，1处十级伤残。姚某孑然一身，无妻无儿，因事故受伤治疗期间无法劳动，水电费、房租以及后续医疗费等费用问题成了生活的重大负担，能否顺利拿到赔偿款关系到姚某最基本的生活保障。由于该建筑工程发包人吕某、承包人刘某、分包人廖某在规定的期限内拒不履行生效判决确定的义务，姚某无奈之下只能申请强制执行。贾寒雪法官团队综合分析案情，从法律法规、当事人家中经济情况、各方利益等多方面考虑，多次对双方当事人做耐心细致的思想工作，反复沟通劝解，引导双方当事人相互理解对方的难处。最终，双方当事人达成和解协议，由廖某一次性赔付人民币12万元，吕某、刘某各一次性赔付人民币6万元。9月28日，申请执行人姚某到惠州市惠阳区人民法院领取赔偿款。姚某手里紧紧握着来之不易的执行款支票哽咽着说道："终于可以赶在中秋节前回老家了，回去后第一件事就是去医院把体内的钢板取出来，然后去尝试做一些力所能及的工作，努力赚钱养活自己。"在该案中，惠州市惠阳区人民法院坚持"公正、善意、文明"的执行理念，充分保障了胜诉当事人的合法权益，维护了村居民的合法权益。[2]

再如，惠东县人民法院于2021年初在审理一宗离婚案件的过程中高效启动联动机制，与惠东县妇女联合会共同协助涉案夫妻的孩子办理落户，为孩子日后顺利步入校园生活排除了户籍障碍。在该案中，涉案夫妻多年来矛盾

---

〔1〕　资料来源：《龙门县人民法院、龙门县妇联联合会关于做好诉讼调解与妇联组织调解衔接工作的意见》（龙法发〔2019〕38号），2019年12月6日印发，中共惠州市委政法委2021年5月28日提供。

〔2〕　"领钱，回家，过中秋——惠阳区人民法院高效执行一起提供劳动者受害责任纠纷案"，载惠州市中级人民法院网：https://hzzy.gov.cn/web/content? gid=8024&lmdm=1021，2021年7月23日最后访问。

尖锐，导致婚生女儿童童（化名）已近 6 岁仍未办理户口，因此无法上学，迄今为止还没有上过幼儿园。据家属描述，童童总是羡慕地看着邻居小朋友们背着书包，常常吵着闹着要上学。该案承办人罗法官在阅读案卷资料时发现了童童的这一情况，及时联系双方当事人进一步核实。为尽快解决童童长期"黑户"的问题，罗法官联系县妇联请求协助。得知童童的特殊情况后，县妇联迅速派出 2 名工作人员跟进该案，从维护童童的合法权益和健康成长的角度出发，与罗法官一同向夫妻二人释法，缓和双方矛盾，劝导夫妻二人配合办理童童的落户手续。该宗离婚案件于上午结束庭审，当天下午法院干警便与县妇联工作人员一同协助夫妻二人到辖区派出所办理相关手续。下午 3点 50 分，童童妈妈拿着等待了近 6 年的户口本，激动地对童童说，"宝贝，我们终于可以读书了"。法院干警及妇联工作人员连轴忙碌了 6 个小时，解开了当事人挂在心头 6 年的心结。[1]这切实解决了当事人的具体问题，保障了合法权益的享有。

二、司法推进村居法治建设的方法

在推进村居法治建设的过程中，惠州市的法院和检察院高度重视方法论、妥善运用科学方法，结合地方实际，通过依法确认调解效力、积极认可良善风俗、广泛利用社会力量、全力融入地方社会、适当借助行政力量、提供司法便民服务等方法，保障村民民众的合法权益，为惠州市村居法治建设保驾护航，推动惠州市村居法治建设工作提质增效，提升村居法治化水平，实现司法的社会功能。

（一）依法确认调解效力

近年来，惠州市的两级法院主动用足、用好、用实司法确认程序，形成了多方联动、多方合作的治理格局，推进了村居法治建设。如 2019 年 3 月惠阳某工业公司资金出现问题，一直未支付 87 名劳动者工资，双方遂向镇隆镇司法所及人社所寻求法律帮助。镇隆镇政府高度重视，协调双方于 3 月初步达成协议。因该工业公司经营困难，87 名劳动者向该公司多次催要无果后，再次向镇隆镇司法所及人社所寻求帮助。2019 年 9 月 4 日，在镇隆镇司法所及人社所的主持调解下，双方对经济补偿金问题达成一致方案，签署了《支

---

〔1〕"夫妻不和孩子'黑户'6 年 法院妇联联动保障孩子权益"，载惠东县人民法院网：http://www.gdhdcourt.cn/courtweb/web/content/58634-？lmdm＝2022，2021 年 7 月 24 日最后访问。

付经济补偿金协议书》，并向法院申请司法确认。考虑到申请人员众多，为更好地维护双方当事人的合法权益，切实减轻群众诉累，惠阳区人民法院诉调速裁中心法官及书记员一行 4 人前往该公司，为该公司与工人们受理司法确认案件。在此过程中，工人们仍对该《支付经济补偿金协议书》的效力及司法确认程序存在疑惑。法官们耐心地一一向工人们现场释法解惑，强调司法确认赋予了人民调解协议书强制执行力，若其中一方不履行，另一方可以向法院申请强制执行。最终，在征得双方当事人同意后，历时 5 个小时，法官一行现场成功受理了上述 87 宗司法确认申请。[1]

又如，博罗县注重通过制度化的方式进一步规范和推动调解协议确认工作。中共博罗县委办公室、博罗县人民政府办公室于 2011 年印发的《关于进一步健全"大调解"工作格局、完善多元纠纷解决机制实施意见》第 10 条要求，经诉前调解达成具有民事权利义务内容并由双方当事人签字或盖章确认的调解协议，具有民事合同效力，当事人可以申请人民法院进行司法确认。该意见第 12 条明确规定，人民法院委托综治信访维稳中心调解，或当事人直接向综治信访维稳中心、人民调解委员会、行政调解组织等调解机构申请调处的矛盾纠纷，调解达成协议的，当事人可以向人民法院提出书面司法确认申请。人民法院依法审查后，对符合条件的可以出具民事调解书予以确认。

惠州市检察机关重视通过检察建议、公益诉讼等方式推进村居法治建设。如 2020 年 11 月 23 日，惠州市人民检察院向惠州市生态局发出诉前检察建议，督促其全面核查全市饮用水水源保护区内存在的违法情形，统筹相关行政职能部门加大执法力度，及时消除饮用水源安全隐患，并同步指导博罗县人民检察院、惠城区人民检察院分别于 12 月 3 日、12 月 4 日向当地县区农业农村和水利部门、6 个属地街道办事处或乡镇政府发出诉前检察建议，督促依法履职。收到检察建议后，两级政府多次召开整改工作会议。2020 年 12 月至 2021 年 6 月，惠城区、博罗县政府共计安排 6000 余万元专项费用，对照检察建议指出的饮用水水源保护区污染问题分类施策，逐一整改销号。2021 年 4 月上旬，惠州市人民检察院主动接受监督，邀请市人大常委会参与"回头看"活

---

〔1〕 惠阳区人民法院："【基层动态】惠阳法院用足用好用实司法确认程序，让企业家和劳动者感受到'司法温暖'"，载澎湃新闻网：https://www.thepaper.cn/newsDetail_ forward_ 4386068，2021 年 7 月 24 日最后访问。

动，实地考察饮用水水源保护区污染问题整改情况。截至 2021 年 9 月，39 类问题均已得到整改，违法建筑被全部拆除并实现场地复绿，200 余亩私人鱼塘、网箱养殖完成清理，清除垃圾 10.5 吨，增设警示牌、公示牌、宣传标语、监控设施等 70 余处。在检察机关的跟进监督下，市生态局还对全市 79 个饮用水水源保护区污染问题进行全面排查，发现问题立行立改。检察机关充分发挥上下一体化办案优势，整合两级院公益诉讼办案力量开展调查核实。通过召开圆桌会议，厘清饮用水源保护区存在的多个行政部门职能交叉、监管不到位的问题，以制发诉前检察建议的方式督促行政职能部门依法履职，以点带面地推动全市饮用水水源保护区污染问题全方位治理。通过案件办理，推动惠州市建立全市饮用水水源保护区多部门协同监管机制。惠城区、博罗县分别建立了"河长+检察长"制度，确立了常态化巡查监管、信息资源联络共享、联合专项整治等多项工作机制，守护村居民的美好生活。[1]

（二）积极认可良善风俗

在司法裁判中积极认可良善风俗有利于更好地收获"案结事了"的司法效果，更好地发挥人民法院在培育良善风俗方面的引领、规范和保障作用。惠州法院系统在司法裁判中注重将良善风俗引入司法裁判，积极认可良善风俗，充分运用良善风俗释法说理，让遵法守德者扬眉吐气，让违法失德者寸步难行。惠州法院系统将良善风俗引入裁判，是对司法视野下良善风俗应用的一个积极探索，是对提高司法公信、促进村居和谐的一个有益尝试。

在某交通事故纠纷案件中，惠州市中级人民法院指出依照户口本案件中王某母亲虽育一子二女，按理抚养费应由三子女分担，但考虑到女儿均婚嫁外迁，依照农村风俗，母亲由王某一人抚养。因此，按照农村标准计算相关费用较妥。[2] 在惠东县梁化镇新民村委上新村土地承包经营权转包合同纠纷一案中，法院指出，虽然涉案林地内的坟墓对杨某某经营实质影响不大，但是按照中国传统的风俗习惯，对使用者的心理确实会造成一定的影响，因而

---

〔1〕 惠州市人民检察院："惠州市检察院办理的一起行政公益诉讼案被最高检作为专项监督活动典型案例发布"，载惠州市人民政府网：http://hzszfw.huizhou.gov.cn/pages/cms/hzswzfw/html/dwjs/8fccab01626347f4a52d733d8906df0a.html? cataId=7f85236dd40e414e8dbfe0e1a3aef9d0，2021 年 9 月 24 日最后访问。

〔2〕 广东省惠州市中级人民法院［2014］惠中法民四终字第 283 号民事判决书。

不能忽视坟墓的客观存在。[1]在李某某涉嫌诈骗罪一案中，龙门县人民法院认为，被告人李某某以非法占有为目的，采用虚构事实和隐瞒真相的方法，利用婚姻诈骗他人合法财物，数额巨大，破坏了良好的社会风俗，已触犯刑法构成诈骗罪。[2]在处理某基层纠纷案件中，惠州市惠城区人民法院指出，根据民间的风俗习惯，被告郭某乙要求预留祖父母、父母亲墓地和骨灰牌位管理费、清明扫墓等费用，5000 元是合理的，因而该院予以采纳。[3]

总体而言，惠州法院系统在司法裁判中积极认可良善风俗，不仅使得司法裁判沿着更为公正、合理、正当、有效的方向发展，而且使得司法裁判更接地气、更具社会认可度，有助于更好地发挥司法推进村居法治建设的积极作用。

（三）广泛利用社会力量

惠州市法院系统注重广泛利用社会力量，通过充分调动全社会各种力量参与法治社会建设，进一步发挥公民、企事业单位、人民团体、社会组织等在推进村居法治建设中的积极作用，形成了村居法治建设的最大合力。如2019 年 12 月 3 日龙门县人民法院、龙门县工商业联合会共同印发了《龙门县人民法院、龙门县工商业联合会关于开展诉调衔接工作的意见》（龙法发［2019］37 号），充分利用商会组织的力量，推进商会调解与诉讼调解相衔接，促进矛盾化解，增进社会和谐。[4]2017 年 6 月 21 日，龙门县人民法院、龙门县总工会印发《关于预防和化解劳资纠纷、构建和谐劳动关系的意见》，充分挖掘、合理利用工会的力量，建立起了人民法院与工会之间的沟通机制，预防和化解劳资纠纷，构建和谐劳动关系。[5]龙门法院通过广泛推动人民群众参与村居法治建设，提升了司法实效，有助于打造"共建共治共享"的村居法治建设格局。

又如，博罗县人民法院注重完善平台建设，加强与妇联、建筑业协会、

---

〔1〕　广东省惠州市中级人民法院［2018］粤 13 民终 4594 号民事判决书。

〔2〕　广东省龙门县人民法院刑事判决书［2016］粤 1324 刑初 176 号。

〔3〕　广东省惠州市惠城区人民法院［2011］惠城法民一初字第 2647 号民事判决书。

〔4〕　资料来源：《龙门县人民法院、龙门县工商业联合会关于开展诉调衔接工作的意见》（龙法发［2019］37 号），2019 年 12 月 3 日印发，中共惠州市委政法委 2021 年 5 月 28 日提供。

〔5〕　资料来源：《龙门县人民法院、龙门县总工会关于预防和化解劳资纠纷、构建和谐劳动关系的意见》（龙工字［2017］13 号），2017 年 6 月 21 日印发，中共惠州市委政法委 2021 年 5 月 28 日提供。

工商联、消委会等社团组织的联动，发挥行业协会、妇联等在特定领域调处纠纷的优势，积极引入社会力量参与化解矛盾纠纷。例如，博罗县人民法院通过联合县总工会，在诉讼服务中心设立"劳动争议案件调解和法律援助工作站"，工会法律服务律师团律师接受法院委托对案件在诉前和诉中进行调解，在诉前、诉中、诉后做好解释和安抚工作，为劳动者提供全方位司法服务。博罗县人民法院还在诉讼服务中心设立了"律师调解工作室"，由律师事务所指派律师担任调解员，对于起诉到法院的民商事案件，立案工作人员根据案件性质、当事人意愿、是否申请财产保全等对适宜调解的案件进行甄选，告知当事人可以选择律师调解员进行调解，并将案件导入诉前联调工作室，由诉前联调工作室根据案件具体情况委派或委托律师调解工作室进行先行调解。此外，律师调解工作室还承担着法律服务功能，可通过法治讲座、以案说法等方式，配合法院开展相关法律法规宣传教育活动，为符合条件的老弱病残孕等特殊人群提供法律援助服务。[1]

人民陪审员被誉为公民在法院的"耳朵"和"眼睛"，俗称"不穿法袍的法官"，引导人民陪审员参与诉讼活动是保障公民依法参加审判活动、促进司法公正、提升司法公信力的重要举措。为进一步提高人民陪审员法律素养和履职能力，2021年6月4日上午，惠东县人民法院举办了人民陪审员履职能力培训班，32名人民陪审员参训。此次培训课程既包含理论知识，也包括紧密联系日常审判的业务指导，内容丰富、深入浅出，取得了良好的培训效果，为人民陪审员更好地履行司法职责、发挥自身优势，最大限度地化解矛盾纠纷打下了坚实基础。[2]

（四）全力融入地方社会

为了更好地实现司法为民的目标，消解推进村居法治建设的阻力，惠州司法机关注重融入地方社会，积极参与村居法治建设，拉近人民群众与司法审判之间的距离。2020年8月26日，惠阳区人民法院发布《关于印发〈惠州市惠阳区人民法院加快推进"一站式"诉讼服务体系建设工作方案〉〈惠州市惠阳区人民法院调解人员培训办法（试行）〉的通知》（惠阳法〔2020〕38

---

[1]《博罗县人民法院关于开展矛盾纠纷多元化解工作的情况汇报》（2020年3月16日），中共惠州市委政法委2021年5月28日提供。

[2]"惠东法院举办人民陪审员履职能力培训班"，载惠东县人民法院网：http://www.gdhdcourt.cn/courtweb/web/content/58733-？lmdm=2022，2021年7月24日最后访问。

号），提出要"强化人民法庭就地预防化解矛盾纠纷功能，主动融入基层解纷网络建设，加强与基层党组织、政法单位、自治组织、调解组织对接"。[1]通过主动融入基层解纷网络，惠阳法院有效拉进了与基层社会的距离，更好地融入了基层社会，较为顺畅地实现了司法权力的基层下沉。

惠东县人民法院注重借助基层群众性自治组织的力量，通过基层群众性自治组织更好地融入地方社会。2019年末，考虑到某合同纠纷案涉及父子关系和邻里关系，惠东县人民法院稔山法庭将巡回审判车开到了铁涌镇光明村委门前，公开审理了一起确认合同无效纠纷。庭审前，法官耐心倾听双方诉求，并向双方详细释法答疑，因原告年事已高，村主任便协助法官用当地方言向原告宋某作进一步解释。在法官和村委干部的不懈努力下，原告当场撤回了对儿子和被告二的起诉，达成和解。[2]通过借助村委会的力量，惠东县人民法院较为顺畅地融入了基层社会，妥善化解了村内矛盾纠纷。

（五）适当借助行政力量

为了改善司法效果，提升司法的影响力，惠州司法机关注重借力行政机关，将行政力量适当引入司法活动，形成村居法治建设的强大合力。如为了推进诉讼调解、人民调解、行政调解相衔接的诉调衔接工作机制，龙门县人民法院联合龙门县公安局、龙门县司法局印发了《龙门县人民法院、龙门县公安局、龙门县司法局关于建立道路交通事故案件诉调衔接工作机制的意见》，联合龙门县市场监督管理局印发了《龙门县人民法院、龙门县市场监督管理局消费纠纷诉调对接工作规范（试行）》。[3]

为了增强执行效果，及时有效地执行生效法律文书，惠城区人民法院在执行工作中注重加强与行政机关的协作与联动。在某征地补偿案中，惠城区人民法院判决某村民小组应在判决发生法律效力之日起7日内向原告曾某

---

〔1〕《惠州市惠阳区人民法院关于印发〈惠州市惠阳区人民法院加快推进"一站式"诉讼服务体系建设工作方案〉〈惠州市惠阳区人民法院调解人员培训办法（试行）〉的通知》（惠阳法〔2020〕38号），2020年8月26日印发，中共惠州市委政法委2021年5月28日提供。

〔2〕"惠东一老人把儿子告上法院"，载搜狐网：https://www.sohu.com/a/361609979_120068503，2021年7月24日最后访问。

〔3〕分别参见：《关于印发〈龙门县人民法院、龙门县市场监督管理局消费纠纷诉调对接工作规范（试行）〉的通知》（龙法发〔2019〕43号），2019年12月19日发布；《关于印发〈龙门县人民法院、龙门县公安局、龙门县司法局关于建立道路交通事故案件诉调衔接工作机制的意见〉的通知》（龙法发〔2019〕42号），2019年12月17日发布，中共惠州市委政法委2021年5月28日提供。

等 12 人每人支付河惠莞高速公路补偿款 45 000 元。判决生效后，该村民小组未履行义务，曾某等 12 人申请强制执行。惠城区人民法院接案后，向被执行人某村民小组发出执行通知书等法律文书，责令其履行义务。但村民小组长以集体经济没有款项为由拒不履行。惠城区人民法院经查询确认，被执行人名下确无财产可供执行，但经深入调查，查明某村民小组的河惠莞高速公路土地征收的剩余补偿款已经拨付到矮陂国土资源所。在法院冻结、扣划的过程中，矮陂国土资源所函复称，由于被执行人另外有其他成员征地分配问题尚未确定分配方案，请求暂缓扣划，惠城区人民法院便依法冻结以上款项。惠城区人民法院执行局对此案非常重视，在横沥镇政府、横沥镇司法所的配合下，经多方努力，申请人和被执行人达成执行和解协议。2021 年 4 月 29日，法官黄志平和法警孙宇驱车前往 30 公里外的横沥镇，赶到矮陂农商银行、横沥自然资源所等部门进行协调，按照执行和解协议，解除了对被执行人账户的冻结，通知 12 名申请执行人到该村民小组领取款项。12 名申请执行人接到通知领取款项后非常高兴，再三感谢法院为她们伸张正义、维护权益。本案得以圆满解决，取得了良好的法律效果和社会效果。[1]

（六）开展司法惠民工作

惠州市司法机关本着为人民服务的宗旨，积极完善司法为民、便民利民措施，提供司法便民服务，完善公共法律服务体系，畅通司法便民"最后一公里"，让法治的阳光照进村居社会。较有亮点的做法可总结为以下两个方面：

第一，法院系统探索设立司法惠民工作室。2010 年起，惠州提出了"司法惠民"理念，在没有设立法庭的镇、街设立司法惠民工作站，主动为当地群众提供"一站式"法律服务。2012 年 5 月，以博罗县园洲人民法庭副庭长、"全国模范法官"黄植忠名字命名的"黄植忠司法惠民工作室"成立，成了该市首个司法工作室。设立"黄植忠司法惠民工作室"，一方面旨在深入践行司法惠民宗旨，拓宽便民利民的渠道，增强与人民群众的沟通联系，有效化解各类社会矛盾纠纷，并达到鼓励表彰先进、发挥法官品牌效应、体现示范引领作用的积极效果；另一方面，是为了更便于黄植忠同志不断研究总结

---

〔1〕谢菁菁等："惠城区法院等多部门联动，2 年多纠纷圆满解决 12 名外嫁女喜领征地补偿款"，载《惠州日报》2021 年 5 月 21 日。

富有个人特色的调解路子和方法，总结提升调解经验，争创司法调解品牌。[1]
此后，在经验积累的基础上，更多的司法惠民工作室设立并成长起来。截至
2015 年 5 月惠州全市法院共成立司法惠民工作站（室）53 个。[2]2016 年 4
月博罗县法院在泰美、杨村、麻陂等 8 个镇设立的法官司法惠民工作室相继
揭牌，这是继 2012 年黄植忠司法惠民工作室设立之后，该院推出的第二批以
资深法官姓名来命名的司法惠民工作室。[3]此外，博罗县把法治惠民作为法
治创建的一项重要工作来抓，推广全国优秀法官黄植忠"司法惠民工作室"
的做法，在全县各窗口单位设立了 80 个"为民工作室"，为基层群众解决了
一大批矛盾纠纷，不断提高法治惠民的广度和深度。司法惠民工作站（室）
不拘于审判的时间、地点和形式，灵活办案，注重矛盾的化解和当事人的情
感及关系处理，把法庭开到田间地头、假日、夜间，真正让群众"零距离"
享受便捷、优质的司法服务。

第二，检察系统探索建立健全乡镇检察室。2013 年初，惠阳区秋长街道
的秋长检察室挂牌成立。秋长检察室不仅成了惠州全市首个乡镇检察室，也
是自 1978 年检察机关重建以来惠州市检察机关首次设立有正式机构编制的镇
（街）检察室，更是村民家门口的"检察院"。[4]2014 年，惠阳区 3 个检察室
通过就地接访、巡回接访等形式，共受理群众来信来访 112 件次，走访村委
会 22 个，解答群众法律咨询 58 件次。[5]乡镇检察室的设立在较大程度上彰
显和传承了"惠州惠州，惠民之州"的传统、文化和特色。

三、司法推进村居法治建设的形式

在司法推进村居法治建设的具体形式上，惠州市司法机关根据惠州市村
居法治建设的实际状况，立足司法职能，着重诉前调解，并发布规范性文件，
注重普法宣传，通过多种形式充分发挥司法在村居社会治理、村居法治建设

---

〔1〕 "惠州开设首个司法惠民工作室"，载凤凰网：https://news.ifeng.com/c/7fcCwYD2Nww，
2021 年 9 月 4 日最后访问。

〔2〕 沈卫星、吴春燕、刘君："群众幸福感来自法治化"，载《光明日报》2015 年 5 月 19 日。

〔3〕 卢慧、卢思莹、邹兴："领导带头！博罗再添 8 个法官司法惠民工作室"，载南方网：http://
hz. southcn. com/content/2016-04/06/content_ 145408906. htm，2021 年 9 月 14 日最后访问。

〔4〕 张昕、黄奇昌、林锦成："惠阳乡镇检察室：村民家门口的'检察院'"，载广东省法学会
官网：http://www. gdfxh. org. cn/zfxw/201501/t20150105_ 530673. htm，2021 年 9 月 13 日最后访问。

〔5〕 张昕："惠阳 3 个检察室辐射 9 镇街 化解矛盾纠纷 13 件"，载南方网：http://hz. southcn. c-
om/content/2015-01/05/content_ 115565574. htm，2021 年 9 月 15 日最后访问。

中的规则引领和价值导向作用。

（一）立足司法职能

按照《人民法院组织法》和《人民检察院组织法》的相关规定，人民法院是国家的审判机关，人民法院通过审判案件、解决纠纷等，发挥人民法院的价值和功能；人民检察院是国家的法律监督机关，人民检察院通过行使检察权，发挥人民检察院的价值和功能。在推进村居法治建设的过程中，惠州市法院系统和检察院系统以司法机关的本职为立足点和出发点，根据惠州市情，聚焦主业主责，妥善行使司法权，不断推进村居法治建设。惠州市司法机关立足司法职能的具体实践大致可被总结为两个方面：

第一，人民法院立足审判职能推进村居法治建设。惠州市法院系统立足审判职能，本着司法为民、亲民、便民的原则，不断加强人民法庭建设、积极开展巡回审判，通过依法审判树立行为规则、引领社会风尚，充分发挥司法审判在村居基层社会治理、村居法治建设中的规则引领和价值导向作用。

为了给村居法治建设提供更加优质、专业的司法保障，惠州市对人民法庭布局进行了优化。在惠州市层面，惠州市中级人民法院成立了法庭建设工作领导小组，出台了关于加强全市人民法庭建设的实施意见，因地制宜地推进法庭改革。在惠州市各区县层面，惠城区人民法院在城市区域人民法庭进行专业化法庭建设，探索实施金融案件集中归口仲恺法庭审理、机动车交通事故责任纠纷案件集中由水口法庭审理；惠东县人民法院在乡镇区域人民法庭进行快速处理专业审判团队和普通审判团队建设，探索由人民法庭适用简易程序审理辖区多发的交通事故、金融借款、商品房销售、买卖合同等类型化案件和简单案件，通过类案集中审理促进审判提质提效，全面推进法庭建设提档升级，切实发挥法庭在参与基层社会治理、服务乡村振兴、建设法治村居前沿阵地方面的作用。[1]

为了充分发挥人民法院的审判职能，惠州市法院系统除了不断加强人民法庭建设外，还积极开展巡回审判，通过巡回审判降低诉讼成本，及时化解村居的矛盾纠纷，实现便民诉讼与普法宣教的双重效果。例如，博罗县人民法院积极推进巡回审判，充分利用巡回法庭、夜间法庭、假日法庭制度，最大限度地方便群众参加诉讼活动，进一步降低群众诉讼成本，及时妥善化解

---

[1]《惠州法院大力推进基层法治村居建设》，惠州市中级人民法院2021年4月15日提供。

矛盾纠纷。2020 年 12 月 3 日，为了以最直观、最有效的方式进行普法宣传，惠阳区人民法院开展了一场"接地气"的巡回庭审普法活动，将庭审现场"搬进"平潭社区居委会，对一宗因被告醉酒驾驶无号牌二轮摩托车碰撞到原告引起的机动车交通事故责任纠纷案件进行审理，并当庭宣判。[1]为了使得巡回审判走上制度化、常态化、规范化的轨道，充分发挥审判职能作用，龙门县人民法院于 2019 年 4 月 9 日印发了《龙门县人民法院关于巡回审判实施方案》（龙法［2019］36 号），从加强工作保障、建立考核标准、明确巡回审判责任等方面健全巡回审判机制，减轻群众诉累。[2]通过不断健全巡回审案制度，惠州市法院系统实现了审理案件与普法教育相结合的双重目的，达到了"审理一案、教育一片"的社会效果，做到了案件审理的社会效果、法律效果的有机统一。

第二，人民检察院立足检察职能推进村居法治建设。惠州市检察机关注重立足于检察机关本职，通过依法行使检察权保障、维护和服务村居法治建设。例如，惠州市检察系统紧盯农村基层扫黑除恶主战场，坚决铲除黑恶势力土壤，积极维护农村的和谐稳定。在扫黑除恶专项斗争开展以来，两级检察院共起诉涉农村涉黑案件 4 件，起诉涉农村涉恶案件 16 件。[3]惠阳区人民检察院以查办涉农职务犯罪作为服务新农村建设的切入点，依法办理了"平潭镇张新村莲塘面小组小组长黄某忠挪用公款案"与"原小组长巫某华贪污案"等多个涉农领域贪污贿赂案件，不但为个别贪婪的村干部套上了"法治绞索"，更是还了农民群众一片安稳的生存环境，维护了农村社会的稳定和谐。[4]此外，惠州市检察机关注重运用诉前检察建议，提高履职效能。例如，2019 年，惠城区人民检察院先后就排污管网管护、林木资源保护、城市扬尘等问题发出公益诉讼诉前检察建议 13 份，共挽回生态公益林 24 亩，挽回被非法占用的耕地 130 亩，督促收回被非法占用的城镇国有土地共 141 亩。2017 年

［1］　惠州市惠阳区人民法院《【宪法直传周】巡回庭审进社区 群众点赞"接地气"》，中共惠州市委政法委 2021 年 5 月 28 日提供。
［2］　《龙门县人民法院关于巡回审判实施方案》（龙法［2019］36 号），2019 年 4 月 9 日印发，中共惠州市委政法委 2021 年 5 月 28 日提供。
［3］　李直建："逮捕涉黑恶案 665 人！惠州市人民检察院公布扫黑除恶专项斗争'成绩单'"，载搜狐网：https://www.sohu.com/a/441755082_120152148，2021 年 9 月 14 日最后访问。
［4］　"公正司法为人民——村官变贪官难逃'法治绞索'"，载惠州市惠阳区人民检察院官网：http://hyjcy.huiyang.gov.cn/include/detail_icms.shtml? id=2193039，2021 年 9 月 14 日最后访问。

至 2020 年 4 月，惠州市检察机关发出诉前检察建议 157 份，提起诉讼 3 件。[1]

（二）着重诉前调解

在村居纠纷解决过程中，惠州市法院系统和检察系统和注重发挥好调解的作用，大力推进诉前联调，联动化解矛盾纠纷，为村居法治建设提质增效。惠州市的诉前调解（特别是诉前联调）工作社会评价高、实践效果好、样板作用强，有效推动了村居法治精神的弘扬、村居法治观念的增强、村居法律服务的完善，夯实了依法治市的基层基础，其经验值得认真总结和推广。

惠州市检察机关注重用好、用活"诉前圆桌会议"，最大程度地调动行政机关单位保护村居公益的主动性和积极性。如在龙门县研究解决龙城街道水西张屋村民小组被破坏的基本农田恢复种植条件问题上，县行政检察监督办公室牵头组织召开了行政公益诉讼诉前圆桌会议，就水西张屋村民小组基本农田被破坏问题交换意见，提出初步解决方案，推动该地块种植条件恢复工作。

2007 年以来，博罗县人民法院牢固树立"调解优先"理念，坚持司法惠民工作主线，加强与相关部门、行业协会的协调配合，运用诉讼调解与人民调解、行政调解、行业调解、仲裁等非诉纠纷解决方式之间的功能差异及其互补关系建立多元化纠纷解决机制，以"一二三四五"模式[2]，构建形成"电子送达+诉前鉴定+诉前调解+司法确认+主动执行"五位一体机制。2016年 2020 年间，博罗县通过诉前联调机制调处矛盾纠纷 5827 件，达成调解协议 3764 件，调解成功率 65.9%；申请司法确认 362 件，当事人自动履行率达97.2%，切实节约了司法成本、社会管理成本和群众的诉讼成本，大大减轻了党委、政府及法院工作压力，得到了社会和群众的认同。[3] 而且，值得一

---

〔1〕 中共惠州市委政法委员会：《网格治理 争创一流——惠州市市域社会治理现代化案例选编》（2020 年 4 月），第 57 页，中共惠州市委政法委 2021 年 5 月 10 日提供。

〔2〕 "一二三四五"是指：其一，在推动诉前联调工作上用好"一个意见"——博罗县委县政府出台的《关于进一步健全"大调解"工作格局，完善多元化纠纷解决机制的实施意见》，全面推进博罗县诉前联调工作；其二，在法院机关与县级综治信访维稳中心之间、各人民法庭与辖区镇综治信访维稳中心之间，建立了县、镇两级诉前联调工作室的"两级互动"，在夯实诉前联调组织基础上实现"两级互动"；其三，在诉前联调化解社会矛盾上实行诉前引导调处方式、联调方式、巡回调解方式的"三种方式"；其四，在推进联调单位有效联动上建立联席会议制度、信息通报交流制度、协调联动制度、矛盾排查应急联动制度等"四项制度"；其五，在保障诉前联调工作顺利开展上突出"五项特性"，也即排他性、不限性、惠民性、激励性、考评性。

〔3〕 中共惠州市委政法委员会：《典型示范 争创一流——惠州市市域社会治理现代化案例选编（二）》（2021 年 3 月），第 32 页，中共政法委 2021 年 4 月 16 日提供。

提的是，博罗县人民法院主导形成的"诉前调解+司法确认+主动执行"的"博罗联调模式"，还得到了省、市的肯定及推广。

惠阳区人民法院采取"先调+繁简分流+诉调+速裁+精审"的路径，不断完善一站式多元解纷机制，从源头上化解矛盾纠纷，减少诉讼案件量。惠阳区人民法院将"诉前调解"前置，对新收案件，除依法不得调解的以及不适宜调解的案件外，全部纳入诉前联调范围，编立"联调案号"，借助速裁快审团队及特邀调解员进行调解。为配合调解工作，该院特设置调解中心、在线调解室等，建立对接合作机制，2020年共受理诉前联调案件3305件。[1]

惠东县人民法院与县妇联、县交警大队、各镇综治办等27家诉前联调单位搭建起了诉调对接网，充分发挥各单位的专业化作用，将各单位建设成"专家组"，解决专业问题，"会诊"专业难题，并聘请33名特邀调解员，完善诉调对接机制。在联调机制下，民事案件经双方当事人同意，可委托案件所在地的诉调对接单位调解，达成调解协议的可免费向该院申请司法确认。2017年1月至11月，惠东县人民法院诉前联调室及联调单位共受理联调案件1533件，调解成功1533件，成功率100%；立案调解502件，成功261件。[2]

此外，惠州市法院系统还注重创新形式，开展和加强线上调解。例如，龙门县人民法院为进一步规范在线调解工作秩序，提升在线调解工作质量和工作效率，于2019年11月27日印发了《龙门县人民法院在线调解工作规范（试行）》（龙法发〔2019〕32号），为在线调解工作提供了一套完整严密的规范体系。[3]博罗县人民法院采取购买社会服务的方式，在诉讼服务中心设立集约电子送达调解工作室，全面开展线上调解，将专职调解、律师调解、特邀调解等纳入同一平台，推行在送达中调解、在调解中送达、在诉讼前鉴定。[4]

---

〔1〕惠州市惠阳区人民法院《法院工作简报》（第46期），2020年12月17日印发，中共惠州市委政法委2021年5月8日提供。

〔2〕惠东县人民法院：《铺开矛盾化解大网络 释放"多元化"能量——惠东县法院创新矛盾化解举措》（2017年12月7日），中共惠州市委政法委2021年5月28日提供。

〔3〕《龙门县人民法院关于印发〈龙门县人民法院在线调解工作规范（试行）〉的通知》（龙法发〔2019〕32号），2019年11月27日印发，中共惠州市委政法委2021年5月28日提供。

〔4〕《博罗县人民法院"三四五"推进建设"一站式"现代化诉讼服务体系》，中共惠州市委政法委2021年5月28日提供。

（三）发布规范性文件

围绕着村居法治建设，惠州市司法机关根据惠州实际情况，在总结实践经验的基础上发布了一批涉村居规范性文件，为村居法治建设提供了规范指引。

为了对外加强联动力，以公益诉讼助力社会治理能力现代化，惠州市检察机关注重加强机制建设，及时向惠州市委、市政府请示报告有关情况，推动出台《关于支持检察机关依法开展公益诉讼工作的通知》，要求各县（区）党委、政府、市直和驻惠各副处以上单位支持、配合检察院开展公益诉讼工作。截至 2020 年 4 月，惠州市检察机关分别与 74 个行政部门联签了 27 份工作文件，构建起了横向配合的协作机制，形成了党委和人民代表大会领导、行政部门和法院积极配合的公益保护合力。

为了增强人民法院解决纠纷和服务群众的能力，惠州市中级人民法院根据工作实际印发了《惠州市中级人民法院现代化诉讼服务体系建设方案》，加快建设多元化纠纷解决机制和现代化诉讼服务体系。

为深化多元化纠纷解决机制改革、完善诉讼与非诉讼相衔接的纠纷解决机制，实现司法为民、公正司法的目标，2016 年惠东县人民法院出台了《关于进一步深化多元化纠纷解决机制改革的规定》。该规定提出，积极支持仲裁制度改革，加强与农村土地承包仲裁机构等的沟通联系。该规定要求及时办理仲裁机构的保全申请，依照法律规定处理撤销和不予执行仲裁裁决案件。该规定还要求，要加强对农村土地承包经营纠纷调解仲裁的支持和保障，实现涉农纠纷仲裁与诉讼的合理衔接，及时审查和执行农村土地承包仲裁机构作出的裁决书或者调解书。[1]

为了引导、规范律师参与化解涉诉信访案件工作，惠东县人民法院联合惠东县司法与信访局引入律师力量参与矛盾化解，共同出台了《关于律师参与化解涉诉信访案件工作的实施意见》《关于律师参与调解工作的规程》《关于设立法律援助工作站的若干规定》，建立健全了律师参与矛盾化解工作机制，并在诉讼服务中心设立法律援助服务窗口、调解室等设施，便于开展相

---

〔1〕《惠东县人民法院关于进一步深化多元化纠纷解决机制改革的规定（征求意见稿）》（2016 年 10 月 30 日），中共惠州市委政法委 2021 年 5 月 28 日提供。

关工作。[1]

为了进一步健全"大调解"工作格局，完善新时期社会矛盾多元化纠纷解决机制，促进司法调解、人民调解、行政调解的对接，中共博罗县委办公室、博罗县人民政府办公室于 2011 年印发了《关于进一步健全大调解工作格局、完善多元纠纷解决机制实施意见的通知》（博委办〔2011〕31 号），为村居纠纷的解决提供了规范化的解决方案、标准化的解决途径、低成本的解决方法。[2]与此相对应，博罗县人民法院制定了《博罗县人民法院诉前联调工作管理规定》，从诉前联调工作室的职能与职责、制度规范、行为准则等方面为诉前联调工作的开展提供了依据、规范和标准。此外，博罗县人民法院与博罗县司法局、博罗县维稳及综治办公室、博罗县公安局、博罗县妇女联合会、博罗县总工会、博罗县民政局、博罗县建筑业协会、博罗县工商行政管理局、博罗县消费者委员会、博罗县人力资源和社会保障局等单位联合制定了《博罗县人民法院、博罗县司法局关于建立诉讼调解与人民调解衔接工作机制的若干规定》《博罗县人民法院、博罗县维稳及综治办公室关于建立诉讼调解与综治信访维稳中心调解衔接工作机制的若干规定（试行）》《博罗县人民法院、博罗县公安局关于建立诉讼调解与交警大队调解衔接工作机制的若干规定》《博罗县人民法院、博罗县妇女联合会关于做好诉讼调解与妇联组织调解衔接工作的若干规定》《博罗县人民法院、博罗县总工会关于做好劳动纠纷非诉调解与司法确认衔接工作的规定》《博罗县人民法院、博罗县民政局关于建立婚姻纠纷诉调对接机制的若干规定》《博罗县人民法院、博罗县建筑业协会关于建立诉调衔接机制的意见》《博罗县人民法院、博罗县工商行政管理局、博罗县消费者委员会关于建立消费纠纷诉调对接机制的指导意见》《博罗县人民法院、博罗县人力资源和社会保障局关于做好诉前调解与司法确认衔接工作的若干规定》《博罗县人民法院、博罗县人民政府金融工作局、中国人民银行博罗县支行关于建立金融消费纠纷诉调衔接工作机制的意见》等一系列诉前联调工作机制和工作制度，并且提供了《诉前联调指引》《诉前联调

---

〔1〕　惠东县人民法院编《惠东法院简报（第 1 期）》（2017 年 1 月 18 日），《惠东县人民法院修内功借外力，一体两翼多元化解矛盾》，中共惠州市委政法委 2021 年 5 月 28 日提供。

〔2〕　中共博罗县委办公室、博罗县人民政府办公室《关于进一步健全大调解工作格局、完善多元纠纷解决机制实施意见的通知》（博委办〔2011〕31 号），2011 年 4 月 1 日印发，中共惠州市委政法委 2021 年 5 月 28 日提供。

申请书》等诉前联调工作流程和文书样式，通过制度化的方式将矛盾化解在村居。[1]

为深入贯彻宽严相济的刑事政策，严格执行最高人民检察院关于"少捕、慎诉、慎押"的司法理念的相关规定，进一步推动"捕诉一体化"工作机制和认罪认罚从宽制度的运行，惠州市人民检察院于 2021 年 9 月出台了《惠州市检察机关降低审前羁押率工作指引（2021 版）》。该工作指引出台后，惠城区人民检察院积极转变司法理念，严格依法按照人权保障要求，强化"少捕、慎捕"观念，进一步充分履行检察机关羁押必要性审查职能，推动落实少捕、慎诉、慎押刑事司法政策，并增强检察官责任意识，采取积极协调联动、担起主导责任、建立"容错机制"等举措，最大限度地破解审前羁押高的难题，取得了良好成效。

（四）注重普法宣传

让村居民众学法、懂法、守法是村居法治建设的重要基础和内容。惠州市司法系统注重创新普法工作载体，引导全社会尊重司法裁判、维护司法权威，推进乡村治理法治化。如 2017 年 8 月 7 日，惠州市惠城区人民检察院检察官肖爱忠受邀为全区换届后新上任的 1300 余名村干部上了一场题为《珍惜岗位 畏法慎行》预防职务犯罪专题讲座。这是惠城区人民检察院将预防职务犯罪教育纳入党校教育培训内容开讲的第一课。通过警示教育片告诫新一届村（社区）"两委"干部要珍惜工作，珍爱生活，坚决抵制各种诱惑。[2] 2021 年 9 月的开学季，惠城区人民检察院检察官的"法治副校长"们纷纷行动，积极配合学校开学工作，通过到各中小学校与教职员工座谈、国旗下寄语等方式认真履行"法治副校长"职责。如 2021 年 9 月 13 日，李维副检察长在惠州市第五中学升国旗仪式上，向同学们言简意赅地普及个人安全、与人交往、防范电话诈骗和毒品危害、安全上网等注意事宜，寄语广大中小学生，"希望同学们在致力于学业的同时，多学法、知法，树立法治观念，增强法治意识，懂得用法律维护自身权益的同时，也用法律约束自己，养成遵纪

---

〔1〕 广东省博罗县人民法院：《诉前联调一本通》（2015 年 9 月），中共惠州市委政法委 2021 年 5 月 28 日提供。

〔2〕 "警钟敲响 振聋发聩——惠城检察官走进党校 给 1300 余名新任'村官'上廉政'必修课'"，载惠州市惠城区人民检察院官网：http://qz.hcq.gov.cn/jcy/show.aspx? id=69590，2021 年 9 月 14 日最后访问。

守法的良好习惯，做一名优秀的学生"。[1]

又如 2018 年，龙门县人民法院公开开庭审理居民小组长张某明涉嫌职务侵占罪一案，并通过中国庭审公开网同步直播。法院邀请了 20 余名村居干部应邀参加庭审旁听。历时一个多小时的庭审，通过法庭调查、法庭辩论及被告人最后陈述等环节，让参与旁听的党员干部亲历了一次真实的法律审判和零距离的廉政警示教育。看着曾经的同僚坐在被告席上，听着其发自内心的忏悔，多名村居干部表示，这次旁听庭审对他们触动很大，在以后的工作中一定要引以为戒、强化自我约束、不断增强自身防腐拒变的能力，做一名遵纪守法的好干部。[2]

再如，博罗县湖镇人民法庭庭长付晓畅"坚持每年都选择一些有代表性的案件，如邻里纠纷、不当得利纠纷、侵权损害赔偿纠纷等乡村常见案件，到村（社区）进行巡回开庭审理，以案说法，以直观的方式向辖区群众传递法治观念"。[3]通过开展巡回审判活动，湖镇人民法庭有效提升了辖区内的群众法治意识，达到了引导社会群众关心司法裁判、尊重司法裁判、维护司法权的良好效果。

除了以巡回审判的方式以案释法，进行普法宣传，惠州市各级法院还深入开展法治宣传进村居活动，以多种形式送法进乡村、进社区，营造全民关心、支持和参与村居法治建设的良好氛围。例如，为提高辖区居民对扫黑除恶专项斗争工作的认识，加大扫黑除恶专项斗争在基层的宣传力度，广泛发动人民群众参与，2019 年 5 月 15 日晚，由惠东县人民法院主办，惠东县爱心群社会工作服务中心承办的"参与扫黑除恶·共建和谐社会"惠东县人民法院送法进社区宣传活动在吉隆瑶埠广场开展。在活动现场，法官在咨询台向群众讲解扫黑除恶的相关法律知识以及政策规定，认真解答他们提出的各类问题。惠东县人民法院青年法官宣讲团法官助理还在现场为群众授课。活动

---

〔1〕 惠城检察："'术'你而来！惠城检察'法治副校长'纷纷走进校园，讲好'开学第一课'"，载惠州政法网：http://hzszfw. huizhou. gov. cn/pages/cms/hzswzfw/html/fzhz/6c389e7dcc9b40eaa5e4f0b49b8035e4. html？cataId=e36c04226777453fa2cea4309c814b2e，2022 年 1 月 11 日最后访问。

〔2〕 卢思莹、秦达惠："居民小组长职务侵占受审 龙门法院邀请村居干部旁听"，载龙门县人民法院网站：http://www. hzlmfy. gov. cn/courtweb/web/content？gid=8169&lmdm=6006，2021 年 7 月 23 日最后访问。

〔3〕 李燕文、黄淑瑜："扎根基层法庭，助力乡村治理——博罗湖镇法庭庭长付晓畅 6 年主审民事案 1400 多件无一超审限"，载《惠州日报》2019 年 7 月 4 日。

进一步提高了广大人民群众对扫黑除恶专项斗争的知晓率，有利于充分调动和积极引导广大市民参与到扫黑除恶专项斗争当中，切实营造出全民打击黑恶势力违法犯罪活动的浓厚气氛，促进村居民众的法治意识不断提升。[1]

　　为充分发挥司法机关工作人员的专业优势和技能优势，惠州市中级人民法院还组建了"惠州法院民法典宣讲团"，深入乡村街道开展普法宣讲，推进《民法典》的全面贯彻实施。2020 年，惠州两级法院累计开展送法活动 62 场，发放宣传资料 5000 多份。同时，惠州市两级法院还充分运用新闻媒体和自媒体传播法治理念、开展法治教育。2020 年，惠州市两级法院在市级以上新闻媒体刊发司法宣传报道 668 篇，在微信公众号、官方微博、手机报、抖音平台共推送 4000 余篇文章，有效满足了村居基层群众对法治的新要求、新期待，营造了良好的法治氛围。[2]

---

〔1〕"'参与扫黑除恶·共建和谐社会'惠东县人民法院送法进社区宣传活动进吉隆瑶埠广场"，载搜狐网：https://www.sohu.com/a/314583507_ 99902525，2021 年 7 月 22 日最后访问。

〔2〕《惠州法院大力推进基层法治村居建设》，惠州市中级人民法院 2021 年 4 月 15 日提供。

第四章

村居法治建设的经验总结

惠州市村居法治建设坚持立良法以达善治，既重视规范制定、制度建设，同时强调规范实施、制度落地，公共法律服务体系不断完善，全社会法治观念明显增强，广大人民群众的幸福感、安全感、获得感不断提升，开创了村居法治建设与经济社会协调发展的良好局面。

惠州市紧紧围绕探索和完善党委领导、政府负责、社会协同、公众参与、法治保障的社会治理体制，坚持以惠州市面临的村居法治问题为导向，进一步形成了"党委领导、政府主导、综治协调、各部门齐抓共管、社会力量积极参与"的社会多元共治模式。[1]惠州村居法治建设取得了显著成效，体现了融合式、整体型等村居法治建设的基本特点，积累了丰富的实践经验。

第一节　村居法治建设的显著成效

近年来，惠州市凝心聚力、持之以恒地抓村居法治建设，获得了群众的广泛认可，赢得了社会的普遍赞誉，取得了显著的成效。2017 年，惠州市先后蝉联"全国社会治安综合治理优秀市""全国社会治理创新优秀城市"，荣获国家"五五""六五"普法优秀城市、全国首批法治城市创建活动先进单位。2017 年，惠州市更是夺得了全国平安建设领域最高荣誉"长安杯"。2020

---

〔1〕 邓新建、章宁旦："惠州探索多元共治社会治理新模式　连续四年获评'中国最安全城市'"，载法制网：http://www.legaldaily.com.cn/index/content/2017 - 10/11/content_ 7339050.htm，2021 年 9 月 10 日最后访问。

年，惠州市再次获评广东省平安建设考评优秀，是广东省唯一一个连续5年获评优秀的地市。第三方调查显示：惠州市人民群众安全感排名广东省第四，公安工作满意度排名广东省第四，政法工作满意度排名广东省第五。[1] 2017年至2021年连续4年荣获广东省平安建设考评优秀等次，2021年获评平安中国建设示范市，夺得了全国平安建设领域最高荣誉"长安杯"。[2]

目前，发端于惠州市的一些制度正逐渐走向广东省、推向全国，也是惠州市村居法治建设显著成效的鲜明体现。《法治社会建设实施纲要（2020-2025）》（2020年12月7日）明确提出："健全村（居）法律顾问制度，充分发挥村（居）法律顾问作用。"惠州市村居法律顾问制度也是较早开始探索实践并走在了全国前列。2009年4月，惠城区、惠阳区探索出了律师等法律专业人士担任村（居）委"法制副村长""农村法律顾问"制度。其后，惠州市以两区作为试点，并在江北水北社区开展示范点培育。经过3年的试点实践，2012年，惠州市总结并提出村（居）委聘任"法制副主任"制度。2012年底，惠州市实现全市农村、社区和林场办事处"法制副主任"制度全覆盖。2014年5月，广东省委办公室、广东省政府办公室联合发文推广"法制副主任"制度，该制度当年获评广东省政府治理创新优秀案例奖。2016年，全国普法办印发工作要点，把村（居）"法制副主任"制度作为基层依法治理的抓手在全国推广。2014年9月12日，《广东省一村（社区）一法律顾问利益冲突处理工作指引（试行）》印发，广东省在总结惠州市实践经验的基础上，结合全面依法治国的要求，将"法制副主任"制度统一定为"一村（社区）一法律顾问"制度。2019年5月31日，中央农村工作领导小组办公室秘书局、农业农村部办公厅印发《关于推介首批全国乡村治理典型案例的通知》，被推介的乡村治理典型案例共有20个，惠州市"一村一法律顾问"榜上有名。

惠州市村居法治建设的各参与主体在职权范围内积极探索、勇于作为，取得了显著的社会治理效果。惠州积极总结推广"按法治框架解决基层矛盾"试点经验，推动各县（区）构建多元化解矛盾纠纷的法治框架，搭建了县、

<hr>

〔1〕"市委政法工作会议召开　建设更高水平平安惠州法治惠州"，载《惠州日报》2021年3月26日。

〔2〕"平安建设法治建设持续深化，市域社会治理有序推进：惠州再捧'长安杯'获评平安中国建设示范市"，载《南方日报》2021年12月17日。

镇、村三级化解基层矛盾的法治平台，加强化解矛盾法定路径的组织和机制建设，建立健全信访、调解、仲裁、行政裁决、行政复议、诉讼等有机衔接和相互协调的多元化纠纷解决机制。[1]

2012 年 4 月，广东省惠州市公安局积极探索联动警务新模式，实行"全警上路大巡防"，一改过去"坐班接警"的传统模式，上至公安局局长，下至派出所普通民警，全部走上街头巡逻，与社会面综治力量融为一体。同时，惠州市充分发动广大群众参与"大巡防"，不断完善治安视频监控网络，通过"显性用警、规模布警、动态布防"机制，撒下了全时空联动巡防的天罗地网。惠州市统筹城乡加强镇街专职协警队、企业保安队、村居治安队和社区治安志愿队等群防群治"四支队伍"建设框架。由惠州首创的"全警大巡防"牵引"全民大群防"转型升级的"惠州模式"也在广东省、全国得以推广，惠州市的治安明显好转，"两抢一盗"等各类案件逐年递减。[2]

从 2019 年 4 月开始，惠州市开始全面实施"一村（居）一警"警务工作机制，不断开创社会治理新局面，实现了"发案少、秩序好、社会稳定、群众满意"的目标，推动基层社会治理水平、服务实战能力、群众安全感满意度提升。经过两年多的落地实践，惠州市 2309 名驻村（居）警力始终坚持以人民为中心，想方设法解决好群众急事、难事、烦心事，打通服务群众"最后一公里"，累计收集各类社情民意信息 41 235 条、为群众办好事实事 27 365 件、协助排查化解矛盾纠纷 23 175 起、消除各类安全隐患 29 717 个、协破案件 1830 起，有力推动了社会治安大局持续稳定。[3]

第二节 村居法治建设的基本特点

村居法治建设是法治国家、法治政府和法治社会一体建设的有机组成部分，是法治国家、法治社会建设的基础。惠州市村居法治建设既要贯彻落实

---

[1] "各级政府均需设立法律顾问"，载《南方日报》2016 年 4 月 11 日。

[2] 邓新建、章宁旦："惠州探索多元共治社会治理新模式 连续四年获评'中国最安全城市'"，载法制网：http://www.legaldaily.com.cn/index/content/2017 - 10/11/content_ 7339050. htm，2021 年 5 月 10 日最后访问。

[3] 朱丽婷、李燕文、贺小山："惠州公安以党建引领'村警工程'，用心用情用力解决群众'急难愁盼' 2309 名村警为群众办好事实事 27 365 件"，载《惠州日报》2021 年 6 月 25 日。

国家法律法规的基本要求，又要满足村居法治的内在需要，二者须臾不可分离。惠州市在推进村居法治建设的过程中，坚持以国家法律法规为根本遵循、以地方善良规俗为主要根据、以村规居约为重要规范、以村居实际需要为基本依归，走出了一条具有小单元、融合式、整体型、转型态、合作型、地方化、嵌入性、发展式、协商性、共识型等多重基本特性的村居良法善治之路。

一、小单元法治建设

村居法治建设是法治中国、法治社会建设的基础，村居法治建设的成效直接关系到全面依法治国的进程。惠州市村居法治建设直接作用于村居这一国家治理最小单元，直接依赖于每一位村居民的参与。面对数量众多、各具特色的村居小单元，惠州市将村居法治建设作为根基性工作来抓，以村居实际需要为出发点，以村居民切身利益为落脚点，充分调动律师、法官、公安干警等外部资源，深入每一个村居，走向每一位群众，探索实践"村（居）法制副主任""一村（居）一法律顾问""司法惠民工作室"等制度，取得了显著的治理成效。

二、融合式法治建设

惠州市村居法治建设坚持融合式治理方式，强调法律、法规、政策、村规居约等治理规范资源的融合一体、共同作用。过去那种过度依赖单一规范的治理方式已经不适应新时期村居法治建设的良法善治目标。"良法"并不仅仅指国家法律法规，还包括执政党政策、政府规范、村规居约、地方习惯等多种规范样态。惠州市在推进村居法治建设的过程中，发挥法治在国家治理体系和治理能力现代化中的积极作用，全面贯彻落实国家法律法规，做到了有法可依、有法必依、执法必严、违法必究。同时，惠州市注重利用政府规范、村规居约等其他规范形式，一方面落实国家法律法规、政策，另一方面发挥这些规范本身在村居法治建设中的积极作用，融合作用于村居，规范、引导和约束民众的行为。

三、整体型法治建设

惠州市村居法治建设是一项系统性社会建设事业，按照整体型治理的思维和观念，着重从主体、规范、运行三个方面形成整体性认识、推动整体性展开。惠州市村居法治建设主要包括"谁来治理""依何治理"以及"如何治理"三个方面。其中，"谁来治理"指向主体维度；"依何治理"指向规范维度；"如何治理"则指向运行维度。主体是推进惠州市村居法治建设的根本，规范是推进惠州市村居法治建设的基础，运行是推进惠州市村居法治建设的关键，三方面的整体协调是惠州市村居法治建设达至良法善治目标的决定性因素。

四、转型态法治建设

当代中国法治社会、村居法治建设面临转型社会法治与常态社会法治的双重挑战，并且转型社会法治的要求更为突出。村居处于国家经济社会转型的宏观背景之下，正在由传统社会向现代社会转变，要求村居法治建设也由传统治理方式向现代法治方式转变。面对村居法治建设的双重挑战，惠州主动探索、积极应对，逐渐形成了一种良性发展的转型态法治建设方式。惠州市村居法治建设呈现治理主体的多元化、治理客体的立体化、治理手段的文明化、治理方式的规范化、治理能力的现代化、治理目标的人本化。惠州市村居法治建设总体上符合法治建设的客观规律，顺应了法治发展的总体趋势。

五、合作型法治建设

惠州市村居法治建设的参与主体是多元的，既有惠州市人民代表大会及其常委会、中共惠州市委、惠州市人民政府、中共惠州市委政法委员会、惠州市农业农村局等惠州市各级党政部门，又有村民委员会、居民委员会、村民理事会等村居内部组织和村居民众，还有企业、社会组织、乡贤等外部社会力量。惠州市村居法治建设的参与主体的地位不同、职责各异，各主体围绕良法善治的法治目标，制定规则、遵守规则、互动协同、通力合作、共建共享。因此，惠州市村居法治建设是一种合作型法治建设。

六、本土化法治建设

"法治是人类文明的重要成果之一，法治的精髓和要旨对于各国国家治理和社会治理具有普遍意义。"[1]法治运行的一般规律、客观规律是村居法治建设的基本参考，而立足于中国实际的中国特色社会主义法治道路是村居法治建设的根本道路，中国特色社会主义法治理论是村居法治建设的根本遵循。惠州市村居法治建设奠基于中国传统、生长于具体国情、扎根于惠州当地、立足于村居实际、服务于广大村居民。惠州市村居法治建设是一种本土化的

---

〔1〕　习近平："加快建设社会主义法治国家"，载《求是》2015年第1期。

法治建设，具有浓郁的中国特色、鲜明的地方特点、显著的时代特征。惠州市村居法治建设尊重我国（特别是当地）村居民的心理、需要和期盼，针对当地村居的发展阶段和发展目标，顺应我国农业农村现代化、治理体系和治理能力现代化的趋势。

七、嵌入性法治建设

惠州市村居法治建设是一个包含行动嵌入和规范嵌入的嵌入性法治的长期过程。历史上，我国乡村主要处于一种自组织的方式及运行之下，家庭伦理道德、乡规民约等内部规范发挥着重要作用。中华人民共和国成立特别是改革开放以来，现代法治观念、思维、规范等逐渐融入了村居治理的全过程，这实际上是将作为外来规范的国家法律嵌入村居治理，将法治嵌入乡村原来自组织的方式及运行过程之中。惠州市在推进村居法治建设的过程中强调固有村居基层社会规范融贯外来法治规范，着重消除外来规范与内生规范之间的矛盾、差异甚至混乱。

八、发展式法治建设

党的十九大报告强调："发展是解决我国一切问题的基础和关键。"当代中国全面推进乡村振兴、加快农业农村现代化也必须以发展为根本路径，村居法治建设必须以促进发展为第一要务。惠州市村居法治建设也是一种发展式法治，坚持贯彻落实以创新、协调、绿色、开放、共享为核心的新发展理念，促进和实现村居经济发展、政治发展、社会发展、文化发展、生态发展等各个方面的全面推进。惠州市坚持通过村居法治建设提升村居发展能力，推动科学发展、可持续发展、城乡融合发展。

九、协商性法治建设

村居法治建设要求将法治方式和法治思维融入村居治理的各个环节，发挥法治的保障支撑作用，其基础是切实提升基层民主协商水平，保障村民的知情权、参与权、表达权、监督权，最大限度地有效汇聚民意、集聚民智、凝聚民力。惠州市村居法治建设坚持以村民为主体，强化村民的"主人翁"意识，发挥村民委员会、村民理事会等群众性组织在基层协商中的积极作用。广大村民主动利用这些平台和途径积极协商建言，"说事、议事、主事、定事"，村组的公共事务由村民自己协商着办、商量着办，以协商促进法治，以法治保障协商。

十、共识型法治建设

法治国家、法治社会、村居法治建设要求引导全体人民做社会主义法治的忠实崇尚者、自觉遵守者、坚定捍卫者，使法治成为社会共识和基本原则。惠州市村居法治建设致力于建构一种共识型法治，使法治成为村居共同体的普遍共识，塑造村居的有机共同体，为广大村民提供丰富的公共法治产品。村民在村居法治建设过程中共同生活、共同行动、共同感受，逐渐形成共识，通过法治实践真正使乡村成为利益共同体、观念共同体、规范共同体、命运共同体，实现惠州市村居的良法善治。

第三节　村居法治建设的主要经验

建设信仰法治、公平正义、保障权利、守法诚信、充满活力、和谐有序的社会主义法治村居是增强人民群众获得感、幸福感、安全感的重要举措。法治社会、村居法治建设是一项长期性、全局性的社会工程，良法善治的实现需要基本原则的指导。惠州市在村居法治建设过程中坚持如下基本原则，取得了显著成效，保障了村居法治建设的顺利推进。

一、坚持党的领导、全面统筹

党的领导是社会主义村居法治建设最根本的保证，必须不断加强和改善党对村居法治建设的领导方式和领导方法。惠州市切实坚持党对村居法治建设的领导，坚决贯彻落实党中央国务院关于法治中国、法治政府、法治社会、法治乡村建设的有关政策，保证国家政策的真正落地、落实。惠州市各级党组织将村居法治建设列为实施乡村振兴战略、推进法治社会建设的重点任务，确保村居法治建设沿着正确方向发展。惠州市的市、县区两级政法委统筹协调，全面谋划村居法治建设。惠州市以增强党的基层组织建设为抓手，完善了村居基层党组织用人选人机制，健全和完善了村居基层党组织运行机制，巩固和加强了村居基层党组织的领导地位。

二、坚持人民至上、保障人权

人民群众是历史的创造者，村居法治建设也必须坚持人民群众的主体地位，保障人民群众的合法权益不受侵犯，努力让人民群众在每一项法律制度、每一个执法决定、每一宗司法案件中都感受到公平正义。惠州市村居法治建设坚持以人民群众的获得感、幸福感、安全感为根本评价标准，以法治反映人民愿望、维护人民权益、增进人民福祉，并贯彻和落实到立法、执法、司法全环节，全方位保障人权。经过长期法治实践，惠州市村居法治建设取得成效也得到了人民群众的充分肯定和广泛认可，人民群众参与法治建设、社会建设的积极性、主动性也得到极大提升。

三、坚持服务优先、便民利民

惠州市紧密围绕公民法治素养和社会治理法治化水平的提升，在村居法治建设过程中，坚持服务优先、便民利民的基本原则。惠州市大力推进公共法律服务的基层村居全覆盖，从最初"法制副主任"的探索实践，到"一村（居）一法律顾问""司法惠民工作室"等制度的推广普及，着力打通公共法律服务的"最后一公里"。惠州市积极组织和动员律师、法官、检察官等多种力量，以线下坐班、线上网络等多种方式，为人民群众提供直接的法律服务，不断完善公共法律服务体系，最大限度地满足人民群众对法治的需求，有力提升了人民群众的法治观念。

四、坚持城乡一体、协调推进

惠州市在法治社会建设过程中坚持城乡一体、协调推进的基本原则，重点围绕乡村地区的发展需要，着重补齐长期以来乡村在法治建设方面存在的短板和不足。当前，中国经济社会发展最大的不平衡是城乡发展不平衡，最大的不充分是农村发展不充分、农民发展不充分。相较于城市，我国乡村发展的不平衡、不充分不仅仅体现在经济建设、精神文明建设、生态文明建设、公共服务建设等领域，法治建设领域同样也存在一定程度的不平衡、不充分。惠州市充分认识到促进城乡融合发展是推进乡村振兴战略、实现农业农村现代化的治本之策，积极建立健全城乡融合发展的体制机制、政策体系和法治体系。

五、坚持传承发展、守正创新

惠州在推进村居法治建设过程中，重视对当地传统治理资源、治理方式的深入挖掘和分析，特别关注继承、发展和利用乡规民约、家规家训等传统法治文化资源中的有益成分，巩固了村居法治建设的历史文化根基。同时，惠州市根据村居法治建设的目标和要求，主动探索创新方式方法，探索实践了"村（居）法制副主任""一村（居）一法律顾问""司法惠民工作室"

"'六治'（政治、自治、法治、德治、智治、美治）基层治理模式"等创新性村居法治建设模式、制度和方式，取得了明显成效。建设法治中国、法治社会，同样需要处理好传承发展与守正创新的关系，要求挖掘和传承中华优秀传统法治文化，研究、总结和提炼党领导人民推进法治建设实践和理论成果，创新当代法治社会建设的方式和方法。

六、坚持因地制宜、符合实际

惠州市村居法治建设取得成效的重要原因之一是根据当地乡村经济社会发展需要，以具体实际问题为导向，以各个村居为治理的基层单元，采取有针对性的措施。坚持法治中国、法治政府和法治社会一体建设是我国在推进全面依法治国战略过程中提出的总体性要求，具有全局性、整体性和普遍性特征。适用于全国范围的法律、政策等规范是村居法治建设的宏观指导，为村居法治建设指明了前进的道路和方向。而法律、政策在村居法治建设领域的贯彻落实需要坚持因地制宜、符合实际的原则，根据当地乡村自然地理环境、经济发展状况、人口社会结构、风土人情民俗等不同情况，开展村居法治建设。

七、坚持多元互动、共建共享

村居法治建设存在主体多元、关系多元、利益多元的特征。因此，打造多元互动、共建共享的村居法治建设格局是必由之路。多元主动、共建共享意味着党委、政府、社会、公众等多元主体在村居法治建设过程中的地位各有不同，发挥的作用也有差异。惠州市村居法治建设体系积极健全和完善党委领导、政府负责、民主协商、社会协同、公众参与、法治保障、科技支撑的治理格局，建设人人有责、人人尽责、人人享有的村居法治建设共同体。惠州市村居法治建设坚持地方各级党组织在本地区发挥总揽全局、协调各方的领导作用，注重强化各级政府及职能部门的相应职责。惠州市特别重视发挥企事业单位、社会组织、新乡贤等力量，以资本、智力等不同治理资源形式参与村居法治建设。惠州市的每一位村居民均是村居法治建设的决定性参与力量，惠州市已经初步形成了全体村居民"共建共治共享"的生动局面。

第五章

村居法治建设的发展完善

观察惠州市村居法治建设的实践，村居法治建设需要锚定目标、久久为功、持之以恒，实现良法善治也是一个需要不断互动反馈、动态调适、优化改善的过程。惠州市推进村居法治建设，需要正视和应对村居法治建设面临的现实挑战，及时发现和找出存在的问题难点、堵点，进一步提高对村居法治建设意义的认识，进一步贯彻和落实推进村居法治建设的基本理念，弘扬社会主义法治精神，统筹布局村居法治建设，紧紧围绕重点领域，勇于解决焦点问题，全面协调推进村居法治建设各项工作，夯实依法治市基层基础，助推建设法治惠州。

第一节　村居法治建设面临的现实挑战

实践表明，惠州市村居法治建设已经取得了显著成效。同时，巩固成效和进一步发展完善也要求直面现实问题和现实挑战。这些现实问题和现实挑战无疑制约着村居法治建设的实际成效，更影响着良法善治目标的实现和持续。我们也应当清醒地认识到村居法治建设事务的复杂性、艰巨性和长期性。基于村居法治建设的实际需要和未来目标，《中共中央、国务院关于加强和完善城乡社区治理的意见》（2017 年 6 月 12 日）提出要"进一步加快城乡社区治理法治建设步伐"。《中共中央、国务院关于加强基层治理体系和治理能力现代化建设的意见》（2021 年 4 月 28 日）也指出要"推进基层治理法治建设"。具体到惠州市基层治理，法治在村居治理中的地位和作用愈发突出，惠州市村居法治建设也进入了一个新的历史发展阶段，必须积极应对和有效解决惠州市村居法治建设中的突出问题和现实挑战。

一、村居法治建设的组织体系需要进一步完善

结构完整、运转有效、充满活力的组织体系是村居法治建设顺利推进的重要组织保障。村居党组织、村民委员会、居民委员会、农村集体经济组织等村居内部组织是凝聚民心、汇集民智、推动村居法治建设的重要组织载体。但是，在惠州市的部分村居地区，村居党组织基本处于软弱涣散状态，个别党组织存在党员年龄偏大、青黄不接、后继无人的状况；有些村居的村居法治建设组织则比较单一、数量和类型严重不足，有的除了村居党组织、村民委员会、居民委员会之外没有其他组织；有的村居的监督组织流于形式，实际上没有正常开展监督工作；有的村居的集体经济组织和农民合作组织没有发挥其发展农村集体经济、增加农民收入的积极作用；一些村居具有服务性、公益性、互助性的其他经济社会组织较为缺乏，有的没有建立红白理事会、村民议事会、村民理事会、道德评议会等组织；有的村居的村民委员会、居民委员会和村民小组在履行基层群众性自治组织功能方面存在缺陷；有的村居的自治组织成员数量较少，村居民担任村居自治组织成员的意愿不大；有的村居的村民会议、居民会议、村民代表会议制度不够完善，村民会议、居民会议和村民代表会议不能有效地进行民主决策；一些村居组织的规章制度不够健全，开展的活动不多；有的村居的各种村居组织之间的关系没有理顺，没有建立和形成既分工又合作的工作机制。

除了健全和完善村居内部组织体系之外，各级党委、政府、法院、检察院等机关组织也在村居法治建设过程中承担各自的重要职责。当前，对标村居法治建设的任务，这些组织在履职尽责方面需要进一步明确各自的职责和任务。有的组织没有关于村居法治建设方面的专门部门或者工作人员，有的组织没有明确在村居法治建设中的地位和职能，有的组织参与村居法治建设的方式和手段也缺乏明确的法律保障，各组织之间的统筹协调也存在一些沟通不畅、相互矛盾等问题。

二、村居法治建设的规范体系需要进一步优化

关于良法建构，惠州市通过立法、立规、立约，初步形成了以法律、法规、规约等为形式的规范体系，但同时也需要进一步优化，有序推进立、改、废，不断适应村居法治建设的发展要求。在宏观布局上，惠州市目前缺乏村居法治建设的规划、行动计划，对于惠州市村居法治建设不能进行长远布局、长期谋划，对于中短期目标和纲领也缺乏明确指引。在地方立法方面，惠州市没有完全充分利用法律授予的地方立法权，村居社会治理方面的地方性法规的立法进度仍需加快，并且缺乏村居法治建设方面的专门性地方性法规，还需努力将政府各项涉村居工作纳入法治化轨道。

在政府规章和行政规范性文件方面，惠州市各级政府及其组成部门在权限范围内进行了有关制定和实施活动，但仍需要进一步提升和完善，特别是在政府行政权与村居自治的关系处理方面。现有政府规章对于村居自治制度的保障不足，没有明确政府在村居法治建设过程中的职责范围，导致乡镇政府往往以行政命令的方式要求村居自治组织承担有关行政性事务，村居组织检查评比事项过多，有的甚至会干预村居自治组织自治范围内的事务；各级政府及其组成部门在立规方面存在被动心理，面对新问题，不能及时制定或者修改。

在村规居约方面，惠州市目前的村规居约在形式和内容上尚需进一步优化调整。有的村规居约对法律法规的吸纳和宣传不足，不能有效发挥村规居约在村居法治建设中的积极作用；有的村规居约存在违反国家法律法规的内容，有的村规居约的某些内容与国家法律法规相冲突；有的村规居约在弘扬中华优秀传统文化方面存在一些不足；有的村居需要在村规居约中进一步重视弘扬崇德向善、扶危济困、扶弱助残、向上向善、孝老爱亲、重义守信、勤俭持家等传统美德，加强对淳朴民风的培育；有的村居存在讲排场、比阔气等不良风气，村规居约缺乏有效的规范；有的村规居约在内容上缺乏有效的保障实施，存在形式化、纸面化、单纯口号宣示化的倾向。

三、村居法治建设的执行能力需要进一步增强

健全和完善村居法治建设的组织体系和规范体系是顺利推进村居法治建设的前提，而处理具体村居法治建设事务对执行能力提出了更高要求，是关系村居法治建设实际效果的关键因素，这也是当前惠州市一些村居地区亟待提升的方面。

惠州市村居法治建设实践表明，惠州市各级党委政府愈发重视村居法治建设，但是有的党委政府不能完整、及时地贯彻和落实与村居法治建设相关的法律、法规、政策，仍然缺乏对村居法治建设重要性的认识；有的党委政

府没有把村居法治建设作为重点任务、核心任务来抓，执行力度不足；有的党委政府或者组成部门履行职责不力，存在不作为现象；有的党政部门则存在乱作为、滥作为的现象，干涉村居自治，没有充分发挥村居本身在村居法治建设中的主导作用。

有的村居的党组织不具备或者欠缺对村居法治建设的领导能力，有的村民委员会、居民委员会增强村居民自我管理、自我教育、自我服务的能力有限。具体表现为：有的村居干部工作积极性不高，存在得过且过的消极敷衍思想；有的村居干部民主法治意识淡漠，在村居事务上独断专行；有的村居干部运用现代科技手段进行村居治理的能力不强；有的村居干部有关减少和化解村居不和谐因素、维护村居社会安定的办法不多；有的村居干部作风不实、漠视群众、弄虚作假、优亲厚友，造成干群党群关系紧张；有的村居干部把权力当成"摇钱树"，搞"微腐败""雁过拔毛""小官巨贪"时有发生；有的村居党员年龄普遍偏大，适应村居发展变化的能力较弱；有的村居党员在思想意识、党性修养、为民服务宗旨上出现动摇，先锋模范作用没有发挥出来。

有的村居民干扰破坏村居"两委"换届选举，利用宗族势力左右选举，甚至成了"村霸"和形成黑恶势力，违反国家法律、违反村规居约、危害村居社会秩序；有的村居民对村居内事务漠不关心，甚至抵触村民会议、居民会议或者村民代表会议的决议，不服从村民委员会、居民委员会的管理；有的村居民法律意识淡薄，不积极学习法律知识；有的村居民在遇到矛盾纠纷等法律问题时，不遵法、守法、用法，存在诉诸暴力、威胁他人等问题，甚至故意违法犯罪。

就当前惠州市的村居法治建设而言，有的党委和政府官员的观念认识还没有真正转到法治方面，仍然为"管治"观念、"控制"思维，与法治村居建设的要求还有些距离；以法治为保障的现代村居治理体制尚没有真正建立。不少村居存在班子软、产业弱、村庄乱、民心散的问题，村居法治建设组织软弱且单一，行政控制方式在村居法治建设中较为突出，传统治理手段失灵，优秀传统法治资源不能融入当前村居法治建设，村居法治建设人才缺乏并且对人才提出了更高的要求。这些问题也是惠州市村居法治建设必须要予以积极应对的问题。

惠州市的村居治理、村居法治建设需要应对当今村居生产方式变动、乡村人口数量持续减少、村居社会流动性加大、村居组织弱化、村居共同体减弱、固有规范失灵、村居人际关系疏离、村居民安全感缺乏等情态的全面挑战。惠州市推进村居法治建设并走向良法善治还面临着艰巨的任务，需要进行长期的努力。

第二节　提高对村居法治建设意义的认识

全面依法治国，建设法治村居是应有之义。在新的时代背景和发展要求之下，我们需要进一步深化对村居法治建设重要性的认识，深刻理解法治对村居治理的引领作用、规范作用、保障作用，全面认识村居法治建设与法治国家建设、法治社会建设的关系，深刻把握村居法治建设与地方法治建设、区域法治建设的关系，正确处理村居法治建设与国家治理、市域社会治理、城乡基层治理的关系，认真对待村居法治建设与地方秩序稳定和谐、村居经济社会发展的关系，不断推进村居法治建设。

一、村居法治建设与法治国家建设、法治社会建设

全面依法治国，法治国家、法治政府和法治社会一体建设是基本要求。农村地区的村民委员会和城市地区的居民委员会都是我国基层社会的有机组成部分。法治的普遍性、整体性并不对城乡村居进行简单区分，城市和乡村在资源配置、社会发展等方面都是一体的。在法治建设方面，城市和乡村是一致的，二者是相互借鉴的关系，城市法治的成熟经验可以适用于乡村法治，而乡村固有的法治资源也可以为城市法治所借鉴。因此，村居既是村居法治建设的最直接治理单元，也是法治社会、法治中国建设的基层治理和实践单元。一方面，建设中国特色社会主义法治体系，走中国特色社会主义法治道路，建设良法善治的法治中国，都离不开亿万基层村居的法治建设。惠州市加强法治村居建设是我国推进全面依法治国、实施乡村振兴战略的基础性工作，是法治中国建设在惠州市村居这一特定区域范围内的展开和实践。法治中国建设的指导思想、主要原则、总体目标、具体制度都要在村居法治建设领域得到具体的贯彻落实。另一方面，村居法治建设是提高城乡基层社会治理法治化水平的重要组成部分，因此惠州市村居法治建设也是法治社会建设的重要构成。完善党委领导、政府负责、民主协商、社会协同、公众参与、

法治保障、科技支撑的社会治理体系，打造"共建共治共享"的社会治理格局，离不开村居法治建设。惠州市加强村居法治建设，能够补齐城乡基层社会在公共法律服务等法治建设方面的短板和不足，促进城乡融合发展、一体发展，提高整个社会的依法治理水平。

二、村居法治建设与地方法治建设、区域法治建设

法治中国建设是全面依法治国的总体目标、总体方案，全面依法治国需要通过地方法治建设予以具体落实。我国宪法明确规定，国家维护社会主义法制的统一和尊严，同时中央和地方的国家机构职权的划分，遵循在中央的统一领导下，充分发挥地方的主动性、积极性原则。法治国家建设和地方法治建设密不可分。法治的整体状况在很大程度上取决于地方法治建设的综合水平。村民委员会（居民委员会）是我国在乡镇人民政府（街道办事处）之下设立的基层群众性自治组织，因此惠州市村居法治建设也是地方法治建设的基础。从地方区域法治建设本身来看，村居法治建设与城市法治建设都是区域法治建设的重要组成部分。相较于城市社区，村居具有数量众多、人口分布范围广、公共法律服务资源不足等特征，村居法治建设要求投入更多的法治资源，需要处理好传统治理资源与现代法治规则要求之间的复杂关系。因此，惠州市村居法治建设是区域法治建设的主体部分，是区域法治建设的重中之重。

三、村居法治建设与国家治理、市域社会治理、城乡基层治理

法律是治国之重器，法治是治国理政的基本方式，法治是国家治理体系和治理能力的重要依托。村居法治建设是国家治理、市域社会治理、城乡基层治理的应有之义。惠州市村居法治建设既是国家治理体系的重要组成部分，也是市域社会治理、城乡基层治理的重要组成部分。市域社会治理是从"市域"这一行政区划范围的整体角度出发，城市和乡村皆统一于"市域"；城乡基层治理则是从"城乡基层"这一市域内部地理空间的角度出发，二者都包含村居法治建设，城市治理和乡村治理在此意义上具有一致性。村居法治建设是依法治市的基础性工作。《法治中国建设规划（2020-2025）》（2021年1月10日）提出要"广泛推动人民群众参与社会治理，打造共建共治共享的社会治理格局。完善群众参与基层社会治理的制度化渠道。加快推进市域社会治理现代化"。《法治社会建设实施纲要（2020-2025）》（2020年12月7

日）同样强调要"开展市域社会治理现代化试点，使法治成为市域经济社会发展的核心竞争力。深化城乡社区依法治理，在党组织领导下实现政府治理和社会调节、居民自治良性互动"。惠州市的市域社会治理、城乡基层治理都要坚持依法治理，都要以法治为保障，这是国家治理、市域社会治理、城乡基层治理现代化的重要体现。村居法治建设更是对城乡基层治理具有重要的引领、规范、保障作用。村居法治建设是城乡基层治理的基础性工作，村居自治由法治保障，村居德治由法治促进，法治与自治、德治相互交融。村居法治建设取得成效，能够有效引领城乡基层治理朝着良法善治的目标前进。村居法治本质上是一种规则之治，各级党委政府、村民委员会、居民委员会、村居民等参与主体在村居法治建设过程中都应当遵循法律法规。此外，村规居约、善良风俗等也是适用于村居内部的重要行为规范。良法善治意味着各参与主体的行为都必须符合法律法规、村规居约等行为规范的相应要求，充分保障城乡基层治理依法、依规、依约进行。

四、村居法治建设与地方秩序稳定和谐、村居经济社会发展

共同富裕是促进社会主义现代化、实现中华民族伟大复兴中国梦的必然要求。"共建共治共享"是实现共同富裕的必由之路。而村居法治建设则是动员全体人民群众参与"共建共治共享"的重要内容。村居法治建设既是国家治理、社会治理的重要组成部分，更是村居发展稳定的内在要求。惠州市村居法治建设植根于村居这一特定空间范围，立足于村居的法治实践，首先是对村居本身发展发挥积极的促进作用。惠州市村居法治建设首先对地方秩序稳定和谐能够发挥强大的保障作用，具体表现在发展基层民主政治、维护村居民权益、规范村居民行为、生态环境治理、化解村居社会矛盾等村居治理的方方面面。同时，稳定和谐的村居秩序又是村居经济社会发展的基础，惠州市村居法治建设本身也能够促进村居经济社会发展。发展村居产业、促进城乡融合发展、实现农业农村现代化都离不开法治的保障功能。惠州市村居法治建设能够确认农业经营者的市场主体地位、规范市场交易行为、保障农业产品质量安全、维护市场参与主体的合法权益。

第三节　推进村居法治建设的基本理念

观念是实践的先导，面对村居法治建设的诸多现实挑战，进一步推进惠州市村居法治建设。惠州市法治村居建设各参与主体需要树立一些重要的基本理念，树立法治思维、突出权利保障、坚持基层自治、吸纳优秀传统、借鉴先进做法，不断推进惠州市的村居法治建设。

一、树立法治思维

1949 年中华人民共和国成立以前，我国的村居社会主要属于"乡土中国"的范畴，通过"差序格局"，维系着私人的道德""家族""无为政治""长老统治"等治理形式形成了一种"礼治秩序"。此外，费孝通先生已注意到了传统中国乡土社会由"礼治秩序"向"法治秩序"转变的趋势，但是强调必须"在社会结构和思想观念上还得先有一番改革。如果在这些方面不加以改革，单把法律和法庭推行下乡，结果法治秩序的好处未得，而破坏礼治秩序的弊病却已先发生了"。[1]法治秩序是以法治为核心治理手段形成的社会秩序。如何处理好乡村传统治理机制和现代法治要求之间的复杂关系，是村居法治建设的核心议题。作为社会控制的一种手段，法治是人类文明发展的重要成果，是现代社会治理的智慧结晶，已经显现出了显著的治理优势。其中，法治理念、法治观念更是法治的核心和灵魂，体现了法治的价值追求和精神实质。中华人民共和国成立以后，我国的法治建设进入了一个不断探索、不断发展的阶段。改革开放后特别是党的十八大以来，我国农村地区的法治建设进入了一个崭新的历史时期，并专门提出了基层治理法治化、法治乡村等理论命题。在法治观念方面，从 1986 年开始，我国启动了五年一周期的普法宣传活动，国家机关及其工作人员、人民群众的法治观念不断增强。相对而言，我国乡村地区民众的法治观念亟待提高。但是，全面依法治国、建设社会主义法治国家也对全社会的法治观念提出了更高的要求。法治在完善中国特色社会主义制度、推进国家治理体系和治理能力现代化中的地位和作用也越来越突出。推进惠州市村居法治建设，无论是党政机关工作人员，还是每一位村居民，首先都应当进一步增强法治理念，坚定建设法治村居的信念，树立依法治理村居的观念，在思想上打破城乡二元对立的传统治理观念，认识到村居法治建设之于村居社会发展的重要意义和重要价值，从而为推进村居法治建设提供坚强的思想支撑。参与惠州市村居法治建设的多元主体增强法治理念也不是空洞、抽象的，应当坚持在法治实践中强化法治理念，在落

---

〔1〕　费孝通：《乡土中国》，人民出版社 2008 年版，第 72 页。

实法治理念中指导法治实践，将法治理念全面贯彻和落实到村居法治建设的立法、执法、司法和守法等各个环节。

二、突出权利保障

维护和保障权利是法治的核心要义。我国的法治国家建设、法治社会建设，归根结底都是为了人民，同样也必须依靠人民。惠州市村居法治建设是法治国家、法治社会建设的重要组成部分，也必须坚持以村居民为中心的发展思想，突出权利保障，把服务好村居民、造福村居民作为村居法治建设的出发点和落脚点，着力增强村居民在法治村居建设全过程中的获得感、幸福感、安全感。为了进一步推进惠州市村居法治建设，各级党政机关及其工作人员必须继续坚持以村居民为中心、以权利保障为重点的思想观念。惠州市村居法治建设以村居民为中心，意味着村居法治建设必须以权利保障为重点，着力保护村居民的人身、财产等合法权益不受非法侵犯，不能以牺牲或者损害村居民的合法权益为代价。根据我国宪法及法律，村民除了享有平等权、选举权与被选举权、监督权、宗教信仰自由等公民基本权利之外，还有一些特殊性、专属性权利，这些都是村居法治建设过程中应当予以保护的权利形式。宪法明确规定在城市基层设立居民委员会、在农村地区设立村民委员会作为群众性基层自治组织，这是村居民政治权利的重要体现，也是村居民参与村居法治建设的主要组织载体。根据《宪法》第8条、第10条等条文，我国在农村地区还成立了专门性的农村集体经济组织，对农村耕地、山林等集体资源行使集体所有权。具有农村集体经济组织成员资格的村民享有农村土地承包经营权、宅基地使用权等权利，这些权利是保障村民生产生活、促进农村经济社会发展的重要基础。我国正在推进承包地、宅基地等农村土地制度"三权分置"改革。惠州市在改革过程中更应重视对村居民权利的保护，重视在充分试点和探索的基础上审慎推广和实施。

三、坚持基层自治

基层群众自治制度是由我国宪法明确规定的一项基本政治制度，同时又有《村民委员会组织法》《城市居民委员会组织法》等法律法规的进一步落实，因此，我国的基层群众自治制度是法律治下的群众自治，是由法律制度保障的群众自治，是依法自治。进一步发挥村民委员会、居民委员会等基层群众性自治组织的积极作用，本身就是惠州市村居法治建设的基本要求，也是法治国家、法治社会一体建设的要求。另一方面，推进依法行政，建设法治政府，也要求惠州市的各级政府参与包括村居法治建设在内的乡村事务。

推动一种社会秩序的形成，大致可以分为内部力量和外部力量两类，二者相互协同、共同作用，内部力量是社会秩序形成和维持的根本性动力，而外部力量主要发挥辅助和支持作用，村居法治建设亦是如此。村居法治建设应当充分调动和发挥村居党组织、村民委员会、居民委员会、村务监督委员会、村民小组、村民理事会、村民等内部主体的能动作用。村居民是村居法治建设的决定性力量，其地位尤其重要。以村居民为成员组成的各种内部力量是通过村居法治建设实现良法善治目标的根本保障。政府、社会组织等外部力量也是村居法治建设的重要参与者，但其积极作用的发挥必须依赖于村居内部力量的协助，特别是村居民的主动参与。各种外部力量在服务村居法治建设过程中应当积极促进村居内部各主体的成长、成熟，帮助村居法治建设内部主体提高治理能力，扶助村居法治建设内部主体提升治理水平，做到既输血更造血，重在培育村居法治建设内部主体，着重大力培养村居法治建设内部主体的年轻力量，为村居法治建设奠定扎实的组织基础和人才基础，确保惠州市村居法治建设的连续性、持续性、长期性。

关于政府与居民委员会、村民委员会的关系，《城市居民委员会组织法》《村民委员会组织法》进行了相应的规制。一方面，居民委员会协助不设区的市、市辖区的人民政府或者它的派出机关开展工作；村民委员会协助乡、民族乡、镇的人民政府开展工作，向人民政府反映村民的意见、要求和提出建议。"协助"表明村民委员会的主要职责是落实和保障村民自治，而不是完全承接上级政府的各项工作，村民委员会与乡镇人民政府之间不是行政上的上下级关系。具体而言，村民委员会的主要事务是在农村地区实行民主选举、民主决策、民主管理、民主监督，办理本村的公共事务和公益事业，调解民间纠纷，促进乡村经济社会发展。具体到村居法治建设领域，村民委员会在这一过程中也是重要且关键的中间组织，承担的职责主要是协助。在村居法治建设领域制定了许多法律法规、政策等规范，这些规范需要通过惠州市各级政府（特别是乡镇人民政府、村民委员会）向农村地区人民群众进行普法、宣传和解读，也需要通过村民委员会落实到村居法治建设的实践过程之中。办理本村公共事务和公益事业是村民委员会的主要职能，解决矛盾纠纷则是村民委员会在法治建设过程中的主要事项。当涉及乡村社会一般性矛盾纠纷解决时，如果乡村社会内部机制不能解决，公安机关、调解部门等政府机构也需要介入，村民委员会此时主要发挥协助功能，协助进行事实调查、协商调解、执行等。如果涉及一些严重违法犯罪行为，公安机关、检察机关也需要对村民委员会、村民等协助进行案件侦查、调查。在案件执行层面，当前我国对被判处管制、宣告缓刑、假释和暂予监外执行的罪犯，依法实行社区矫正。根据《社区矫正法》的规定，居民委员会、村民委员会应当依法协助政府社区矫正机构做好社区矫正工作。而对于村民在村居法治建设过程中提出的各种意见、要求和建议，村民委员会对于属于村民自治范围内的事项应当在内部及时妥善解决，而对于村民委员会自身不能解决的则应当及时向政府反馈，并协助政府做出处理。这是惠州市村居法治建设的应有之义。

另一方面，根据法律，不设区的市、市辖区的人民政府或者它的派出机关对居民委员会的工作给予指导、支持和帮助；乡、民族乡、镇的人民政府对村民委员会的工作给予指导、支持和帮助，但是不得干预依法属于村民自治范围内的事项。惠州市理顺政府与村民委员会关系的核心是处理好"指导、支持和帮助"与"不得干预"的关系。政府对有关村民委员会的下列事项有指导、支持和帮助之权责：①村民委员会的设立、撤销、范围调整，由乡、民族乡、镇人民政府提出，经村民会议讨论同意，报县级人民政府批准。②乡级或者县级人民政府负责调查并依法处理以暴力、威胁、欺骗、贿赂、伪造选票、虚报选举票数等不正当手段，妨害村民行使选举权、被选举权，破坏村民委员会选举的行为。③村民自治章程、村规民约以及村民会议或者村民代表会议的决定，如果存在与宪法、法律、法规和国家的政策相抵触或者有侵犯村民的人身权利、民主权利和合法财产权利的内容，乡、民族乡、镇人民政府有权责令改正。④村民委员会不及时公布应当公布的事项或者公布的事项不真实的，村民有权向乡、民族乡、镇人民政府或者县级人民政府及其有关主管部门反映，有关人民政府或者主管部门应当负责调查核实，责令依法公布。⑤村民委员会成员的任期和离任经济责任审计，由县级人民政府农业部门、财政部门或者乡、民族乡、镇的人民政府负责组织，审计结果应当公布，其中离任经济责任审计结果应当在下一届村民委员会选举之前公布。⑥村民委员会不依照法律、法规的规定履行法定义务的，由乡、民族乡、镇的人民政府责令改正。⑦人民政府对村民委员会协助政府开展工作应当提供必要的条件；人民政府有关部门委托村民委员会开展工作需要经费的，由委托部门承担。关于"不得干预",《村民委员会组织法》第 36 条第 3 款规定:"乡、民族乡、镇的人民政府干预依法属于村民自治范围事项的,由上一级人民政府责令改正。"对于"村民自治范围事项",乡镇人民政府不得非法干预。

《城市居民委员会组织法》《村民委员会组织法》规定的"指导、支持和帮助"事项涉及居民自治、村民自治的民主选举、民主管理、民主决策、民主监督等各个方面,这些事项也都是村居法治建设的重要内容。无论是居民委员会、村民委员会的"协助",还是人民政府或者它的派出机关、乡镇人民政府的"指导、支持和帮助"与"不得干预",核心命题都是居民自治、村民自治范围事项的界定。但是法律法规对此也只有一些原则性的规定,立法没有必要也不可能穷尽所有具体的乡村治理事务。并且,由于村居治理实践的复杂性、地域性和特殊性,不同政府部门或者居民委员会、村民委员会对居民自治、村民自治事项可能存在不同的认知和理解,从而可能导致政府行政权与居民自治、村民自治的矛盾。新中国成立后特别是改革开放以来的基层法治实践已经积累了比较丰富的治理经验,其中重要的经验是在法治框架内处理政府行政权与居民自治、村民自治的关系,实现村居法治建设与居民自治、村民自治的协调与融合。从本质上看,居民自治、村民自治与村居法治建设是一致的,居民自治、村民自治本身就是村居法治建设的重要组成部分,更是落实宪法法律关于村民自治制度的直接体现。惠州市建设法治村居,要求在城市地区继续巩固和完善居民自治制度、在农村地区继续巩固和完善村民自治制度,用法治理念和法治思维推进和完善居民自治制度、村民自治制度,通过法律规范和保障居民自治制度、村民自治制度,并依法监督居民自治、村民自治,运用法治手段及时纠正居民自治、村民自治中与宪法、法律、法规和国家的政策相抵触的行为,但是绝对不能以法律、法治的名义限制、剥夺和变相限制、剥夺居民、村民的自治权,通过所谓的"法治"消解居民自治制度、村民自治制度。

居民自治、村民自治是我国发展基层民主政治的最主要形式,村居公共事务、公益事业、村居矛盾纠纷等在绝大多数情况下都属于村居自治事务,依赖于村民委员会、居民委员会、村民小组、村民理事会等村居内部组织或者村居民基本都可以应对和解决,并不需要政府等外部力量的过多介入。即使政府、社会组织等外部力量介入村居治理,它们也是发挥协助作用,不可能完全代替村民委员会、居民委员会等内部力量,否则脱离村居民的村居治理很难奏效，村居法治建设良法善治的目标也不会实现。同时，我们也应当客观看到在全面推进乡村振兴战略、促进农业农村现代化的时代背景下，政府行政权事实上参与了脱贫攻坚、村庄规划、产业发展、公共服务等诸多事项，在促进城乡融合发展方面发挥了主要作用，并对村居法治建设、村居治理产生了重要影响。其次，政府行政权本身就有单方意志性、主动性等特征，村居本身也是政府行政权行使的范围，这就要求惠州市在法治框架内更好地发挥政府的"指导、支持和帮助"作用，坚持以治理而非管理、以服务而非强制的思维行使行政权，减少对村居事务的非法干预。当然，如果村居社会内部发生严重矛盾纠纷、违法犯罪行为或者重大突发公共事件等特殊事项，惠州市政府也应当合理、审慎运用行政权，及时介入处理，及时妥善解决，维护国家利益、集体利益和村民的合法权益。

四、吸纳优秀传统

村居法治建设以我国村居社会为治理对象，而我国村居社会本身就处在不断发展变化的过程中，从而沉淀形成了丰富的优秀历史文化传统和治理资源，这些对于当前村居法治建设亦能发挥重要的促进作用，需要我们继续深入挖掘和传承优秀历史文化传统、治理资源。历史上的中国基层社会治理主要依靠乡绅、宗族等民间地方权威进行自治，按照地方性制度进行治理。这些地方性制度包括乡规民约、家法族规、善良风俗等，对我国的村居治理体制的选择和演变产生了深远影响，也是惠州市当前村居法治建设的重要治理资源。

惠州市村居法治建设以促进村居基层社会治理、国家治理体系和治理能力现代化为目标，以现代法治精神、法治原则、法治思维为重要遵循，强调法律规范的制定、实施和遵守，从而建立一个法律主导的乡村社会。但是，"法治应包含两重意义：已成立的法律获得普遍的服从，而大家所服从的法律又应该本身是制订得良好的法律"。[1]良法善治中的"良""善"都蕴含着一定的价值判断，而这价值判断与我国包含法律文化在内的优秀历史文化传统有密切的联系。惠州市村居法治建设的前提和基础是制定形成符合村居法治建设需要的良法体系。总体上，惠州市各层次的立法、立规、立约都应当重视对中华优秀传统法律文化创造性转化、创新性发展，特别注重传承民为邦

---

〔1〕　〔古希腊〕亚里士多德：《政治学》，吴寿彭译，商务印书馆1965年版，第199页。

本、礼法并用、以和为贵、明德慎罚、执法如山等中华法系的优秀思想和理念，重视保护尊老爱幼、邻里和睦、团结友善等良善伦理道德。同时，不同层次的立法立规立约也应根据立法任务、立法目标、实施范围等的不同，有所侧重，做到科学立法。宪法、法律、行政法规等适用于全国范围内的村居法治建设，在内容上应当强调原则性、普遍性。而地方性法规特别是行政规范性文件等专门适用于地方村居法治建设的规范，应当更加重视地方性历史文化传统和治理资源的挖掘和传承，增强当地人民群众的认同感。《村民委员会组织法》《城市居民委员会组织法》将"村规民约""居民公约"作为实行村居自治的一种有效行为规范形式，本身就体现了对传统治理资源的传承和发展。村规居约的内容主要针对的是村居日常家庭生活、公共生活，既涉及村居自治、普法宣传、乡村振兴、城乡融合发展等当代村居发展事项，也包含婚姻家庭秩序维持、邻里团结互助等蕴含历史文化传统的事项。按照法治原则，村规居约的内容不得与宪法、法律、法规、政策相抵触，除了村居内部按照程序修订之外，乡镇人民政府、街道办事处也有权责令改正。惠州市的村规居约应当以为人民群众所喜闻乐见的形式呈现，以人民群众的身边事为主要内容，在制定程序和制定内容上首先强调和坚持村居民的中心地位，保障村居民权利，使村规居约真正成为村居民普遍认可和自觉遵守的行为规范。

"徒善不足以为政，徒法不能以自行。"[1]立良法是惠州市村居法治建设的前提和基础，善治则是将良法实际应用到社会生活的关键。在由国家制定法、行政规范性文件、村规居约等构成的村居发展建设良法体系中，国家制定法主要依赖政府、人民法院、人民检察院等根据法律授权在各自职权范围内实施，行政规范性文件则是由政府或者经法律、法规授权的具有管理公共事务职能的组织实施，村民委员会等村居内部力量都主要发挥协助作用。相应地，每一位村居民都应当遵法、守法、用法，成为村居法治建设的参与者。对于严重危害和侵犯国家利益、集体利益和公民合法权益的违法犯罪行为，村民委员会、居民委员会、村居民等应当积极向公安机关、人民检察院等机关举报、提供线索或者配合调查，这是村居法治建设的基本要求。群防群治、网格化治理等当前村居法治建设的措施实际上也都有深厚的历史渊源，传统

---

[1] 李学勤主编，《十三经注疏》整理委员会：《十三经注疏·孟子注疏·卷第七上·离娄章句上》，北京大学出版社 1999 年，第 185 页。

中国的基层社会治理主要依赖家族宗族等基层社会内部组织和人员，强调乡民的参与，这是惠州市当前村居法治建设依然需要坚持和遵循的基本理念。

在村居法治建设的背景下，惠州市村规居约等村居社会规范主要依赖基层村居社会内部保障实施，同时也需要行政机关、司法机关等组织在必要时提供有力的法治保障，从而建立起村居内部组织与村居外部组织相互配合、相互协助的实施保障机制，增强村规居约的可执行力。推进村居法治建设，需要进一步完善村规居约的制定和实施，传统乡规民约制度能够提供有益借鉴，特别是要重视所有村居民的全程参与，积极改进内部实施和保障机制，做到公平、公正、公开。惠州市村规居约的实施保障机制要在法治之下运行，并且要建立与外部相关国家组织的有效连接机制，实现自治与法治的有机结合，同时在实施过程中，重视发挥德治的积极作用，强调道德教化，而不是简单地、过度地使用强制性措施，在村居法治建设实践中促进自治、法治、德治（德化）相结合。

五、借鉴先进做法

村居法治建设是一项全国性、整体性的治理事务，是推进全面依法治国、建设法治中国的重要组成部分，事关国家治理体系和治理能力现代化。包含惠州市在内的全国不同地区围绕村居法治建设，根据法律法规和中央决策部署，立足于当地的实际发展状况，积极探索，勇于创新，取得了显著效果，积累了丰富经验。《关于加强法治乡村建设的意见》（2020年3月）也明确提出："注重培育、选树、宣传法治乡村建设中的好经验、好做法，发挥典型引领示范作用，推动法治乡村建设创新发展。"我国正在推行全国民主法治示范村（社区）建设活动，其目的也是通过考核评价，发挥典型案例、典型经验的示范引领作用。但是，惠州市借鉴和学习全国其他地区的成功经验和做法，不能盲目照搬照抄，需要遵循一定的规律和方法，贴近地方实际，做好经验转化。

惠州市需要以开放、包容和学习的态度认真对待其他地区的成功经验和做法。从我国基层村居治理的长期发展历史来看，村居法治建设起步时间晚，是一项新课题、新任务，面临诸多新挑战、新问题、新矛盾，全国暂时还没有形成一个可以通行全国、适用于全国的普遍性制度。我国土地承包经营制度、村民自治等农村改革的历史经验表明，成熟、成功的地方制度探索实践可以推广至全国。当前，全国各地在村居法治建设方面仍处于探索、摸索阶段。在这一探索阶段，有的地区可能就会采取创新性措施，取得阶段性成果，而这些创新性措施对于其他地区就可能会存在借鉴和推广价值，以减少不必要的弯路，避免可能出现的问题。在推进法治村居建设的过程中，各地都应当坚持以开放、包容和学习的态度，而不能夜郎自大、故步自封。

惠州市各村居应当根据当地实际，取长补短，将其他地区的成功经验和做法转化为地方实践。对于其他地区的成功经验和做法，我们应当从普遍性和特殊性、共性和个性的角度，全面分析，深入对比。村居法治建设从宏观整体上需要遵循法治建设的一般规律、普遍做法，我国在法治村居建设、城乡基层治理方面制定了许多法律法规、政策措施，这对于全国都具有普遍适用意义，是从整体上对村居法治建设进行制度设计。其中，有一些制度设计和做法，例如一村（居）一法律顾问，本身也是从地方实践总结出来的。因此，惠州市村居法治建设的指导部门应当及时进行评价考核监督，出台激励措施，鼓励地方创新，做好对地方村居法治建设经验的总结、整理和推广工作，充分利用网络等媒介做好宣传推广工作，为其他地区的借鉴和学习提供便利渠道。各地对于其他地区的成功经验和做法，应当做到取长补短、为我所用，综合分析成功经验和做法的具体适用环境和适用条件，在综合考虑地方实际、地方问题和地方需要的基础上，做到创造性转化和应用。惠州市村居法治建设的出发点和落脚点是实现好、维护好、发展好最广大人民群众的根本利益，这是检验村居法治建设成效的根本标准，绝不是搞形式主义，绝不是简单地从表面上建构一套制度体系。

第四节　加强村居法治建设的主要建议

《法治社会建设实施纲要（2020-2025年）》（2020年12月7日）提出："到2025年，'八五'普法规划实施完成，法治观念深入人心，社会领域制度规范更加健全，社会主义核心价值观要求融入法治建设和社会治理成效显著，公民、法人和其他组织合法权益得到切实保障，社会治理法治化水平显著提高，形成符合国情、体现时代特征、人民群众满意的法治社会建设生动局面，为2035年基本建成法治社会奠定坚实基础。"基于村居法治建设的当前探索和实践，展望村居法治建设的短期和长期目标，惠州需要及时对标法治社会建设目标，积极应对村居法治建设的现实挑战，深入学习、宣传、贯彻习近平法治思想，通过制定五年行动规划、加强地方立法工作、重视村规居约建设、增强全民法治观念、尊重鼓励制度创新、严格执行各项制度、促进人员双向流动、加大支持保障措施，进一步推进村居法治建设，提升村居法治水平，建设良法善治的法治村居，夯实依法治市基层基础。

一、制定五年行动规划

惠州市村居法治建设目标深远、任务艰巨，为此建议制定《惠州市村居法治建设五年行动规划（2021-2025 年）》（以下简称《五年行动规划》）。基于惠州市村居法治建设的实践和需要，惠州市负责总体统筹各项工作，组建专班，研究制定和发布《五年行动规划》，总体筹划、全面指导下一步的惠州市村居法治建设。在具体工作机构和人员组成方面，惠州市宜发文确定由惠州市委政法委员会牵头组织、直接负责，惠州市委组织部、惠州市委宣传部、惠州市中级人民法院、惠州市人民检察院、惠州市司法局、惠州市公安局、惠州市民政局、惠州市农业农村局、惠州市财政局等各相关机构共同参与，从各部门抽调人员专门负责规划的制定和于后期实施协调工作。

在框架结构方面，《五年行动规划》应当立足于惠州市村居法治建设，参照《法治中国建设规划（2020-2025 年）》（2021 年 1 月 10 日）、《法治政府建设实施纲要（2021-2025 年）》（2021 年 8 月 11 日）、《法治社会建设实施纲要（2020-2025 年）》（2020 年 12 月 7 日）等规划，确定总体要求、明确指导思想、明晰基本原则、确定建设目标、合理分解建设任务。

在内容方面，《五年行动规划》要坚持落实国家规划与突出惠州特色相结合，重点突出以下几个方面：①根据立法规划，制定《惠州市村居法治建设促进条例》《惠州市村规居约指导条例》等地方性法规，加强地方立法保障；②明晰和确定惠州市委、惠州市人民政府、惠州市委政法委、惠州市人民法院、惠州市人民检察院、惠州市司法局、乡镇人民政府、街道办事处、村民委员会、居民委员会等参与主体在村居法治建设过程中的职责，做到责任单位明确；③继续巩固"一村（居）一法律顾问"等既有制度，进一步探索和实践促进城乡基层公共法律服务均等化的制度，完善公共法律服务体系；④规定《五年行动规划》的实施保障机制，加强人员、资金等保障。

二、加强地方立法工作

根据《宪法》《立法法》等法律确立的立法体制，作为设区的市，惠州市人民代表大会及其常务委员会可以根据惠州市的具体情况和实际需要，在不同宪法、法律、行政法规和广东省的地方性法规相抵触的前提下，可以对城乡建设与管理、环境保护、历史文化保护等方面的事项制定地方性法规；惠州市人民政府可以根据法律、行政法规和广东省的地方性法规，就城乡建设与管理、环境保护、历史文化保护等方面的事项制定规章。《关于加强和完善社区治理的意见》也明确指出："有立法权的地方要结合当地实际，出台城乡社区治理地方性法规和地方政府规章。"村居法治建设属于城乡建设与管理，也涉及环境保护、历史文化保护等事项，属于地方立法权的范围。惠州市人民代表大会及其常务委员会有权制定村居法治建设领域的地方性法规，惠州市人民政府可以制定相关规章，从地方立法的角度保障村居法治建设。

（一）建议制定《惠州市村居法治建设促进条例》等地方性法规

目前，惠州市人民代表大会及其常委会制定了几部地方性法规，但是缺乏关于村居法治建设的专门性地方性法规。因此，建议惠州市人民代表大会及其常委会应启动《惠州市村居法治建设促进条例》《惠州市城乡公共法律服务促进条例》《惠州市村规居约指导条例》等地方性法规的制定程序，开展村居法治建设其他领域的地方性法规的立法规划、立法调研，并在条件成熟时及时启动相关制定工作。

1. 建议制定《惠州市村居法治建设促进条例》

制定《惠州市村居法治建设促进条例》，应当首先坚持维护国家法制统一，贯彻落实国家法律、法规、政策的相关内容，同时还要结合惠州地方的实际治理需要，总结实践经验，突出地方特色，做到科学立法、民主立法，提高立法的针对性和可操作性。

在具体内容方面，《惠州市村居法治建设促进条例》需要考虑：①重点理清理顺村居法治建设各主体之间的关系，特别是要明确村民委员会、居民委员会、村居民等村居内部力量的主体地位，规范各级人民政府特别是乡镇人民政府、人民法院、人民检察院等国家机关参与村居法治建设的职权职责，鼓励、支持企业事业单位、各类社会组织、律师等专业人士等社会力量参与法治宣传、人民调解等活动；②重点明确市和区县司法行政部门、民政、农业农村、公安、综合行政执法、财政、文广旅游、自然资源规划、生态环境、住建、交通运输、卫生健康、市场监管等不同政府部门在村居法治建设中的具体职责，做到职责明晰；③规范村居法治建设的内容，明确村居法治建设的任务；④进一步加强和完善基层群众自治制度，增强村居自治的法治化、规范化、制度化建设，保障村居民合法权益，促进基层民主政治发展；⑤明确村居法治建设的人员、经费等各种保障条件和法律责任，保证村居法治建设的顺利推进。

2. 建议制定《惠州市城乡公共法律服务促进条例》

惠州市在城乡公共法律服务方面取得了巨大成效，积极探索和实践"村（居）法制副主任""一村（居）一法律顾问""一村（居）一警""司法惠民工作室"等制度。惠州市人民代表大会及其常委会可以启动立法工作，及时将这些成熟的制度实践加以立法，及时总结现有经验，将其规范化、制度化、体系化，全面推进完善城乡公共法律服务体系。《惠州市城乡公共法律服务促进条例》在内容方面应突出以下几方面：①梳理和明确政府部门和相关人员的职责，确保人员配置，认真履行好工作职责，调整和优化现有各类型法律服务工作者的服务范围，做到便民利民；②明确城乡公共法律服务的具体内容；③加强经费等工作保障，促进城乡公共法律服务长期健康发展，如规定各级财政部门必须保障每个村（社区）每年平均不低于2万元，鼓励村居自筹其他保障经费。

3. 建议制定《惠州市村规居约指导条例》

村规居约在惠州市村居法治建设过程中已经发挥了显著的促进作用，同时在内容、保障等方面需要进一步完善，以适应新时期村居法治建设的要求。为进一步规范村规居约，建议惠州市人民代表大会及其常委会制定《惠州市村规居约指导条例》，以地方性法规的形式确认和保障村规居约在居民自治、村民自治和村居法治建设中的地位和积极作用。

关于村规民约的形式，《惠州市村规居约指导条例》不必进行强制性的规定，可以规定由村居自主选择和决定适用。

关于村规居约的内容，《惠州市村规居约指导条例》可以进行概括性、原则性指导和规范。村规居约的内容主要包括以下几个方面：①规范日常行为。爱党爱国，践行社会主义核心价值观，尊法、学法、守法、用法，正确行使权利，认真履行义务，积极参与公共事务，共同建设和谐美好村、社区等。②维护公共秩序。维护生产秩序，诚实劳动、合法经营，节约资源、保护环境；维护生活秩序，注意公共卫生，搞好绿化美化；维护社会治安，遵纪守法，勇于同违法犯罪行为、歪风邪气作斗争等。③保障群众权益。坚持男女平等基本国策，依法保障妇女儿童等群体正当合法权益等。④调解群众纠纷。坚持自愿平等，遇事多商量、有事好商量，互谅互让，通过人民调解等方式友好解决争端等。⑤引导民风民俗。弘扬向上向善、孝老爱亲、勤俭持家等优良传统，推进移风易俗，抵制封建迷信、陈规陋习，倡导健康、文明的绿色生活方式等。

关于村规居约的备案审查制度，《村民委员会组织法》和《城市居民委员会组织法》都只规定了备案制度，但对于审查却没有进行规制，备案与审查之间的衔接程序也缺乏相应的规制。因此，根据村居法治建设的实际需要，《惠州市村规居约指导条例》可以规定由乡镇人民政府或者街道办事处负责备案，县（区）级人大常委会负责审查，并建立备案与审查之间的衔接机制。在启动程序方面，如果乡镇人民政府或者街道办事处认为村居制定的村规居约存在与宪法、法律、法规和国家的政策相抵触或者侵犯村民的人身权利、民主权利和合法财产权利的内容，由其向县（区）人大常委会提出审查，县（区）人大常委会对该村规居约进行审查，并给出审查意见，然后由乡镇人民政府或者街道办事处根据审查意见，对村规居约提出相应意见。如果县（区）人大常委会认为村规居约存在违法行为需要改正，则由乡镇人民政府或者街道办事处出具责令改正的意见；如果县（区）人大常委会认为村规居约没有违法行为，乡镇人民政府或者街道办事处则需出具不存在违法行为的意见。

4. 积极做好其他事项的地方立法准备和调研等工作

为进一步推进城乡法治一体化建设，惠州市需要根据国家有关城乡融合发展体制机制和政策体系，结合在惠州进行的宅基地改革、农村集体产权改革等改革实践，及时总结，形成可复制、可推广的制度经验，根据实践进程，建议启动和做好相关经验的立法准备和调研工作。

（二）建议制定《惠州市乡镇人民政府（街道办事处）法定行政权力事项指导条例》等政府规章

村居法治建设要求政府依法行政，不能恣意行政。惠州市各级政府除了遵循宪法法律法规之外，还可以通过制定和实施政府规章、行政规范性文件等规范，明确政府在村居法治建设中的行政职权，从而逐步形成惠州市村居法治建设的良法体系。

1. 建议制定《惠州市乡镇人民政府（街道办事处）法定行政权力事项指
   导规定》

《惠州市乡镇人民政府（街道办事处）法定行政权力事项指导规定》需要重点明确乡镇人民政府、街道办事处与村民委员会、居民委员会的关系，严格规范村居组织协助政府工作事项，需要村民委员会、居民委员会协助的事项探索实行清单制管理，一般不得随意增加。而对于需要村民委员会、居民委员会协助办理的事项，乡镇人民政府也应当提供必要的工作保障条件，真正减轻村民委员会、居民委员会的工作负担。关于政府法定行政权力指导事项，惠州市政府需要在梳理《行政许可法》《行政处罚法》《行政强制法》等法律法规的基础上，确定乡镇人民政府（街道办事处）能够办理的各类事项。

这一政府规章还需要专门明确乡镇人民政府不得干预依法属于村居自治范围的事项，让村民委员会、居民委员会回归其自治功能，保障村居依法自治，将村居基层权力分门别类，形成清单制度。目前，惠州市于2018年8月14日起施行了《惠州市村（居）民委员会工作职责事项指导目录》，有效期至2023年7月11日。该指导目录分"村民委员会工作职责事项指导目录""居民委员会工作职责事项指导目录"两大部分。在"村民委员会工作职责事项指导目录"部分，分为"村民委员会群众自治工作职责事项"44项、"村民委员会协助政府工作职责事项"66项、"应取消和禁入的事项"19项；在"居民委员会工作职责事项指导目录"部分，分为"居民委员会群众自治工作职责事项"32项、"居民委员会协助政府工作职责事项"59项、"应取消和禁入的事项"19项。由于此指导目录是惠州市民政局印发颁行的行政规范性文件，因此有必要根据施行以来的实践，及时总结、及时调整优化，将其写入《惠州市乡镇人民政府（街道办事处）法定行政权力事项指导规定》，成为惠州市政府规章，增强其权威性和执行力。

2. 及时制定与村居法治建设相关的其他政府规章、行政规范性文件

村居法治建设领域众多，惠州市人民政府需要根据自身立法权，积极发挥政府规章、行政规范性文件等规范的积极作用。惠州市人民政府要及时梳理目前现行有效的政府规章和行政规范性文件，对于部分符合制定政府规章要求的行政规范性文件，惠州市政府可以制定为政府规章，减少各部门制定的行政规范性文件的数量。如惠州市农业农村局、惠州市自然资源局于2020

年 7 月 23 日印发的《惠州市农业农村局、惠州市自然资源局关于加强乡村振兴用地保障的指导意见》属于行政规范性文件，但是其内容对于村居法治建设、村居经济社会发展具有极为重要的作用，因此建议将该事项制定为政府规章。

而对于目前还不适宜制定政府规章的事项，惠州市各级政府及其组成部门还可以继续制定和发布行政规范性文件，发挥行政规范性文件的灵活性，有效推进村居法治建设，建设法治政府。

三、重视村规居约建设

鉴于村居社会的内在乡土属性和村居法治建设的长期目标，除了在地方立法上对村规居约进行规范化之外，惠州市各村居本身可进一步重视和加强村规居约建设，强化村居民在村规居约制定和实施中的主体地位，特别注重增强村规居约制定和实施的法治化、民主化。

（一）强化村居民在村规居约制定和实施中的主体地位

在制定和实施村规居约的过程中，村居民必须始终居于主体地位，发挥主导作用，不能沦为对村规居约漠不关心的旁观者。惠州市加强村规居约建设的核心要义是继续巩固村居民在村规居约制定和实施中的主体地位，使村规居约真正成为村居民共治共享的有效载体。村居民可以根据办理村居内部公共事务的需要，自主共同决定村规居约的内容。在当前的条件下，我们应当重视利用网络信息技术、通信技术，便利村居民参与村规居约的讨论和审议。

村居法治建设中的村规民约并不严格要求内容必须全面完整，惠州市的村居民组织可以根据需要自主决定制定专门事项的村规居约，在字数上可长也可短，关键是因事而定，以增强村规居约的现实针对性。惠州市各村居在制定村规居约时，在名称上既可以是综合性的村规居约（一般是"村居名+村规民约"），也可以是社会治安、环境保护等专门性的村规居约，村民小组或者自然村也可以制定管辖范围内的村规民约。

（二）健全合法有效的村规居约落实执行机制

惠州市村规居约主要依赖村居社会内部保障实施，同时也需要行政机关、司法机关等组织在必要时提供有力的法治保障，从而建立起村居内部与外部相互配合、相互协助的实施保障机制，增强村规居约的可执行力。

从村规居约的实际运行来看，村规居约处理的主要是村居基本日常社会生活，在绝大部分情况下并不需要外部组织或者人员的介入，因此村居社会内部实施保障机制既是基础又是核心。村规居约的实施保障机制一般包含组织机构、人员组成和处理措施三个方面，需要进一步予以加强和完善。

需要区分对待村规居约中普遍存在的"罚款"（违约金）。从自治权出发，考虑村居实际情况，建议通过一定的法律程序适当授予村规居约某些处罚权，如1000元以下的罚款权。村规居约规定的罚款数额应当与违约行为成比例，过高的、明显不符合常理的罚款是明显违背法治精神的。如果不授予村规居约某些处罚权，则需要村规居约将所规定的"罚款"条款统一修改为"违约金"条款。

为维护村民合法权益，人民法院在司法过程中也可以对村规民约进行审查，人民法院对村规民约的审查是被动的。

四、增强全民法治观念

全民普法，任重道远。增强全民法治观念，推动全社会尊法、学法、守法、用法是推进村居法治建设的长期基础性工作。

（一）建议制定《惠州市关于开展法治宣传教育的第八个五年规划（2021-2025年）》

建议由惠州市委政法委员会牵头负责，组织惠州市委宣传部、惠州市司法局等部门联合制定，由惠州市委市政府发布《惠州市关于开展法治宣传教育的第八个五年规划（2021-2025年）》。在内容方面，要以习近平法治思想引领全民普法工作，贯彻落实《中央宣传部、司法部关于开展法治宣传教育的第八个五年规划（2021-2025年）》，以村居为普法宣传基本单位，着力突出"一村（居）一法律顾问""一村（居）一警""司法惠民工作室"等惠州公共法律服务体系的制度优势和地方特色。

（二）紧紧抓住领导干部这个"关键少数"

领导干部是推进村居法治建设的重要组织者、推动者、实践者，是村居法治建设的关键。惠州市委市政府要将领导干部法治培训作为重点任务来抓。惠州市委政法委员会、惠州市委组织部、惠州市委宣传部、惠州市司法局等部门具体负责对各级领导干部法治素养、法治观念和法律知识的培训和教育，建议建立惠州市各级领导干部应知应会法律法规清单制度，可以组织各级领导干部每月至少进行一次不少于 2 个小时的法律知识专题学习，倡议各级领导干部每周至少进行不少于 2 个小时的自我法律知识学习。

惠州市可以制定和发布《惠州市领导干部村居法治建设行为规范》，对领导干部在村居法治建设过程中应当承担的职责进行全面规范，规范领导干部依法用权，着力提高各级领导干部运用法治思维和法治方式深化改革、推动发展、化解矛盾、维护稳定、应对风险的能力。惠州市各级领导干部要敢于直面村居法治建设过程中的新问题、新挑战，坚持运用法治思维，在法治框架内积极作为。惠州市委组织部要建立激励和晋升机制，规定晋升正科级以上领导职务的干部必须在村居法治建设方面有显著成绩，把法治素养和依法履职情况纳入考核评价干部的重要内容。

（三）着力打造德才兼备的法治工作队伍

抓好党政机关工作人员特别是基层行政执法人员、乡镇人民政府、街道办事处工作人员的法治培训工作，调动其学法、守法的主动性和积极性。建议制定和发布《惠州市党政机关工作人员依法履职行为规范》，专门规范党政机关工作人员在村居法治建设中的行为，明确其职责，防止权力滥用。进一步完善党政机关工作人员参与"法制副主任"的保障制度，重点提拔选用积极参与村居法治建设并取得显著成绩的基层工作人员。继续完善"一村（居）一警"工作室，建立长效运行和保障机制。

进一步提升法院、检察院等司法机关工作人员的依法履职能力。建议惠州市各级人民法院根据村居法治建设需要，选择与村居生活密切联系的典型案件，采取在村居实地公开审判、线上公开审判等方式，进一步拉近人民法院与村居民的距离。不断优化人民法庭的设置，加强人民法庭的人员、经费、工作场所、生活设施等保障。不断完善"司法惠民工作室"，积极总结实际运行经验，建议制发《惠州市各级人民法院"司法惠民工作室"指导规范》。建议惠州市人民检察院探索参与村居法治建设的有效形式，进一步提高检察机关工作人员打击涉及村居犯罪行为的能力，探索建立"检察惠民工作室"。惠州市各级监察委员会工作人员也要积极提高惩治村居腐败等违法犯罪的能力，不断学习了解村居腐败的常见情形，及时发现和打击村居新型腐败问题。

律师、公证员、人民调解员、基层法律服务工作者等群体是重要的法律服务队伍。法律服务队伍一方面要增强法律服务专业能力，掌握《民法典》等与村居日常生活联系紧密的法律专业知识，另一方面更要积极学习了解村居法治建设的内在特性，特别是要全面认识乡村法治、乡村治理的历史渊源、现代发展与未来趋势。

（四）持续提升每一位公民的法治素养

重点突出学习宣传习近平法治思想、《宪法》《民法典》等内容。把公民法治素养基本要求融入村规居约、市民公约、学生守则、行业规章、团体章程等社会规范，切实融入文明创建、法治示范创建和平安建设等活动。

分层分类开展村居普法宣传。重点突出对村居"两委"干部、村居社会组织负责人等群体的法治素养培育，着力培育一批村居"法律明白人"，做好妇女、老人、儿童等群体的普法工作。

坚持奖惩相结合，加强对尊法、学法、守法、用法好公民的表彰奖励，严厉惩处触犯法律法规的违法犯罪行为，及时处理违反村规居约等社会规范的行为。采用积分制、红黑榜等手段，形成崇法向善、坚守法治的良好社会氛围。

利用好新时代文明实践中心（所、站）等场所，有条件的村居要建立法治宣传专门场所，继续发挥好法德大讲堂、学校、商场、集市、渔港等在普法宣传工作中的积极作用，重视利用好短视频等新技术、新媒体，着力加强惠州 e 普法等智慧普法平台建设。

五、尊重鼓励制度创新

构建起系统完备、科学规范、运行有效的制度体系是推进村居法治建设的关键。推进全面依法治国，推进村居法治建设，基层制度创新应当得到尊重和鼓励。村居法治建设领域中的制度创新也必须坚持在传承中超越，特别注重吸纳内生良善规范。惠州市较早探索实践"法制副主任"制度，后演变成熟为"一村（居）一法律顾问"制度，并推向全国，为推进制度创新提供了示范。着眼于国家治理体系和治理能力现代化的长期目标，惠州市村居法治建设依然需要积极探索创新各种制度，激发村居法治建设的制度活力，打造村居法治建设的惠州道路、惠州模式。

（一）继续加快促进城乡法治一体化建设的制度创新

惠州市较早在促进城乡一体化治理方面进行制度探索和实践，从市域整体上统筹城乡社会治理。"法制副主任"最早也是在农村地区推行，后逐渐扩展至城市社区。惠州市需要在此基础上进一步破解城乡二元结构问题、推进城乡一体化发展。

城乡法治一体化建设不是单指村居法治建设要向城市社区借鉴和学习，更不是将城市社区法治建设方式完全移植到村居，城市社区和村居二者之间需要相互学习、协调发展。推进村居法治建设，惠州市各部门需要坚持城乡统筹、协调发展。促进惠州市城乡法治一体化建设，要求适应城乡发展一体化和基本公共服务均等化要求，促进法律服务等公共资源在城乡间均衡配置；统筹谋划城乡法治建设工作，注重以城带乡、以乡促城、优势互补、共同提高，加快促进城乡法治建设协调发展。

（二）注重吸纳家风家规家训、良善习惯等内生良善规范

立良法，既要遵循现代法治的一般规律，更要注重吸纳内生良善规范，在守正传承基础上进行创新，形成立足国情、体现传统、适合当代的良善法律规范体系。目前，惠州市村居治理、村居法治建设中的内生良善规范主要有家风、家规、家训，地方习惯，行业规约等。惠州市的有关部门可以进一步加大对惠州当地内生良善规范的整理、总结和研究，并结合村居法治建设进行创造性甄选、利用、转化、吸纳、弘扬。

六、严格执行各项制度

制度的生命力在于执行，执行既是对制度的落实，又是对制度的检验，从而在制度的制定与执行之间形成互动，促进制度的完善。进一步推进村居法治建设，惠州市需要切实落实执行各项制度，强化执行力，发挥制度效能。

（一）继续巩固和加强党领导下的基层组织制度体系建设

村居基层党组织是村居法治建设顺利推进的政治保证，惠州市需要进一步加强村居基层党组织建设，强化村居基层党组织对村居法治建设、村居基层治理的领导。惠州市需要贯彻落实《惠州市贯彻落实〈广东省加强党的基层组织三年行动计划（2021－2023年）〉的实施方案》（惠市委办发电〔2021〕3号）等既有制度，着力健全村居党组织领导村居各项工作和各类组织的制度机制，加快健全完善以村居党组织为领导、村居自治组织和村务监督组织为基础、集体经济组织和农民合作社为纽带、其他组织为补充的村居组织体系。

基层村居组织体系建设的核心是组织人员选任和培养，惠州市可积极开展和推进镇村干部"大储备"工程，将镇（街）中层干部（党建指导员）、

镇（街）普通干部（党建联络员）、村（社区）党组织书记、"两委"班子成员、村民小组长五类干部"一体化"储备。基层村居组织体系建设的另一重要方面是各类组织运行的制度化、规范化、法治化。各类组织都要强化和完善运行制度建设，制定日常工作章程、细则，从而形成各司其职、相互协作、高效运转的组织体系，助推村居法治建设。

为促进各类组织的规范化，惠州市民政部门、惠州市工商部门等有关部门要积极参与村居组织的规范化建设，对村居各类组织进行分类识别、分类管理。对于公益理事会、老年人协会等非营利性、公益性的社会组织，惠州市民政部门要制定统一的管理规范，对于符合要求的要进行民政登记备案；对于不符合要求的也要进行针对性指导，促进其规范化。对于农村专业合作社等组织，惠州市工商部门要积极将其纳入工商管理体系，促进村居组织健康发展。

（二）切实落实执行村居法治建设各项法律制度

惠州市村居法治建设的关键是各项法律制度在实践中得以真正执行和落实，充分发挥法律的规范作用和社会作用，做到有法必依、执法必严、违法必究。惠州市村居法治建设需要落实执行的法律制度涵盖多层次、多领域，从中央到广东省，从惠州市到惠州各区县，各级立法机关、行政机关等机关根据立法权限、立法程序制定了相应的法律制度，这些法律制度都应当被遵守、被执行。其中，惠州市地方性法规、政府规章、行政规范性文件等地方立法既有对上级立法的贯彻，也有在自身权限范围内做出的制度创新。创新性制度具有重要的探索和先导价值，本身执行难度较高，更需要特别关注。

从整体上看，惠州市村居法治建设是一项系统性工程：一方面，要求农业农村、司法行政、公安、民政、人民法院等切实履行自身职责；另一方面，更要求各部门之间形成协作、相互配合。为此，惠州市需要进一步在村居法治建设、城乡基层社会治理方面完善部门协同机制，凝聚部门合力。惠州市宜建立村居法治建设工作协调机制，每月定期进行沟通协调，保证各项工作顺利开展。

（三）促进村居法治建设的信息化与智能化

信息化与智能化是促进惠州市村居法治建设的重要载体、有效依托。在现有基础上，惠州市要努力实现村居法治建设事项的数字化与智能化，特别是加快乡镇人民政府（街道办事处）网上政务便民服务体系建设，构建全流程一体化在线服务平台和便民服务网络，大力推行"最多跑一次""马上办、网上办、一次办"等便民举措，让基层人民群众足不出户就能办事、办成事。

惠州市需要根据村居法治建设的需要，充分运用大数据、云计算、人工智能等现代信息技术，围绕人民群众的法治需求，提供精准化、精细化的公共法律服务，为法治村居建设提供信息化、智能化支撑。惠州市需要积极探索将"一村（居）一法律顾问""司法惠民工作室"等现有制度数字化、网络化，加强移动端的推广使用，开发相应的 APP，利用网站、公众号、短视频等新媒介，拓展开展公共法律服务的新形式，实现法治宣传、法律服务、法律事务办理"掌上学""掌上问""掌上办"。

惠州市要积极优化现有"掌上村务"等数字平台，增加关于村居法治建设的内容，打造"互联网+法治"，便利村居民参与村居法治建设。村委会、居委会要大力借助信息化手段，推进村居治安管理、纠纷调解、村规居约等村务信息的网上公开，村居民能够利用平台表达自己的意见和建议，村居也必须及时反馈和回应。村委会要及时发布农村集体资产情况及利用情况，便于群众监督。

（四）细化完善村居法治建设考核评价制度

村居法治建设考核评价制度要坚持政府内部评价和社会评价相结合、短期评价和中长期评价相结合，并且要以广大人民群众的获得感、幸福感、安全感为根本评价标准。

惠州市需要建立村居法治建设专项政府内部考核评价制度，制发《惠州市村居法治建设考核评价标准办法》，运用目标责任制等行政手段，将村居法治建设的任务进行细分，最终落实责任到部门、具体到个人，要求限期完成，并对此进行考核评价。

关于村居法治建设效果考核，惠州市需要参考"全国民主法治示范村（社区）指导标准"等标准基础，进一步加快建立适合惠州实际的村居法治建设指标体系，并严格落实执行考核评价标准。惠州市还要积极引入社会评价，重点引入高等学校、科研院所、专业评价机构、新闻媒体等社会力量参与村居法治建设考核评价活动，弥补政府内部考核评价的不足，从第三方视角对村居法治建设进行观察、报道或者评价。

惠州市村居法治建设考核评价要坚持以中长期评价为主要考核形式，以短期评价为主要督促手段，不能过分追求短期内即取得显著成效。村居法治建设不可能是一蹴而就的短期事务，并且村居发展的法治需求在不同的发展阶段也有差异，这些都要求村居法治建设需要久久为功、持之以恒，从而为经济社会的整体发展提供坚实的法治保障。

人民群众的获得感、幸福感、安全感是评价村居法治建设的根本标准。惠州市村居法治建设需树立过程群众参与、效果群众评判、成果群众共享的观念，并真正落实到普法宣传、纠纷解决等建设实践中。惠州市可建立便于群众评价的渠道平台，定期或者不定期地进行民意调查，及时搜集民众意见，回应民众诉求。

七、促进人员双向流动

推进惠州市村居法治建设，促进人员在城乡之间的双向流动是关键。惠州市在推进村居法治建设的过程中，可以在这方面有所突破和创新。

（一）赋予外来人口参与村居事务管理的权利

关于外来人员的村民、居民资格问题，惠州市可以通过在城乡管理领域进行立法或者制定规范性文件，在不改变现有户籍管理制度的前提下，给予外来人员"荣誉村民、荣誉居民"或者"名誉村民、名誉居民"等身份，赋予一定的权利。关于外来人员的权利义务，惠州市可以通过立法或者规范性文件规范外来人员参与村居公共事务的范围和权利。村民委员会、居民委员会也可以通过制定村规居约、自治章程赋予外来人员一定的村居民资格权、保障外来人员参与公共事务的权利，积极听取外来人员关于乡村治理和乡村发展的意见和建议。

（二）给予外来人口住房、教育等方面的保障

为吸引外来人才参与村居建设，惠州市可以在城乡一体化治理的基础上，积极探索打破城乡二元结构，并保障外来人才在城区、乡村居住、生活、工作的公民的合法权益。关于外来人员的生活保障，惠州市也可以积极探索在宅基地使用权方面保障外来人员的住房需求，或者由政府、村居提供租赁性住房，同时也要在医疗卫生、教育等方面做好相应的保障工作，努力营造爱惜人才、关心人才的良好社会氛围，促进村居建设和乡村发展。

八、加大支持保障措施

加强人员参与、经费投入、办公场所等方面的支持保障是确保村居法治建设顺利推进的必要条件。

（一）强化人员保障

推进惠州市村居法治建设是一项复杂的工作，需要大量人员的参与。惠州市可以探索建立村居法治建设人员调配及使用制度，建立专职人员与兼职人员相结合的人员构成体系。可以根据村居法治建设的需要，增加适当的专门人员编制指标。

村民委员会、居民委员会的组成和自身建设也是保证村居法治建设顺利推进的重要因素。在具体组成人数上，各村民委员会、居民委员会应当充分考虑所辖地域范围的大小和村居民总体人数的多寡，要与该村的自然地理条件、人口因素、经济社会发展需要等因素相适应，以有利于村居法治建设、村居治理、村居发展为目标。在具体人员选择上，村民委员会、居民委员会应当注重选任具有一定法律知识的村居民，并加强对组成人员的法律知识宣传和教育。此外，各村居还可以从社会上聘任其他具有法律知识的专业人员提供法律服务。

（二）强化经费保障

惠州市需要在现有基础上通过各种途径强化村居法治建设的经费保障，为村居法治建设提供资金支持、条件保障。

需要逐步加大财政资金在村居法治建设方面的投入力度，需要肯定基层群众性自治组织在村居法治建设方面的自我筹措经费，需要鼓励社会团体对村居法治建设的资助，需要支持村民、居民对村居法治建设的义务投入。

第六章

结　语

实现村居的有效治理，法治是基础和保障；法治对村居社会治理的具有引领、规范、保障等重要作用。进行法治国家、法治社会建设，实现党领导下的政府治理和社会调节、居民自治良性互动，全面提升城乡村居社区治理法治化、科学化、精细化水平和组织化程度，促进村居治理体系和治理能力现代化，需要十分重视和积极推进村居法治建设。

《中共中央办公厅、国务院办公厅关于加强和改进乡村治理的指导意见》（2019 年 6 月 23 日）提出进一步加快城乡社区治理法治建设步伐，形成基层党组织领导、基层政府主导的多方参与、共同治理的城乡社区治理体系。《中共中央 国务院关于实施乡村振兴战略的意见》（2018 年 1 月 2 日）和《乡村振兴战略规划（2018-2022 年）》（2018 年 9 月 26 日）明确提出建设法治乡村重大任务。《中共中央关于坚持和完善中国特色社会主义制度 推进国家治理体系和治理能力现代化若干重大问题的决定》（2019 年 10 月 31 日）强调"系统治理、依法治理、综合治理、源头治理"。

根据国家法律法规和中央、省的规范性文件，广东省惠州市的村居法治建设实践坚持依靠居民、依法有序组织居民群众参与村居法治建设，实现人人参与、人人尽力、人人共享。惠州市坚持改革创新，依法治理；强化问题导向和底线思维，积极推进村居法治建设的实践创新、制度创新；弘扬社会主义法治精神，针对村居治理存在的问题，坚持运用法治思维和法治方式推进村居法治建设，破解了村居法治建设的难题；审慎立法，精细立规，民主立约，积极推进村居法治建设的制度创新，制定并完善了多层次多领域地方性法规、政府规章、规范性文件、村规居约以及社会组织规约等村居治理

"良法"；探索实践了"村（居）法制副主任""一村一法律顾问""司法惠民工作室""'六治'（政治、自治、法治、德治、智治、美治）基层治理模式"等创新性村居法治建设的模式、制度和方式；自觉守法，规范执法，高效司法，积极推进村居法治建设；深入开展法治宣传教育和法律进社区活动，推进覆盖城乡居民的公共法律服务体系建设，增强了村居社区依法办事能力；依法立约，充分发挥自治章程、村规民约、居民公约在村居法治建设中的积极作用，弘扬公序良俗，促进法治、自治、德治（德化）的有机融合；在村居法治建设中不断形成全民守法、严格执法、公正司法的氛围，实现村居法治建设的善治运行；大力发展在村居社区开展纠纷调解、健康养老、教育培训、公益慈善、防灾减灾、文体娱乐、邻里互助、居民融入及农村生产技术服务等活动的社区社会组织和其他社会组织，统筹发挥社会力量协同作用。惠州市用法律服务惠民生，靠依法治村居得民心，令办事依法成共识，切实保障了公民基本权利，有效维护了各类社会主体的合法权益，使村居法治建设体制更加完善，村居法治建设能力显著提升，基本形成了符合国情和惠州地方特点、体现时代特征、人民群众满意的村居法治建设局面。

在推进村居法治建设过程中，惠州市坚持以国家法律法规为根本遵循、以惠州村居实际需要为基本依归，走出了一条具有小单元、融合式、整体型、转型态、合作型、地方化、嵌入性、发展式、协商性、共识型等多重基本特性的良法善治之路。惠州市村居法治建设坚持党的领导、全面统筹；坚持人民至上、保障人权；坚持服务优先，便民利民；坚持城乡一体、协调推进；坚持传承发展、守正创新；坚持因地制宜、符合实际；坚持多元互动、共建共享。这表现了惠州市的先行先试、敢闯敢拼的胆识和魄力，体现出工作亮点和治理特色，具有地方特点和普遍意义。

在总结实践经验的基础上，针对村居法治建设中村居法治建设的组织体系欠完善、村居治理体系不健全、执行治理能力比较弱的问题，惠州市需要进一步提高对村居法治建设意义的认识，全面认识村居法治建设与法治国家建设、法治社会建设的关系，深刻把握村居法治建设与地方法治建设、区域法治建设的关系，正确处理村居法治建设与国家治理、市域社会治理、城乡基层治理的关系，认真对待村居法治建设与地方秩序稳定和谐、村居经济社会发展的关系。在进一步推进村居法治建设时，树立法治思维，突出权利保障，坚持基层自治，吸纳优秀传统，借鉴先进做法。

为进一步走向村居良法善治，惠州市应当制定五年行动规划，更加重视制定和完善村居基层治理地方性法规和规范性文件，如制定《惠州市村居法治建设促进条例》《惠州市城乡公共法律服务促进条例》《惠州市村规居约指导条例》等地方性法规；各级党委和政府要进一步加强对村居法治建设的组织领导，全面规范涉农涉居行政执法，强化村居司法保障，加强村居法治宣传教育，完善村居公共法律服务，健全村居矛盾纠纷化解和平安建设机制；增强全民法治观念，制定《惠州市关于开展法治宣传教育的第八个五年规划（2021-2025年）》，紧紧抓住领导干部这个"关键少数"，着力打造德才兼备的法治工作队伍，持续提升每一位公民的法治素养；大力推进村居依法治理，重视村规居约建设，改进村居法治建设考核评价，保障村居法治建设的投入，充实村居法治建设骨干力量；尊重鼓励制度创新，促进人员双向流动，加大支持保障措施，夯实依法治市的基层基础，不断推进村居法治建设创新，建设人人有责、人人尽责、人人享有的村居法治建设共同体，使村居法治建设取得更大成效，增进城乡居民的福祉；大力发挥法治对村居社会治理的引领、规范、保障作用，加快推进惠州市域社会治理现代化，全面促进惠州经济社会的发展，进一步弘扬社会主义法治精神，走出一条中国特色社会主义法治村居之路，充分展现中国特色法治建设和村居治理制度的优势。

附录一

回归乡贤在乡村法治建设和
乡村治理中发挥作用的要素分析
——以广东省惠州市惠东县张立军为对象

一、引言

推进乡村法治建设，加强和改进乡村治理，实现乡村振兴战略目标，必须要尽可能多地汇聚全社会的力量，强化人才支撑。但工业和城市化的规律和本质是人口和资源向城市聚集，特别是近年来在城镇化快速推进的背景下乡村精英大量流失，乡村人才凋敝。"农村人才凋敝是当前乡村振兴过程中的最大问题。"[1]有论者指出："如今的乡村再也无法像过去的乡村那样，实现人才从留出到流入的良性循环，而主要充当了人才净留出地的角色。"[2]只有人才输出没有人才回流的乡村必然会走向衰败。解决好人才回流问题事关乡村有效治理，直接影响到乡村振兴战略的全面实施。新乡贤是乡村治理的重要人才来源、主体力量。[3]回归新乡贤（以下简称"回归乡贤"）参与乡村治理，能够缓解城市化进程中人才单向流动导致的农村人才凋敝、社会空心化严重、内生性力量不足的问题，为乡村法治建设和乡村治理提供主体支撑力量，以保障乡村振兴战略目标的顺利实现。

肇因于新乡贤的独特作用，近年来（特别是 2015 年中央一号文件发布以

---

〔1〕 陈寒非、高其才："新乡贤参与乡村治理的作用分析与规制引导"，载《清华法学》2020 年第 4 期。

〔2〕 钱念孙："乡贤文化为什么与我们渐行渐远"，载《学术界》2016 年第 3 期。

〔3〕 新乡贤是指具有一定知识和才能，品行高尚，具有一定的口碑威望，秉承现代民主法治精神和社会主义核心价值观，致力于一直生活的或曾经生活过的乡村建设的贤达人士。相关定义可参见陈寒非、高其才："新乡贤参与乡村治理的作用分析与规制引导"，载《清华法学》2020 年第 4 期。

来）学界以新乡贤为主题展开了多元的研究。[1]既有研究对新乡贤的概念内涵、角色定位、类型划分以及新乡贤参与乡村治理的基本条件、作用机制、功能价值、路径方法、问题困境、规制引导等方面进行了颇有价值的分析和探讨。[2]相关研究成果不胜枚举，仅中国知网收录的 2020 年以新乡贤为主题的研究就多达四百余篇。虽然以新乡贤为主题的许多研究深入细致、富有洞见，但既有研究在两方面尚有不足。一方面，在研究内容上，既有研究侧重于分析新乡贤在乡村法治建设和乡村治理中发挥作用的外部环境与外在条件，对新乡贤在乡村法治建设和乡村治理中发挥作用自身所应具备的内在要素的分析相对较少，而后者则属于新乡贤在乡村法治建设和乡村治理中发挥作用的关键要素和核心条件。[3]另一方面，在研究方法上，既有研究多属于泛泛的"群像关注"或教义学上的理论建构与逻辑思辨，深描式的个案研究则如凤毛麟角。就此而言，通过个案研究的方法，对新乡贤发挥作用的内在要素进行细致分析，总结归纳新乡贤在乡村法治建设和乡村治理中发挥作用的要

---

〔1〕 中央的不少规范性文件就乡贤、新乡贤等进行了规定。如 2015 年中央一号文件提出"创新乡贤文化、弘扬善行义举，以乡亲乡愁为纽带吸引和凝聚各方人士支持家乡建设，传承乡村文明"。2016 年《国家十三五规划纲要》在"加快建设美丽宜居乡村"中再次明确提出，要培育"新乡贤文化"。《中共中央、国务院关于实施乡村振兴战略的意见》（2018 年 1 月 2 日）第六部分为"加强农村基层基础工作，构建乡村治理新体系"，明确指出要"积极发挥新乡贤作用"。《中共中央、国务院乡村振兴战略规划（2018-2022 年）》（2018 年 9 月 26 日）提出要"积极发挥新乡贤作用"。中共中央于 2020 年 12 月 7 日印发的《法治社会建设实施纲要（2020-2025 年）》指出："引领和推动社会力量参与社会治理，建设人人有责、人人尽责、人人享有的社会治理共同体。"

〔2〕 参见吴晓燕、赵普兵："回归与重塑：乡村振兴中的乡贤参与"，载《理论探讨》2019 年第4 期；陈寒非："能人治村及其法律规制——以东中西部地区 9 位乡村能人为样本的分析"，载《河北法学》2018 年第 9 期；白现军、张长立："乡贤群体参与现代乡村治理的政治逻辑与机制构建"，载《南京社会科学》2016 年第 11 期；陈寒非、高其才："新乡贤参与乡村治理的作用分析与规制引导"，载《清华法学》2020 年第 4 期；马永定："新乡贤及乡贤组织参与现代乡村治理的实践与思考——以绍兴市为例"，载《公安学刊（浙江警察学院学报）》2016 年第 4 期；裘斌："治村型乡贤主导下'三治融合'的拓展和创新——基于枫桥镇枫源村的探索"，载《甘肃社会科学》2019 年第 4 期；胡鹏辉、高继波："新乡贤：内涵、作用与偏误规避"，载《南京农业大学学报（社会科学版）》2017年第 1 期；姜方炳："'乡贤回归'：城乡循环修复与精英结构再造——以改革开放 40 年的城乡关系变迁为分析背景"，载《浙江社会科学》2018 年第 10 期。

〔3〕 参见刘泽峰："新乡贤参与乡村治理的路径选择"，载《党政干部学刊》2021 年第 4 期；付翠莲、张慧："'动员—自发'逻辑转换下新乡贤助推乡村振兴的内在机理与路径"，载《行政论坛》2021 年第 1 期；李金哲："困境与路径：以新乡贤推进当代乡村治理"，载《求实》2017 年第 6 期；付秋梅、何玲玲："驱动力与阻滞力：乡贤回归参与乡村治理的作用分析"，载《海南师范大学学报（社会科学版）》2019 年第 6 期。

素依托，对于理解新乡贤在乡村法治建设和乡村治理中发挥作用的机制原理、延展新乡贤参与乡村法治建设和乡村治理的研究范畴具有重要意义。

2021 年 10 月 17 日至 19 日，我们在广东省惠州市惠东县梁化镇小禾洞村就回归乡贤张立军参与乡村法治建设和乡村治理进行了专题调查。小禾洞村地处梁化镇东南部，全村辖区 9 个村小组，辖区面积 7.69 平方公里。全村总户数 436 户，户籍人口 2360 人，其中流动人口 1656 人，常住人口 704 人，女性人口 1101 人。耕地面积约 2978 亩，林地面积约 6710 亩。[1]主要农作物包括水稻、花生、蔬菜、番薯、玉米、梅菜、荔枝、龙眼、青枣、柑桔、柚子等。该村建有小学、医疗站、公共服务站各一处。曾经的小禾洞村是惠州市市级贫困村，[2]经济薄弱、产业单一，主要"靠天吃饭"。2014 年以来，小禾洞村以旧房改造的形式引进特色民宿吾乡别院，发展有机农业，盘活了乡村的土地资源，形成了"文化+艺术+产业+民宿+康养+研学+旅游"的完整业态布局模式，成了远近闻名的特色村，树立了脱贫攻坚的典型。从市级贫困村到脱贫攻坚典型村，小禾洞村之所以能够进入发展的快车道，离不开该村新乡贤张立军的有效治理。得益于张立军的重要作用，该村实现了快速发展、走上了乡村振兴之路。因此，以张立军为对象，对其在乡村法治建设和乡村治理中发挥作用的因素进行总结、归纳和提炼，具有示范价值和推广意义。

张立军出生于 1971 年，从小在小禾洞村出生、长大，感受过干农活的艰辛。1990 年至 1993 年在广州军区武汉 86851 部队服役，1991 年入党。张立军在服役期间曾多次投身抗洪抢险活动，此外还两次荣立三等功，获得过"优秀共产党员"的称号。退伍后曾进入惠东一家台企打工。经过多年的打拼，张立军在事业上取得了不小的成绩，投资创办了惠州市万辉实业有限公司、惠州市怡然实业有限公司等众多企业。2014 年，张立军回到家乡看见乡亲们枕着绿水青山，却依然没有过上富裕的日子，他便萌生了带领家乡发展的想法。于是，他决定回乡参与乡村治理，成功当选小禾洞村党总支部书记。2014 年以来，在

---

〔1〕 资料来源：小禾洞村村委会：《小禾洞村基本情况》，小禾洞村村委会 2021 年 10 月 19 日提供资料。

〔2〕 参见陈春惠、黄海燕："抓党建促脱贫攻坚 村民不再靠天吃饭——惠东梁化小禾洞村通过产业项目带动让村民基本实现稳定脱贫"，载《惠州日报》2019 年 9 月 30 日；惠州市委办公室、惠州市人民政府办公室：《关于印发〈惠州市新时期相对贫困村定点扶贫工作方案〉的通知》（惠市委办发电〔2016〕22 号，2016 年 4 月 10 日印发）。

张立军的治下小禾洞村实现了快速发展。由于张立军参与乡村治理效果好、群众满意度高，其被推选为惠州市第十二届人大代表。2020 年张立军主动从村党总支部书记的职位退至副书记职位，专心重点推进村庄特色发展。[1]

在田野调查的基础上，本文以回归乡贤张立军为分析样本，归纳分析回归乡贤在村乡村法治建设和乡村治理中发挥作用的情感要素、能力要素、实力要素、权力要素，探讨回归乡贤参与乡村法治建设和乡村治理的经验、效果、短板和出路，为相关学术研究提供资料参考，丰富新乡贤参与乡村法治建设和乡村治理的理论框架、促进知识增量；为乡村法治建设和乡村善治、乡村全面振兴提供某种启示和建议。

二、情感要素：乡村法治建设和乡村治理的前提

情感在乡是新乡贤主动回归乡里、参与乡村法治建设和乡村治理的重要前提和动力来源。张立军的行为表明，乡情、亲情、师生情锻造成的情感纽带以及地缘、血缘、业缘、学缘织就成的关系网络，搭建起了新乡贤与乡村的横向联结，为新乡贤回归乡里、投资乡里、建设乡里、参与乡村法治建设和乡村治理提供了必要的情感基础、心理基础和社会组织基础，构成了新乡贤在乡村法治建设和乡村治理中自觉发挥作用的原始动力来源。

（一）乡情系桑梓

功成名就后衣锦还乡、落叶归根、反哺家乡、造福桑梓的乡土情怀以及"达则兼济天下"的社会理想数千年来始终是中国人的心理自觉和价值取向，而且经过数千年的积淀传承已成为中国人的文化传统。即便在快速变迁的今天，这种故土情怀、文化、心理和理想仍然是新乡贤回归乡村的重要纽带，是新乡贤回故乡里参与乡村法治建设和乡村治理的行动逻辑和原初动力。张立军这样告诉我们：

> 我确实是这样的，一个呢，我是土生土长的，我对这里的情景，就是那些三十年前哪怕借摩托车给我们，我都想感恩他，把他们带动起来，联动整个乡村。[2]

---

〔1〕 "关于黄玉调等同志职务任免的通知"，载惠州市惠东县梁化镇人民政府网：http://www.huidong. gov. cn/hzhdlhz/gkmlpt/content/3/3892/post_ 3892828. html#3678，2021 年 10 月 28 日最后访问。

〔2〕 2021 年 10 月 18 日，小禾洞村吾乡别院张立军访谈记录，资料编号 GDHZXHDZLJ2021101801。

正如亚当·斯密所指出的："人的天赋中总是明显地存在着这样一些本性，这些本性使他们关心别人的命运。"[1]在浓厚的乡情、强烈的认同感、责任感、归属感以及报本反始、得功思源的心理驱使和召唤下，2014年在企业做到一定规模之后张立军返回了其生于斯、长于斯、成于斯的小禾洞村，利用自己多年积累下来的资本和资源，对小禾洞村进行改造。在发展小禾洞、改造小禾洞的过程中，由于张立军对以前自己的老房子和以前的乡村有着难以忘怀的纯真情愫，因而其以乡愁为基因，以乡情为桥梁，以回报桑梓、建设家乡为己任，通过旧房改造的形式打造了吾乡别院民宿群，将乡愁、乡音、乡缘从抽象化为具象、从理念变为现实。打造吾乡别院民宿群既是张立军的乡情从心理到物理、从情感到现实的具体转化，也是张立军带领小禾洞村向前发展的基本前提。

所谓吾乡别院，也即结合小禾洞当地人文、生态、自然景观，利用废弃的旧房屋，使用当地的石头、泥砖及木头等原始材料，通过旧房改造、修旧如旧的方式打造的生态民宿。目前吾乡别院1号院、2号院已投入运行，5号院等正在建设和装修，并依次修建36号院，总面积达到2万平方米。吾乡别院有"广东最美民宿"之称，是粤港澳大湾区示范标杆民宿之一。

对小禾洞村而言，吾乡别院之所以意义非凡，主要在于吾乡别院的建设和运行能够将乡村闲置住宅转换成旅游资源实现农民增收，同时能够创造就业岗位解决农民就业问题，促进乡村振兴。吾乡别院的价值不仅在于带动旅游，它还把小禾洞村所有农产品（例如有机蔬菜、葡萄采摘、柚子采摘）贯通在整个旅游生态产业链上，通过旅游带动就业和农产品销售，既美化了乡村，又拉动了当地经济发展。"通过民宿和乡村旅游项目，把整个产业链都带开了，吸引了外面来的休闲度假的，吸引来了艺术家，吸引了商人，解决了我们乡村整体过度的劳动力以及荒废的农田、荒废的果树等。"[2]以吾乡别院1号院为例：1号院投入运行之后吸引了深圳、广州、东莞等地的游客前来入住，房间供不应求，2020年共接待游客约1200人次，全年营业收益约180万元。吾乡别院1号院的运行不仅可以使村民获得了务工收入，还使其获得了

---

〔1〕［美］亚当·斯密：《道德情操论》，蒋自强等译，胡企林校，商务印书馆1997年版，第5页。
〔2〕2021年10月18日，小禾洞村吾乡别院张立军张立军提供采访视频，资料编号GDHZXHD-ZLJVID2021101901。

租赁收入、农产品销售收入，有效带动了村民致富。以下为南方读书报社对吾乡别院的介绍和评价，可见其价值和意义：

> 吾乡别院，不仅仅是一家民宿，还是一家心系乡村的设计建设者，以"中国乡村造梦者"身份悄然进入，不干扰一人一户，不破坏一草一木，探索形成了"政府推动督导、企业市场运作基层组织全程参与、民本民生充分保障"的乡村振兴模式。吾乡别院，尊重历史、传承文化、敬畏自然，遵循"天人合一"的人居美学法则，聚焦当代人的生活方式。以弘扬"耕读传家"精神，召唤原住民，挖掘在地文化，从而形成了"文化＋艺术＋产业＋民宿＋康养＋研学＋旅游＋……"的完整业态布局模式，构建成一、二、三产业融合，生态、生产、生活和谐共生的新社区，构筑我们心中的东方美学生活家园。[1]

当然，需要说明的是，乡情驱使下的参与乡村法治建设和乡村治理的实际行动不仅包括建设吾乡别院民宿，还体现在为乡村发展不计回报的投入。在担任村支书期间，张立军在乡情的驱使下几乎每年都会给村委会贴钱十余万，通过自掏腰包的方式为解决小禾洞村乡村法治建设和乡村治理过程中的资金缺口。正如既有研究所指出的，新乡贤"必须与其反哺的乡村具有一定的地缘、血缘等纽带关系，中国文化中的伦理关系是'同心圆'式的'差序格局'，血缘、地缘、业缘等人情纽带是确定亲疏关系远近的标准，只有在人情伦理关系中，利益的计算才可以暂时模糊化（睁一只眼闭一只眼、差不多就行）"。[2]

（二）亲情哺族胞

新乡贤积极回归乡村参与乡村法治建设和乡村治理既要有基于地缘的乡情驱动，也要有基于血缘的亲情驱动，乡情、亲情共同构成了新乡贤自觉发挥主体作用的前提。张立军与小禾洞村（特别是张氏宗族）有着血浓于水的天然亲情。小禾洞村主要姓氏有张、朱、周、陆、李姓，其中张姓占比达

---

〔1〕南方读书报社："第11届'广东人最喜爱的旅游目的地及品牌'评鉴系列活动"（投票界面），载奥一网：https://m.mp.oeeee.com/show.php？m＝Vote2&a＝index#/details？vid＝728&id＝12118，2021年10月28日最后访问。

〔2〕陈寒非、高其才："新乡贤参与乡村治理的作用分析与规制引导"，载《清华法学》2020年第4期。

80%，与张立军同根同源。该村西北方向的四角楼村小组原有张氏宗祠祠堂顺德堂。顺德堂曾经规模较大，9厅18进，能容纳1500余人，但由于年久失修已较为破败。我们田野调查期间张立军正打算将其恢复原样。根据张立军的介绍，复建顺德堂预计耗资500万元左右，其中张立军和侄子等4人承担兜底费用，计划每人捐献50万元~100万元。[1]通过复建宗族祠堂，乡贤回归乡村并动用自己所拥有的关系和资源惠泽乡里、回哺族胞，其能"在地方志或族谱中赢得褒扬"，[2]获得生活的满足感，实现人生意义。

乡情驱动的外在表现是积极投资乡村、建设乡村、发展乡村，为村庄法治建设、治理和发展出力，而亲情驱动则主要表现为积极修缮宗祠，为宗族发展出力。宗族祠堂是村落共同体集体记忆、集体情感的具象化体现，是文化认同的根与魂。修建祠堂是新乡贤提高个人乃至家族地位，获得认可，满足人所共有的尊重需求和自我实现需求，证明自身价值和意义的重要方式。因而，在集体情感、集体记忆以及本土生活经历、本土文化认同情感的趋势下，新乡贤往往会推动重修、扩建宗族祠堂，通过修建祠堂追忆集体记忆和集体情感，并强化这种集体记忆和集体情感，张立军即为典例。

同时，张立军还注意通过雇请家族和宗族成员、提供产业发展信息等方式，加强与族内成员的联系。平日更注重与村内的族老、族人来往、沟通、交流，关心他们的生活，尽力解决其困难。

（三）师生情召唤

对多数回归乡贤来说，在乡村法治建设和乡村治理中主动发挥作用的情感基础主要是基于地缘的乡情和基于血缘的亲情，而对于张立军而言，其回归小禾洞村、投资小禾洞村、发展小禾洞村、参与小禾洞村的乡村法治建设和乡村治理不仅仅是乡情、亲情召唤的结果，还是早年积累下的师生情召唤的结果。虽然张立军的求学经历并不长，幼年时期由于家里穷从8岁就开始下地干农活，但张立军对自己曾经求学的母校小禾洞小学有着深厚的感情，这种基于学缘、业缘的集体性质的师生情构成了张立军持续经年、不计回报地资助小禾洞小学的情感基础。

---

〔1〕 2021年10月18日，小禾洞村吾乡别院张立军访谈记录，资料编号GDHZXHDZLJ2021101801。

〔2〕 狄金华、钟涨宝："从主体到规则的转向——中国传统农村的基层治理研究"，载《社会学研究》2014年第5期。

2002年张立军回到母校小禾洞小学，此时的小禾洞小学连窗户都没有，只有窗框，玻璃都烂掉了，风吹进来的时候需要用报纸粘住，下雨天全是雨水和烂泥巴，晴天则漫天灰尘，270多位学生就在这样简陋的环境中学习。母校简陋的条件和艰苦的环境让张立军决定出资捐助，为热爱读书的学生扫除求学障碍。2003年张立军给小禾洞小学校长写信请其挑出20位~30位困难学生进行赞助。虽然当时张立军每月只有1200元的工资，但是其每次却能捐出3000元~5000元的"巨款"。为了实现捐献的目的，张立军经常会在下班后摆地摊、卖皮带、卖袜子，还开摩托车、面包车去拉客，做搬运工，卖盆景。在如此艰难的情形下，张立军之所以还要坚持捐资助学，这源于他的幼年经历：年仅8岁的张立军就开始为家里的生计发愁，并因为贫穷学业几度受到影响。幼年的经历使其对小禾洞小学的贫困学生很能感同身受。每当看到由于贫穷无法读书的孩子，张立军就像看到自己童年的影子。为了能实现捐款目标、真正帮助小禾洞小学，张立军凭借着自己铁的意志在各个领域摸爬滚打，而捐款的压力反而变成了张立军努力拼搏进取的一种动力。多年后，随着张立军事业的进步和收入的增加，其加大了对小禾洞小学的捐助力度，从资助贫困学生到捐献设备、物质再到每个学期的奖教奖学，18年期间，张立军先后捐献的资金额度达90多万元。[1]十多年来，在张立军赞助的母校小禾洞小学已有十余名大学生考上大学，甚至还考出过惠东县状元。

以下为2020年9月10日张立军在参加小禾洞小学捐资助学仪式后的微信朋友圈感悟：

天，倾盆的大雨

人，无限的激情

师，无私的奉献

生，优秀的成绩…

助学奖教路，十七载如一日，收获满满，快乐无限。同时感恩：梁、庄、林、冯等华旭学院的爱心人士对我村小学的关怀！祝天下教师，节日快乐！[2]

---

〔1〕 "捐资助学18年的兵书记"，载惠东网：https://huidong-m.itouchtv.cn/#/video/19332c8b7ea527217332e73665dc6492，2021年11月1日最后访问。

〔2〕 张立军2020年9月10日发布的微信朋友圈动态。

从以上微信朋友圈的内容可见张立军对小禾洞村的深厚感情。不同于没有情感基础的"招商引资"和"资本下乡"，张立军对小禾洞小学的投入不计成本、不计回报，这也是其之所以成为新乡贤典范的重要因素。

既有研究表明，动员型逻辑下"返场"新乡贤缺乏与村民共生的利益共同体的融合性，存在着参与乡村法治建设和乡村治理内源性动力不足的问题。[1]不同于政府动员回归的新乡贤，自觉自愿回归的新乡贤参与乡村法治建设和乡村治理的动力十足。[2]而自觉自愿回归的重要动力来源则在于浓厚的乡土情怀。对自发回归的乡贤而言，其自发回归不仅是资本的现实回归，更是乡土情怀感召下的理性行动。由地缘而生的乡情，由血缘而生的亲情，以及由业缘、学缘而生的师生情，共同构成了新乡贤自觉回归乡村、参与乡村法治建设和乡村治理的情感基础和动力来源，奠定了新乡贤在乡村法治建设和乡村治理中发挥作用的基本前提。

三、能力要素：乡村法治建设和乡村治理的关键

回归乡贤想要把家乡建设得更富，把家乡治理得更有效、更有序，不仅需要有深厚的情怀，还要有一定的乡村法治建设和乡村治理能力。这些乡村法治建设和乡村治理能力包括准确评估现实、找准乡村法治建设和乡村治理方向的能力，布局乡村法治建设和乡村治理空间的能力，争取乡村法治建设和乡村治理资源的能力，突破乡村法治建设和乡村治理瓶颈的能力，改善乡村法治建设和乡村治理软环境的能力等。能力要素是新乡贤将乡土情怀转化为乡村法治建设和乡村治理实践、将理念世界转化为现实世界的转化器和催化剂，能力的强弱会直接影响到新乡贤参与乡村法治建设和乡村治理的效果。

（一）找准乡村法治建设和乡村治理着力点的能力

在引领乡村发展、推动乡村振兴的乡村法治建设和乡村治理实践过程中，准确评估乡村现实状况、现实资源、现实不足、现实优势是找准定位、确定方向、办成事业的基本能力。小禾洞村之所以能够顺利实现从贫困村向攻坚脱贫转型并实现可持续发展，关键在于其以民宿旅游为突破口走上了乡村旅

---

〔1〕 付翠莲、张慧："'动员—自发'逻辑转换下新乡贤助推乡村振兴的内在机理与路径"，载《行政论坛》2021年第1期。

〔2〕 有关动员回归乡村的研究还可参见马永定："新乡贤及乡贤组织参与现代乡村治理的实践与思考——以绍兴市为例"，载《公安学刊（浙江警察学院学报）》2016年第4期。

游的道路。张立军之所以带领小禾洞村走上了乡村旅游的道路，主要在于其准确摸清了小禾洞村的区位优势、资源优势、环境优势，找准了乡村发展方向，把握住了村庄治理的突破口和着力点。在张立军看来：

> 小禾洞没有特别悠久的历史文化，也没有什么特别好的古迹。但是它有几个优点：第一，小禾洞保留原有的农作（环境），第二，小禾洞下辖有九个自然村，每个村的（土地）资源是以农田和丘陵为主，要耕种特别容易，特别是适合打造一些旅游性的创作产品。还有，它地理位置好，离惠州机场只有30分钟左右的车程。[1]

> 从小禾洞村的实际情况来看，第一它不能工业，第二不能搞房地产，又没有好山好水。那我们要找出发展道路的突破口，只有通过旅游业。旅游业通过什么来宣传，文化就是最高的一种境界，而且文化它走的最快最长远。我们中国现在也在走文化复兴这条道路。我们通过文化艺术周，就能把周边所有的环境与生态以及它的影响力提升到另外一个层次起来。[2]

正是基于上述认识，张立军在保留小禾洞村农耕文化和原有风貌的基础上，与"村两委"干部在2019年引进了惠州市吾乡别院传媒公司，聘请村内的老匠人就地取材，采用中国传统工艺以旧房改造的形式兴建了乡村民宿吾乡别院，并在此基础上将农业采摘、有机蔬菜种植贯穿其中，形成了乡村生态旅游产业链，走上了乡村振兴的道路。

（二）突破乡村法治建设和乡村治理瓶颈的能力

走乡村旅游的振兴道路、发展民宿旅游的基本前提在于拥有足够的土地资源开展经营，本质是对闲置宅基地和闲置房屋的再利用。但就现有宅基地制度而言，在"一户一宅"以及宅基地所有、流转等土地制度的总体框架下，农村的宅基地既非商业用地亦非工业工地，个人或企业大规模地占用宅基地和农民房屋开展商业活动、发展乡村民宿存在着制度上的困难，农民个人亦难以通过宅基地买卖获得收益。正如张立军所言：

---

〔1〕 "三下乡丨高举乡村振兴旗帜，助推小禾洞村发展"，载"阆苑建闻"公众号：https://mp. weixin. qq. com/s/oYN0JJSzvzhCanfnZGq9QA，2021年10月27日最后访问。

〔2〕 "小禾洞村的文化兴村路"，载今日惠东网：https://huidong－m. itouchtv. cn/#/video/5a98ec5f65e2a445ebf9d3225d3c6172，2021年10月25日最后访问。

农村没有工业用地指标，没有商业用地指标，住宅也能建随便建房子，即便艺术家想来村里面住，住在哪里呢？无法建房子就限制了村的发展，导致不能发展。[1]

根据张立军介绍，小禾洞村空心村小组多，闲置旧宅、闲置宅基地存量较多。本村 400 余户中，230 户有人住，200 多空户。[2] 发展民宿旅游、走乡村旅游的振兴之路，必须解决好土地的问题，利用好、发挥好土地的功能作用，让土地生金，释放土地的市场价值。面对乡村法治建设、乡村治理和乡村发展的瓶颈，张立军之所以能够顺利解决土地问题，推进民宿旅游，带动村民走上致富路，离不开对法律法规政策的掌握以及在此基础上形成的解决问题能力。由于多年的职业经历，张立军对土地法规政策已了然于心，"拿地"的经验足、路子广、办法多，在现行的土地制度规范下获得振兴乡村所必需的土地资源对其而言并不困难。正如张立军所言：

我有这方面比较对口的能力，例如他村委书记不懂土地，哪怕大学生、高材生也不懂土地。因为我通过二十六七年的多房地产开发，对招拍挂、融资，对这里手续、政策、法律规定都弄懂悟透，还肯去做。[3]

最终，弄懂摸透现行农村土地制度的张立军通过与农民签订租赁协议的方式，租用农民旧房屋，在不改变农民房屋所有权、不违反"一户一宅"制度、不改变土地性质的情况下，顺利取得了房屋使用权，在实质上获得土地使用权，为乡村旅游业的发展奠定了土地资源基础。从整体情况来看，签订租赁协议的意义在于：一方面，农村的土地资源得到盘活，荒废破损的土房子得到租用和修缮，农民获得增收。通过签订租赁协议，村民与张立军实现了双赢。另一方面，小禾洞村走上乡村振兴道路获得了宝贵的土地资源，乡村民宿旅游得以发展。若不了解农村土地相关的法律法规政策，在村庄内发展民宿、实现双赢、推动乡村振兴显然是不现实的。

能够在乡村法治建设和乡村治理中带领村庄不断前行的新乡贤必然是善

---

〔1〕 2021 年 10 月 18 日，小禾洞村吾乡别院张立军访谈记录，资料编号 GDHZXHDZLJ2021101802。

〔2〕 2021 年 10 月 17 日，小禾洞村吾乡别院张立军访谈记录，资料编号 GDHZXHDZLJ2021101701。

〔3〕 2021 年 10 月 18 日，小禾洞村吾乡别院张立军访谈记录，资料编号 GDHZXHDZLJ2021101802。

于解决问题的新乡贤。面对乡村法治建设和乡村治理的瓶颈,新乡贤不仅需要有化解难题的决心和主观能动性,还需要有解决问题、消除阻力的办法和能力,如此才能走出治理困境,提升在乡村法治建设和乡村治理中发挥作用的效率和成效,顺利将主体行为自觉嵌合于大的社会现实、时代背景与国家制度体系之下。正是由于张立军具有较强的突破治理瓶颈的能力,能够顺利解决乡村法治建设和乡村治理的难题,有效推进乡村法治建设和乡村治理。

（三）布局乡村法治建设和乡村治理空间的能力

乡村法治建设、乡村治理和乡村发展要打造亮点、取得实效并行稳致远离不开必要的规划。在小禾洞村从贫困走向富足再走向美好未来的过程中,张立军的推进乡村法治建设、布局乡村治理和乡村发展空间能力发挥了不容小觑的作用。在引领小禾洞村发展的过程中,张立军对乡村治理和乡村发展空间进行布局的能力集中表现为两方面:其一是设计现实的能力;其二是规划未来的能力。

其一,设计现实,为眼下发展奠基。吾乡别院民宿之所以能够成为远近闻名的特色民宿,成为小禾洞村的招牌和名片,在很大程度上源于其通过用心设计所展现出来的独特的农耕文明特色和艺术文化气息。例如,吾乡别院1号院是在张立军的旧宅旧房的基础上设计的,保留了不少包含儿时回忆、具有农耕文化特色的物件和摆设。在建设吾乡别院1号院的过程中,张立军亲自指挥工人搬运木头,即便在此过程中撞破了某些部分其也不会进行人工修补,而是通过保持原样把故事留下来,让游客感受到其设计用心。再如,在张立军的设计下,吾乡别院5号院外墙不粉刷,而是让爬山虎自动爬满外墙,从而打造自然生态和自然景观。除了设计民宿,张立军根据小禾洞村的实际设计水果种植、采摘产业,使之融入乡村旅游业发展中来。"我们有一个有机蔬菜农场,一些青草,等等配套采摘。这些我们本身具有龙眼、芒果、琵琶就不用说了。我简单算了一下,我们村目前大概有32种水果,以后一年四季都会有。"[1]

其二,规划未来,为未来发展指路。不同于20世纪90年代的乡村企业创办者,当今的新乡贤在多年的闯荡之后往往积累了丰富的经验,变得见多

---

[1] "小禾洞村:用心绘就乡村振兴壮美画卷",载"惠东融媒"公众号:https://mp.weixin.qq.com/s/fkEzNWV2qaMZpuPdcfkTcw,2021年10月25日最后访问。

识广、有格局、有战略眼光，在参与乡村法治建设和乡村治理的过程中能够有计划地进行系统规划，为村庄未来发展奠定基础。张立军同样具有这样的特点。以"拿地"为例，张立军早年跟随老板学习的经历以及早年见识过惠东房地产商拿地发家的经历让张立军认识到，土地是稀缺资源，"我知道土地很值钱，我一定要想办法弄懂这个土地政策"。[1] 为此张立军在早年在地价较低的情况下储备了不少土地，在根本上奠定了其事业发展的根基与未来发展的基础。除了储备土地，张立军还注重对乡村基础设施进行规划和建设。例如2014年香港荃湾惠州同乡会的宗亲参加张氏宗祠重修成功庆典，虽然当时出动两部警车维持秩序，村民都靠边行路，但由于因为当时村路未修，同乡会的车队仍无法顺畅通行。张立军明白："只有通过乡村公路建设，才能真正达到实惠民生（的效果），让老百姓所种的蔬菜能运到城里卖，这是一个。第二从我们乡村经济振兴、美丽乡村建设来说，它起到旅游推动作用。"[2] 为此，张立军先试先行，推动小禾洞村不仅铺设了3.5米宽的村道，还安装了路灯，村里鱼塘四周加装了护栏，修建了不少休闲娱乐的设施。通过基础设施的完善改变了小禾洞村的现状、改善了村民的生活环境，同时也奠定了乡村旅游业发展的硬件基础，化不可能为可能。在长远的眼光、独到的判断能力、超前的发展意识、高度的主体自觉的驱动下，张立军推动小禾洞村完成了美丽乡村规划。根据张立军的规划，未来小禾洞村还将继续举办文化艺术节，利用文化节的平台增加村落人气，推出花海、休闲栈道等项目，打造乡村特色旅游品牌，进一步盘活乡村经济。

值得注意的是，张立军的设计能力不仅在整体上影响了小禾洞村的发展，还对村民个体产生了影响，产生了示范引领效果和带动作用。例如，民宿管家胡楠说道：

> 吾乡别院2号院改造完成之后，确实会给村民带来影响力。村民会过去看，他们就会说，咦？房了还能建成这样建！他们会培养美感，像我们平时在门口种花，他们也会学着种花。[3]

---

〔1〕 2021年10月18日，小禾洞村吾乡别院张立军访谈记录，资料编号 GDHZXHDZLJ2021101801。

〔2〕 "小禾洞村的文化兴村路"，载今日惠东网：https://huidong-m.itouchtv.cn/#/video/5a98ec5f65e2a445ebf9d3225d3c6172，2021年10月25日最后访问。

〔3〕 2021年10月19日，小禾洞村吾乡别院胡楠访谈记录，资料编号 GDHZXHDHN2021101901。

小禾洞村村民周汉明也佩服张立军的"先行一步"：

他的头脑比任何人都先进的，他都是先行一步的，对乡村建设、民宿、旅游业，他都会回来发展，所以我们把新农村示范村那么漂亮。[1]

（四）争取乡村法治建设和乡村治理资源的能力

乡村法治建设、乡村治理和乡村振兴既需要内生动力驱动，也需要外部资源和资金的投入和支持。得益于多年的在外闯荡经历，张立军积累了不少人脉资源，其善于利用人力资本和社会资本优势将外部资金和外部资源引流至小禾洞村，为小禾洞村的治理和发展争取更多的资源支持。

其一，动员乡贤捐资捐款，为乡村法治建设、乡村治理和乡村发展争取资金。在参与乡村法治建设和乡村治理的过程中，张立军展现出了较强的社会动员能力，其善于利用人力资本和社会资本优势整合、调动社会资源，动员其他乡贤将资金投入乡村法治建设、乡村治理和乡村建设，实现乡村振兴的治理目标。特别是，在村内开展基础设施建设与祠堂建设的过程中，通过运用人脉资源、动员乡贤募集款项，张立军为小禾洞村争取到了相当可观的资金。在小禾洞村建设资金里，乡贤捐赠的资金达两三百万。例如，民营企业家张锦锋（张立军的侄子）在村内多项工程的建设中积极捐款，其中在修建大水龙环村南路（平安路）的过程中捐款近万元。小禾洞村村民对张立军的拉钱能力给出了较高的评价。如村民张子云：

这两年他搞民宿，发展的乡村振兴战略也作出了一定的努力，也不断改变了方方面面的建设，特别是说16年学校门前的道路不通，他带头引导老板们来捐助，把它建好，做事业大家都看得到。[2]

村民周汉明也有类似看法：

像带动现在的产业，包括旅游业，很多老板都来投资，来打造，现在每

---

[1] "捐资助学18年的兵书记"，载今日惠东网：https://huidong-m.itouchtv.cn/#/video/19332c8b7ea527217332e73665dc6492，2021年11月1日最后访问。

[2] "小禾洞村：用心绘就乡村振兴壮美画卷"，载"惠东融媒"公众号：https://mp.weixin.qq.com/s/fkEzNWV2qaMZpuPdcfkTcw，2021年10月25日最后访问。

个都回来建房啊。农村建设非常好，非常热闹。那些加工厂都来这里（发展），做民宿、厂房，带动人流。[1]

其二，引进外部社会资源，为乡村法治建设、乡村治理和乡村发展注入活力。发展乡村文旅项目需要必要的文化底蕴和艺术氛围。为了给乡村吾乡别院发展创造文化底蕴和艺术氛围，增强小禾洞村软实力，张立军充分运用其争取治理资源的能力，于2020年引进了艺术团体"岭南当代艺术家联盟"，开启"岭南大地艺术周"活动。[2]通过吸引岭南当代艺术家联盟在小禾洞村挂牌，张立军致力于打造以小禾洞村为基点，辐射周边村落的首个"大湾区乡村艺旅模范基地"，进一步提升小禾洞村的文化氛围和文旅项目知名度，让乡村名声"走出去"，从而吸引游客"走进来"。

当然，张立军的争取乡村法治建设和乡村治理资源的能力不仅体现在动员乡贤捐款、引进外部资源两个方面，还体现在汇聚村民力量、聚拢村内资源方面。例如，在推进乡村基础设施建设的过程中，张立军注重通过张贴芳名榜、碑文石刻芳名榜的形式公布捐款人贡献，带动村内形成自觉捐款建设村庄的良好氛围。张立军说道："你别看石头三百五百，一千两千不多，但是很有效果的，很多人为了面子都会捐一百两百，那他力量就来了。"[3]通过这种方式，小禾洞村为村内道路等基础设施的建设筹措了一定的资金，推进了乡村法治建设，保障了乡村治理，促进了乡村发展。

通过充分运用其争取乡村法治建设和乡村治理资源的能力，张立军为小禾洞村争取了更多的资金和资源，保障了小禾洞村的建设与发展，为小禾洞村在乡村法治建设、乡村治理和乡村振兴的道路上行稳致远提供了更多的资金支撑和资源保障。

（五）改善乡村法治建设和乡村治理软环境的能力

从古代乡贤到新乡贤，一项传承始终的基本能力是改善乡村治理软环境的能力，也即进行乡村社会教化和乡村纠纷解决的能力。虽然在当前的时代

---

〔1〕 "小禾洞村：用心绘就乡村振兴壮美画卷"，载"惠东融媒"公众号：https://mp.weixin.qq.com/s/fkEzNWV2qaMZpuPdcfkTcw，2021年11月4日最后访问。

〔2〕 岭南当代艺术家联盟是由岭南地区、港澳台、内地艺术家组成的当代艺术专业联盟。岭南当代艺术家联盟以促进岭南当代艺术交流，增进大湾区当代艺术家之间的了解和推动岭南当代艺术为目标。

〔3〕 2021年10月18日，小禾洞村吾乡别院张立军访谈记录，资料编号GDHZXHDZLJ2021101801。

背景下乡村社会教化和乡村纠纷解决的能力相较于带头致富能力而言受重视程度相对较低，但该项能力始终是新乡贤有效参与乡村法治建设和乡村治理的必备要素之一。作为新乡贤的代表性人物，张立军同样具有较强的推进乡村法治建设和改善乡村治理软环境的能力。在张立军的治下，小禾洞村村风好、民风淳、矛盾纠纷少，社会较为和谐。张立军之所以能够将小禾洞村打造成为和谐村庄，是因为其善于运用多种乡村治理资源推进乡村法治建设、改善治理软环境。从以下两个事例中我们能够略微瞥见其推进乡村法治建设和改善乡村治理软环境的能力：

其一，打造文化墙，促进社会教化。为了潜移默化地引导村民营造健康文明、和谐美好的生活环境，发挥良好乡风、家风在乡村法治建设和乡村治理中的重要作用，在张立军的带领下小禾洞村打造了别具特色的文化墙，在村内墙壁上大量绘制以"爱国守法、诚信友善、文明有礼、尊老爱幼、邻里互助"为主题的墙绘、板报，将乡村"孝"文化和社会正能量以文化墙的形式展现。通过打造文化墙，小禾洞村以一种潜移默化的方式改造了村民的思想认识，促进了国家法律政策的内化，推动了民风向善，促进了乡村和谐，取得了引导向善、涵育文明、垂范乡里的效果。[1]张立军表示："从人文生态改善整个村，这才是改变一个村最根本的，这样潜移默化地就影响力小朋友了，在不知不觉就会对家人好啊，那家庭和谐，整个村就和谐了。"[2]

其二，化解信访难题，消解矛盾纠纷。在现有的信访环境状况下，上访在很多时候意味着上访人能获得一定的维稳资金收入。由于上访能够获得一定收益，小禾洞村的一位老年村民把信访当职业，总是习惯于以同一个理由上访，影响了村内和谐，不利于社会教化。为了解决这一问题，张立军坚持和发展新时代"枫桥经验"，综合运用多种治理方式和治理资源，从衣、食、住、行入手，帮助农民寻找到一份每月工资3000多元的保安工作，并在重要时期安排工友和该村民喝酒分散精力。在此基础上耐心地向该村民解释："总是信访不值得，摔倒就不值得了；以后你的孙子在村里面都没有面子，抬不

---

〔1〕 "惠东梁化小禾洞村：'村规民约'画上墙 文明风尚入人心"，载"惠东发布"公众号：https://mp.weixin.qq.com/s/xnVYtSi7EfmL7rfY_ nK8dg，2021年10月27日最后访问。

〔2〕 "惠东这个村变美了！"，载"惠东今媒体"公众号：https://mp.weixin.qq.com/s/I4mj2pS6 j6zuuba9l6PIiQ，2021年10月26日最后访问。

起来头。"[1]最终，在张立军的多种努力下，该村民感受到了张立军的用心良苦，备受感动，从此不再上访。

四、实力要素：乡村法治建设和乡村治理的基础

实力要素是新乡贤主动参与乡村法治建设和乡村治理之基与提升治理实效之基。一方面，资本的扩张天性和实力的增量渴盼吸引新乡贤理性回归并积极参与乡村法治建设和乡村治理，通过参与乡村法治建设和乡村治理实现资本扩充和实力增量；另一方面，实力要素的现实存在为新乡贤参与乡村法治建设和乡村治理提供了资源依托，为乡村法治建设和乡村治理实效的提升提供了资源依托。

（一）实力要素驱使乡贤参与乡村法治建设和乡村治理

作为经济型新乡贤，张立军经过一定的发展和积累，拥有了较为雄厚的经济实力，有经济能力在小禾洞村进行大量的投资。其中，仅吾乡别院1号院，投资就达600万。而建设吾乡别院36号院，计划总投资将超过3000万。截至2021年3月，张立军在小禾洞村已经租下20多栋老房子和几百亩农田，其中农田租金为每亩每年900元~1000元，并且每5年都会上调约20%的租金。[2]

在商言商，作为经济型新乡贤的张立军在小禾洞村的投资并非单纯的慈善行为，更是具有可持续性的商业行为。其之所以将大量资金注入相对落后的小禾洞村，带动小禾洞村走上乡村振兴的道路，不仅是因为其情感在乡，对所生所长的小禾洞村有着与生俱来的情愫，更是因为在小禾洞村投资能够更好地获得收益，具有经济上的合理性。具体而言包括两方面：

其一，在小禾洞村进行投资能够通过差异化发展更好地取得经济效益。在竞争激烈的城市社会，地价高且拿地难度大，在城市进行几千万的投资既不会吸引多少关注也不会带来多大改变。在相对落后的乡村则不同，在乡村特别是在小禾洞村这样的相对贫困村，地价低且拿地难度小，进行投资有一定的优势。而且在乡村进行投资能够在法律的范围内获得政府优待。由于城乡差异明显，乡村社会空心化严重，乡民对乡村衰败的无力感、对富足生活

---

[1] 2021年10月18日，小禾洞村吾乡别院张立军访谈记录，资料编号GDHZXHDZLJ2021101801。

[2] "小禾洞村：村委引进民宿 助力乡村振兴"，载"惠东融媒"公众号：https://mp.weixin.qq.com/s/h0-b9c0-0LVTRDmoS1q9cw，2021年10月27日最后访问。

的向往感以及国家实施乡村振兴战略的现实所需都在呼唤经济型新乡贤登场。资本下乡由于能够解决乡村发展的实际困难，改变乡村面貌，因而能够获得民众的褒扬、社会的认可和政府的礼遇和优待，为后续经营活动的开展奠定良好基础。概言之，乡村社会不乏舞台和机遇，在乡村进行投资能够通过差异化发展更好地获得经济效益。对经济型新乡贤而言，乡土情感、光宗耀祖的荣誉感以及乡民赞誉只是其投资家乡的精神驱动力，经济上的可得收益则属于更具长远性、根本性、可持续性的物质驱动力。于此背景下，作为理性经济人的张立军充分利用差异化发展的优势，在相对落后的小禾洞村进行了较大规模的投资，在乡村法治建设和乡村治理中充分发挥资本的价值，将参与乡村法治建设和乡村治理作为其运用实力、发展实力、提升实力的新场域。

其二，在小禾洞村进行投资能够更好地运用社会资本增强经济资本。在小禾洞村，张立军属于本地乡贤（"圈内人"），具有社会关系方面的优势。由于中国社会有着重关系、重面子的行为习惯和价值取向，"人情与面子"是社会的硬通货，因而社会关系网络庞大、社会能力突出、社会资本丰富是在乡村治理中办成事情的一大重要因素。相比于外来乡贤（"圈外人"），作为本地乡贤（"圈内人"）的张立军与当地有着密切的地缘、血缘、业缘、血缘联系，自身社会资本存量高，拥有较多的结构型社会资本和认知型社会资本，具有社会信任度高、人际关系丰富、乡村治理关系网络融入度深、对当地正式社会规范和非正式社会规范熟悉的优势。这些优势使张立军能够运用其社会信任、社会网络、社会规范方面的优势有效获取治理信息、加强治理沟通、打通治理通道、博得社会支持、摄取治理资源去解决治理难题、推进治理事业、实现治理目标，使治理事业事半功倍，提升治理效率，同时更重要的，也能更好地开展经营行为，在社会资本的加持下更高效地发展自身事业，增强自身经济实力。但这种基于社会关系而取得的优势只有在特定的社会环境中才能发挥作用。对张立军而言只有在小禾洞村，其社会关系的优势才能得到最大程度的发挥。而在其他地方（譬如深圳、广州），其社会关系的优势不再明显，不利于其治理能力的发挥。基于此，张立军选择投资小禾洞村、建设小禾洞村、发展小禾洞村并参与小禾洞村的法治建设和治理具有现实合理性。

就结果而言，张立军在小禾洞村进行大量投资的结果是其从情感在乡的单一状态转变为情感在乡、产业在乡的双重状态。在情感在乡的单一状态下，新乡贤更有可能会选择成为"驻外乡贤",通过为乡村发展提供咨询建议、牵线搭桥、提供信息、进行公益捐赠等方式浅表化、部分化地参与乡村治理。而在情感在乡、产业在乡的双重状态下,新乡贤极有可能会全方位地返回乡村,成为"在场乡贤",在乡村中发展产业并深度参与乡村法治建设和乡村治理。张立军之所以选择全方位返乡深度参与乡村治理、在小禾洞村进行深耕,根本原因在于其进入了情感在乡、产业在乡的双重状态,全方位返乡能够更好地照顾生意、发展产业。就此而言,资本的扩张天性和实力的增量渴盼是新乡贤回归乡村并参与乡村法治建设和乡村治理的长久动力和根本动力,奠定了新乡贤参与乡村法治建设和乡村治理的基础。

(二)实力要素提升乡村法治建设和乡村治理实效

不同于政治型新乡贤、文化型新乡贤、道德型新乡贤等其他类型的新乡贤,经济型新乡贤的核心特征在于其具有较为雄厚的经济实力,能够通过直接投入资金的方式带动乡村发展、实现跨越式发展。为了实现帮助村庄脱贫致富的目标,政治型新乡贤、文化型新乡贤、道德型新乡贤等其他类型的新乡贤不得不积极寻求外部资源的注入,通过争取资源的方式助力乡村振兴。而经济型新乡贤则可直接动用其雄厚的实力,将乡村法治建设和乡村治理的理念与构想塑造为乡村法治建设和乡村治理的结果与现实,运用自身实力改变乡村现状、推动乡村转型。以张立军为例,实力要素在乡村法治建设和乡村治理中的作用体现在以下两个方面:

其一,捐赠资金,回报桑梓。在封闭静止的传统中国,乡贤治村的主基调是贤人治村,乡贤首先是作为道德权威出场的;在快速变迁的现代中国,新乡贤往往呈多元化倾向,能人治村成为主基调,尤其是经济型新乡贤首先是作为经济能人出场的。作为实力雄厚的经济能人,张立军乐于为家乡建设慷慨解囊,乐于捐赠资金在村内开展修桥铺路、修建公园、翻修祠堂、奖教助学、救助贫困、慰问老人等公益活动。例如,2014年重修张氏宗祠,张立军捐资28 880元;2017年修建大水龙环村南路(平安路),张立军捐款9999元;2020年面对疫情期间梁化镇青枣滞销的困境,为帮助农户寻销路,张立军和其他乡贤收购6万斤青枣并赠送给市县定点医院、相关职能部门及疫情防控工作任务较重的沿海乡镇;[1]为了帮助母校小禾洞小学,自2003年以来

---

〔1〕 黄晓娜:"在疫情防控阻击战中见初心显担当",载《惠州日报》2020年2月20日。

张立军为小禾洞村捐赠的资金已达九十多万元；担任村党总支部书记期间张立军几乎每年都会往村里贴钱十余万元。截至 2021 年初，小禾洞村的新农村建设已投入资金 800 万到 1000 万元，以张立军为代表的乡贤也投了两三百万元。多年来，张立军捐赠资金回报桑梓的事例在不断增加。

其二，投入资金，谋求长远发展。在参与乡村法治建设和乡村治理的过程中，除了进行"输血"式的公益捐款活动，张立军还将小禾洞村的发展与自身事业发展相结合，充分发挥其实力雄厚的优势，在小禾洞村投入大量资金，运用小禾洞的土地资源开展生产经营活动，激发小禾洞村的发展潜力，实现从"输血"到"造血"的转变。所谓"造血"也即前文所言的建设吾乡别院民宿群，发展乡村旅游，实现多方共赢。在建设吾乡别院民宿群的过程中，张立军投入了大量的资金，而这需要强大的实力保障。据张立军介绍，吾乡别院 36 号院全部建设完成后需用工 150 人左右，每年为村民发放的工资约 900 万元。这些资金注入小禾洞村将会增加村民的收入、从根本上壮大村庄的经济实力，改变村庄的面貌。[1]若无强大的实力支撑，在小禾洞村快速建立起民宿群并发展乡村旅游事业显然是不可想象的。就结果而言，吾乡别院的开发建设和开张运行为村民提供了充足的就业机会和可观的收入。所有这一切都以雄厚的实力为保障。

五、权力要素：乡村法治建设和乡村治理的保障

新乡贤回归乡村不能只是返回乡村，而是要回到乡村法治建设和乡村治理的中心，成为乡村法治建设和乡村治理的支柱。但学界既有研究表明，由于新乡贤是体制外的治理主体，与村"两委"关系模糊，缺乏正式的权力和官方权威去处理乡村公共事务，导致新乡贤的参与诉求与参与结果呈现出了较大反差，自身的追求与理想无法付诸实践。而且，由于新乡贤不具有官方身份，缺少体制赋权，导致部分村民对其治理身份存疑，甚至产生抵触情绪。这些问题的出现对新乡贤参与乡村法治建设和乡村治理的效果产生了负面影响。[2]张立军的行为则表明，新乡贤通过合法途径担任村"两委"负责人、掌握村庄公权力是避免此种问题产生的重要方法。由新乡贤担任村党组织和

---

〔1〕 2021 年 10 月 17 日，小禾洞村吾乡别院张立军访谈记录，资料编号 GDHZXHDZLJ202110 1701。

〔2〕 刘婷婷："新乡贤治村：动力机理、阶段进程及实现路径"，载《乡村论丛》2021 年第 4 期。

村群众性自治组织负责人，不仅能够解决新乡贤参与乡村法治建设和乡村治理的政治合法性、行政合法性和法律合法性的问题，增加村民对新乡贤的认同和接纳，而且还可以使得新乡贤能够运用权力资源与制度力量引导乡村发展方向、消除治理障碍、促进人才回流，保障决策的顺利推进，提升新乡贤参与乡村法治建设和乡村治理的效果。

（一）运用权力引导乡村发展方向

既有研究和实践现状表明："由于基层政权组织主导着村级公共资源供给与分配，村'两委'作为村庄的正式代理人，在政策动员逻辑下新乡贤助力乡村振兴的目的会引起村'两委'的关注，使新乡贤能动性作用的发挥受到限制，更有甚者二者会产生矛盾与对立。"[1]此外还有研究认为新乡贤在乡村治理中应当"主要是以'辅助者、输入者、指导者、驱动者'的身份定位参加乡村治理，发挥'补位、辅治'作用"。[2]既有研究能够成立的基本前提是，村"两委"掌握村庄公共权力、主导村庄发展，而新乡贤则在体制外独立发挥作用。但张立军的独特之处在于，其全身心投入乡村治理，实际掌握了村庄事务决策权，融合了两种治理权威，能够以一体化而非双规掣肘的方式输出治理理念，主导村庄的法治建设、治理和发展。

在张立军担任小禾洞村党总支部书记之前，该村较为贫困，村"两委"的运行效率、工作成效都相对一般。在其担任书记之前，村"两委"甚至未能建立起专门的办公场所，连基本的日常运行保障都存在问题。据张立军介绍，若继续由工作效果相对一般的"他人"担任书记，其乡村治理理念必然难以得到高效执行和实施。张立军认为："要改变整个村的现状，还得有一些好的理念、好的规划，甚至以后发展起来要有一些业态，也就是说有一些项目进去，这个村才能变亮。我就决定了，要回来担任村书记。"[3]为了更好地将自己的乡村治理理念和设想更好地贯彻、实施下去，真正建立起能够引领村庄发展的干部队伍，2014 张立军向镇党委申请、沟通之后报名参加了小禾

〔1〕 付翠莲、张慧："'动员—自发'逻辑转换下新乡贤助推乡村振兴的内在机理与路径"，载《行政论坛》2021 年第 1 期。

〔2〕 李传喜、赵丹晨："乡村振兴背景下新乡贤回归与乡村治理格局重构"，载《治理现代化研究》2020 年第 5 期。

〔3〕 "小禾洞村：用心绘就乡村振兴壮美画卷"，载"惠东融媒"公众号：https://mp.weixin.qq.com/s/fkEzNWV2qaMZpuPdcfkTcw，2021 年 10 月 25 日最后访问。

洞村党总支部书记选举，并且以得票第一的结果成功当选。

张立军既是经济能人，也是政治能人、社会能人，其熟知乡村权力资源及其运作方式，善于适当运用权力引领村庄发展方向，通过政治公关为村庄发展谋求有益资源。在担任小禾洞村党总支部书记之后，张立军倾力投入，并发挥军人的本色，实干果敢，调整好村"两委"班子，提高村干部工作效率，建设乡村法治建设和乡村治理的坚强战斗堡垒。在此基础上，张立军和村"两委"成员带领小禾洞村开展了诸多变革，逐渐走出贫困状态。如在张立军和村"两委"的推动下小禾洞村完善了道路、路灯等基础设施，为"资源走进来、产品走出去"打下了基础。2014 年，小禾洞村引进了特石农场有限公司。特石农场拥有土壤检测与改良、水系改良、废弃物循环利用、有机养殖技术、有机种植技术、病虫防控技术、产品深加工七大技术模块，为小禾洞村农业产业化发展提供了助力。而且，特石农场的进驻为小禾洞村农民在农业生产、产品加工、项目建设方面提供了 40 多个就业岗位，带动了村民就业，缓解了农村留守人口问题。此外，最为重要的是，在张立军的推动下，小禾洞村以村企合作的形式建立了前文所述的吾乡别院民宿群，带领小禾洞村走上了文旅结合的发展模式，破解了乡村振兴发展难题，实现了让土地生金、让农民增收的目标。

在开展工作的过程中，张立军还通过制定村庄发展规划的方法，将小禾洞村的发展路径和未来走向确定下来，以清晰易懂的方式指引村庄发展。目前，小禾洞村的发展蓝图、路线、三年计划、五年计划均已经基本明确。譬如，在张立军的牵头下，2019 年 5 月广州地理研究所承制了《惠州市惠东县梁化镇小禾洞村美丽乡村村庄规划》，2019 年 4 月小禾洞村村委会和上海特石生态科技有限公司承制了《小禾洞村生态循环有机农业产业化社区项目规划》，2019 年 4 月由惠州市吾乡文化创意有限公司制定了《惠州市惠东县梁化镇小禾洞村互助乡村生活社区规划方案》。2020 年 5 月，张立军在已实质上掌握村庄决策权且小禾洞村的发展步入了既定轨道之后，张立军主动卸任村党总支部书记，开始担任副书记，将主要精力投入小禾洞村的长远发展事业。

从修建村庄基础设施，到引进有机蔬菜种植基地项目，再到制定村庄发展规划、发展民宿旅游走上文旅结合的发展模式，权力要素都起了极为关键的作用。通过掌握村庄决策权，张立军在推动基础设施的建设、有机蔬菜种植基地的引进、发展规划的制定、民宿旅游的开发等事项过程中所得到的不是来自村"两委"的审查、阻碍和影响，而是来自村"两委"的帮助、执行和贯彻。通过妥善运用村庄公权力，村民自治与乡贤之治、自治力量与社会力量得到了有机结合并形成了同向合力，以一体化的方式引领村庄向前发展。"权力体现的是实际的能动力量，是现实存在，属于实然领域。"[1]若不掌握村庄公权力，则张立军将不得不花费更多的时间和精力去游说村"两委"以获得支持，影响其在乡村法治建设和乡村治理中作用的发挥。通过掌握村庄公权力，新乡贤由处于被支配地位的从属者、服从者和参与者转变为处于支配地位的主导者、引领者与组织者，不仅获得了反支配的能力而且获得了支配他人的能力，有能力动员更多的人参与到乡村法治建设和乡村治理之中。

（二）运用权力排除乡村法治建设和乡村治理障碍

做好乡村工作的困难之处在于很多时候各类层出不穷的问题会阻碍乡村法治建设和乡村治理的顺利开展。为了更好地实现回馈乡村、推进乡村发展的目标，新乡贤必须要掌握村庄权力。只有掌握村庄权力，成为乡村法治建设和乡村治理的主心骨，才能利用制度力量解决乡村法治建设和乡村治理的困难、排除阻碍乡村法治建设和乡村治理的障碍，为乡村法治建设、乡村治理和乡村振兴营造良好的环境。恰如马克斯·韦伯所言："权力意味着在一定社会关系里哪怕是遇到反对也能贯彻自己意志的任何机会，不管这种机会是建立在什么基础之上。"[2]

小禾洞村要发展民宿走乡村旅游的路线，必须要有良好的环境。为此，在张立军的推动下，小禾洞村对"脏乱差"的环境进行整治，积极开展"三清三拆三整治"工作[3]，因地制宜地进行拆旧复绿，对庙宇、祠堂、传统民

---

[1] 孙国华、孟强："权力与权利辨析"，载《法学杂志》2016年第7期。

[2] ［德］马克斯·韦伯：《经济与社会》（上），［德］约翰内斯·温克尔曼整理，林荣远译，商务印书馆1997年版，第81页。

[3] "为全面扎实推进社会主义新农村建设，小禾洞村委会持续加温鼓励坚持不懈，迅速行动，真抓实干，充分利用好时间扎实推进'三清三拆三整治'工作。2018年3月26日至4月份，在小禾洞村委会联星村、光辉村、四新村、横坡村、水仙布村、下排村、下新屋小组现场，我们可以看到钩机、运输车在紧张而又井然有序作业中，镇、村干部正在指挥拆除危旧楼房、废弃猪栏及乱搭乱建违法建筑等。据了解，小禾洞村驻村干部、村'两委'干部自愿放弃周末休息时间，以环境综合整治为切入点，扎实推进'三清三拆三整治'工作。现场拆除危旧房屋29间，面积超过4500平方米。"以上张贴于小禾洞村委会宣传栏，宣传主题："梁化镇小禾洞村委会扎实推进'三清三拆三整'"。

居均进行翻修及保护，为古树名木建立特色树池、围栏，在村内配置了休憩座椅，保留并保护了 6 口古井，大幅改善了小禾洞村人居环境。此外，张立军还推动小禾洞村对道路两旁的民房进行墙体外立面改造、美化，打造特色景观，美化小禾洞村的形象，以更美促更富。

在进行村居环境整治的过程中，张立军还妥善运用权力推动制定了《小禾洞村保洁质量标准》《小禾洞村农村保洁员考核办法》《小禾洞村污水设施日常排查管护工作机制》等规范制度，将"村道两旁不能种果树"[1]等规定写入村规民约，为建设美丽乡村建章立制。由于村居环境整治效果显著，2017 年小禾洞村被惠州市爱国卫生运动委员会评为"惠州市卫生村"，2018 年被广东省爱国卫生运动委员会评为"广东省卫生村"。如此之结果为乡村旅游的发展提供了现实条件。

掌握权力是实现权利的手段。张立军之所以运用权力整治环境、排除发展障碍，既是建设美丽乡村、深化乡村法治建设和乡村治理实践、实现村民权益的理性行动，也是张立军自身在小禾洞村经营民宿旅游生意、保障自身权利的现实所需。正如有论者所言："在政治、经济上处于优势地位的权力主体，不仅有动力寻求或者建构权力的价值支持，而且往往也有能力获得这种支持。"[2]理论上，"'权利'的实质就是一种合理的、可以被国家强制力保证的'利益'，"[3]掌握权力则能够保障自身权利在法律允许的范围内得到最大限度的实现，使得自身合理诉求更好地得到关注和满足，促成权利从应让状态转化到实然状态。

（三）运用权力促进人才流入乡村

推动乡村法治建设、乡村善治和乡村振兴必须让更多的资源、人才进入乡村。在参与乡村法治建设和乡村治理的过程中，张立军善于运用权力促进本村人才回流和外部人才流入，聚天下人才而用之，塑造"共建共治共享"的乡村治理共同体，形成乡村法治建设、乡村治理和乡村振兴的强大合力。

张立军运用权力促进人才回流的最直接体现是运用权力解决"一户一宅"

---

〔1〕 之所以禁止在村道两旁种果树，一是因为果树会导致小孩爬树摘果，二是村道旁种风景树有利于美化乡村环境。

〔2〕 王莉君、孙国华："论权力与权利的一般关系"，载《法学家》2003 年第 5 期。

〔3〕 汪习根、周刚志："论法治社会权力与权利关系的理性定位"，载《政治与法律》2003 年第 1 期。

问题，吸引外嫁女返乡。随着小禾洞村的本村环境、经济、生活日渐向好，近年来不少外嫁女申请返回小禾洞村建房。小禾洞村通过以下三种方式为外嫁女返乡提供方便，吸引外嫁女返乡。其一，为外嫁女户口回迁提供服务。由于担任市人大代表以及在外考察等原因，张立军对"一户一宅"政策较为了解，为此在小禾洞村开会时其向村民强调：有意返乡建房的外嫁女应在政策宽松时尽快将户口迁回本村，从而取得建房资格。对于有意迁回户口的外嫁女，张立军会组织村小组进行签名盖章，帮助外嫁女完成户口回迁程序。其二，对于户口不迁回但有意在小禾洞村建房的外嫁女，允许其投靠娘家父辈，与娘家父辈协商在其宅基地上建房。[1]其三，在土地确权时做到不完整确权，为村民自治留下更多空间。在行政机关要求对土地进行确权登记时，村里实行自愿的办法，对于上级行政机关未要求硬性确权的土地不予确权。"例如生产队有 500 亩地，确权上报 400 亩，剩下的 100 亩就可以运作了。如果全部都确权了，就没有流动性了。"[2]通过不完全确权，小禾洞村能够为人才回流预留更多土地。[3]由于小禾洞村的做法能够帮助解决外嫁女返乡的土地问题，近两年，该村主动返乡的外嫁女已超 20 户。这些返乡外嫁女对小禾洞村的发展做出了不少贡献，村内不少道路、桥梁、庙宇由返乡外嫁女主要建设和参与建设。此外，张立军还通过为乡贤建房提供必要的支持和鼓励，通过筑巢引凤的方式凝聚人心、留住乡贤、汇聚人才，促进推动形成"共建共治共享"的乡村治理共同体。

除了对内适当运用村庄公共决策权为村庄发展扫除障碍、明确方向，张立军还担任惠州市人大代表，对外积极运用政治话语权为村庄发展谋求有益资源。在 2017 年市"两会"上，张立军领衔提出《建议市政府要加大修通自然村公路的建设》，并很快得到政府相关部门的回应并实施，全市的通自然村

---

〔1〕 在小禾洞村，外嫁女娘家父辈一般有 2 个儿子 1 个女儿，按政策可享有两处宅基地。资料来源：2021 年 10 月 18 日，小禾洞村吾乡别院张立军访谈记录，资料编号 GDHZXHDZLJ2021101802。

〔2〕 资料来源：2021 年 10 月 18 日，小禾洞村吾乡别院张立军访谈记录，资料编号 GDHZXHDZLJ2021101802。

〔3〕 按照惠东县人民政府的相关通知，确权登记范围是："全县集体土地范围内符合登记发证条件的农村宅基地、集体建设用地及地上永久性存续的、结构完整的农村主要房屋，不包括简易房、棚房、宗祠堂、独栋厨房、农具房、圈舍、厕所等临时性建筑物和构筑物。"参见《惠东县人民政府关于开展"房地一体"农村宅基地和集体建设用地使用权确权总登记的通告》（惠东府告〔2020〕38 号），惠东县人民政 2020 年 9 月 30 日发布。

道路硬底化工程在 2017 和 2018 年期间集中启动，实现了村民多年来的愿望。以张立军所在的小禾洞村为例，2018 年有 6.1 公里通自然村道路实现硬底化。[1]

总体而言，在基本符合法治框架和政治大局的前提下，通过处理好与社会环境、制度环境、基层政府的关系，正确引导和妥善运用公共权力，张立军有效实现了国家法律要求、党委政府期待、基层群众期盼的三向互动，改变了资源单向流动的格局，实现了人才、资金的流入，初步呈现了乡村法治建设和乡村善治的局面。

六、结语

由于张立军给小禾洞村带来了看得见的变化，提升了村民的经济收入和生活水平，让小禾洞村村民获得了实实在在的利益，小禾洞村村民就会对张立军予以认同，往往会认可张立军的乡村法治建设和乡村治理思路和发展规划，主动参与到乡村治理和村庄建设之中，为村庄发展出力，形成了人人有责、人人尽责、人人享有的乡村治理共同体。如小禾洞村的村道修建成本比周边村的村道修建成本低不少。之所以出现这样的结果，是因为在修路的过程中，不少村民主动出钱出力，自觉提供挖掘机等机械，帮助修建村道。实际上，作为全方位回归的在场乡贤，张立军不仅改变了乡村外貌和经济水平，还"在生活方式和处事原则方面给普通乡民以示范效应"[2]，通过言谈举止感化了乡村社会风气、更新了乡村社会认知、改变了乡村社会习惯、引导了乡村社会发展、形成和凝聚了发展共识、汇聚了乡村振兴的合力、推进了乡村法治建设和乡村治理、塑造了"共建共治共享"的乡村治理共同体。

在前文所分析的四类要素中，情感要素是新乡贤在乡村法治建设和乡村治理中自觉发挥作用的重要前提，能力要素是保障乡村法治建设和乡村治理有效的关键，实力要素奠定了新乡贤在乡村法治建设和乡村治理中发挥作用的根基和依靠，权力要素为新乡贤在乡村法治建设和乡村治理中引领方向、消除障碍提供了正当性证明、合法性保障以及可资利用的制度工具。

为了强化新乡贤在乡村法治建设和乡村治理中的作用，我们认为可以回

---

[1] 黄晓娜、陈瑞凤："降低门槛建成'组组通'硬化路"，载《惠州日报》2019 年 12 月 30 日。
[2] 胡鹏辉、高继波："新乡贤：内涵、作用与偏误规避"，载《南京农业大学学报（社会科学版）》2017 年第 1 期。

归乡贤在乡村法治建设和乡村治理中发挥作用的基本要素为依托，健全新乡贤参与乡村法治建设和乡村治理的制度机制，为新乡贤回归乡村、投资乡村、建设乡村、治理乡村创造必要条件、提供政策空间、搭建制度平台，将张立军的个人行为拓展为可复制、可持续、可推广的制度性行为，充分发挥新乡贤在乡村法治建设和乡村治理中的价值和作用。

一方面，尊重和保障回归新乡贤在乡村的主体地位。对于已经回归乡村的新乡贤，可通过赋予宅基地使用权、授予村民资格等方式，使得乡村能够真正地留住人才。例如，对于长期在村内居住但没有宅基地的新乡贤，可通过立法引导和村规保障的方式尝试授予新乡贤宅基地使用权，使得其能够长期使用宅基地，解决其居住问题。对于不具有本集体经济组织和本村村民资格的新乡贤，可以给予村或村集体经济组织"特别成员"待遇，回乡稳定居住的新乡贤如果符合条件则可将户口迁回农村，获得正式村民身份，不符合条件的可以给予特殊村民资格，赋予其参加村民代表大会的资格，对乡村事务具有一定的投票表决权，更可在现场就乡村事务发表意见建议。赋予新乡贤必要的宅基地使用权和村民资格，不仅能够强化新乡贤的生存保障、消除其后顾之忧，使其能够"留得住"；还能够增强新乡贤的情感归属和心理认同，强化情感要素支撑和主体意识，保护和提升新乡贤干事创业和参与乡村治理的积极性，使其能够"干得好"。

另一方面，对于具有雄厚实力、超常能力但尚未回归的"场外"乡贤，可借力"第一书记"制度，由德才兼备的新乡贤到农村基层党组织担任"第一书记"，解决新乡贤权力要素缺失的问题。通过借力"第一书记"制度，吸纳德才兼备的外来投资者和"场外"乡贤驻村担任"第一书记"，能够有效地壮大乡贤队伍，提升乡贤作用，发挥乡贤价值，为乡村法治建设和乡村治理提供人才支撑，实现乡村振兴。此外，对于未返乡的新乡贤，还可通过培育新乡贤组织、开展乡贤定期交流等方式加强新乡贤与乡村的情感维系，吸引其全方位地返回乡村、投资乡村、建设乡村，促进新乡贤的项目回流、资金回流、技术回流和信息回流。采取上述举措，将有利于更好地把新乡贤的个人行为转化为可复制、可推广的制度性行为，进一步推进乡村善治。

同时，还应注重对回归乡贤进行必要的规制和监督。现代化治理的根本要求和根本基础是法治，具有长久影响力的现代化治理模式必然是法治。但回归乡贤参与乡村法治建设和乡村治理在很大程度上是乡贤利用自身权威、能力和资源进行乡村法治建设和乡村治理，更多的表现为人治色彩。如张立军对乡村治理和法治的某些看法、对村"两委"的控制都具有较浓厚的人治意味，使得自治与法治、国家与社会之间存在着一定的张力。[1]既有的治理经验表明，人治下的乡村治理有可能会催生权力寻租、民主萎缩等问题，在一定程度上破坏乡村民主发展和乡村法治建设。为此，既要提升乡贤回归的主体自觉，完善乡贤回归的制度支撑，依法尊重回归乡贤的法律权利，在法治下发挥回归乡贤的治理作用；也应注重在村内外对回归乡贤进行必要的法律、制度规制和监督，保障新乡贤在乡村法治建设和乡村治理中更多地发挥正向作用，避免消极作用的出现。

---

〔1〕 在张立军看来，法治有时缺少灵活性、针对性，不符合现实所需，因而乡村不能靠法治，乡村应当靠乡治。资料来源：2021年10月18日，小禾洞村吾乡别院张立军访谈记录，资料编号GDHZX-HDZLJ2021101802。

附录二

一、《中共惠州市委办公室 惠州市人民政府办公室 关于印发〈惠州市推行村（居）委"法制副主任" 工作制度方案〉的通知》[1]

惠市委办〔2012〕15 号

各县（区）党委、人民政府，市直和驻惠各副局以上单位：

市委组织部、市司法局《惠州市推行村（居）委"法制副主任"工作制度方案》业经市委、市政府领导同志同意，现印发给你们，请认真贯彻执行。

中共惠州市委办公室

惠州市人民政府办公室

2012 年 5 月 11 日

惠州市推行村（居）委"法制副主任"工作制度方案

为进一步培育基层民主法治意识，充分发挥法律在社会管理建设中的指引作用，切实满足基层群众日益增长的法律服务需求，巩固党在基层的执政基础，市委、市政府决定，在全市推行村（居）委会聘任法律专业人员担任村（居）委"法制副主任"工作制度。现制定如下工作方案：

一、指导思想

以邓小平理论和"三个代表"重要思想为指导，深入贯彻落实科学发展

---

〔1〕 "中共惠州市委办公室 惠州市人民政府办公室关于印发《惠州市推行村（居）委 '法制副主任'工作制度方案》的通知"，载惠州市人民政府网：http://www.huizhou.gov.cn/zwgk/gbjb/zfgb/2012nd10q/swbsfbwj/content/post_ 3504963.html，2022 年 1 月 15 日最后访问。

观，全面落实中央、省委和市委市政府关于加强基层组织建设、创新社会管理的决策部署，以培育基层法治意识、健全依法民主管理机制为目标，以村（居）委会聘任法律专业人员担任"法制副主任"工作为载体，充分发挥法律人员的专业优势，为农村和社区基层提供公益性法律服务，着力满足基层法律诉求，畅通矛盾纠纷化解渠道，创建诚信守法、和谐发展的农村和社区环境。

二、村（居）委"法制副主任"制度及基本原则

村（居）委"法制副主任"工作制度，是指在党委统揽下，动员各方力量，整合法制资源，鼓励基层村（居）委会，以自主自愿为前提，聘任法律专业人员，开展法制教育、培育法治精神，解决基层法律问题，推动基层民主自治的一项工作制度。村（居）委"法制副主任"是村（居）委会自愿自主聘请的法律专业人员，在村（居）委提供基本法律服务，帮助或协助依法民主管理村（居）务工作，不依组织法选举产生，不具有组织法规定的法定职责。村（居）委"法制副主任"的工作行为受《惠州市法制宣传教育志愿者章程》和《惠州市村（居）委"法制副主任"工作守则》约束。

村（居）委"法制副主任"制度，遵循以下基本原则：

1. 坚持党的领导。推行村（居）委"法制副主任"工作制度，必须坚持县（区）委、乡镇（街道）党（工）委和村党支部的领导，发挥各级党组织总揽全局、统一协调的领导核心作用，牢牢把握基层民主政治的前进方向。

2. 培育法治意识。着眼于增强村（居）民法律自觉，把法治精神融入基层最关注、最密切、最有影响的事务中，在推动农村（社区）科学发展、维护社会和谐稳定的同时，传播法治精神，培育法治意识。

3. 体现公益性质。村（居）委"法制副主任"要为村（居）委会和村（居）民提供免费法律服务。"法制副主任"相应的交通费、办公费、通讯费、误餐费等经费由各级财政和相关志愿者服务机构提供补贴。

4. 尊重自主意愿。推行"法制副主任"工作，必须充分尊重村委会和村民的自主自愿，不搞"一刀切"。为农村和社区提供法律服务，要从村（居）民要求最迫切的法治实事做起，让村（居）民当家作主，自愿参与。

三、目标任务

2012 年 7 月 1 日前，在部分行政村和社区推行，并力争到 2012 年底前实

现全市所有的行政村和社区全覆盖。

四、实施主体、服务队伍、实施形式和工作职责

（一）实施主体：全市各行政村村民委员会和社区居民委员会。

（二）服务队伍：在全市律师、政法机关、行政、企业事业单位、教学机构、社会团体等群体和单位招募具有法律专业知识的法制宣传志愿者1500名，从中挑选出1000余名担任"法制副主任"。市组建法制宣传教育志愿者总队，各县（区）、市直单位和相关协会各成立支队。

（三）实施形式：由各行政村（居）民委员会向志愿者机构提出意向，并与志愿者个人签订聘用合同。

（四）工作职责：

（1）协助做好村（居）"两委"班子换届选举工作，协助村（居）委会推行"四民主工作法"和"村（居）民小组议事规则"，健全村（居）民会议、村（居）民代表会议制度，引导村（居）民自治工作依法开展。

（2）协助村（居）委会制定、修改和完善村（居）民自治章程或村（居）规民约，参与起草和审核工作，确保内容及制定程序合法。

（3）列席村（居）委会召开的有关民主法治建设、涉法事务调处等方面工作会议，提供法律意见，参与研究和处理相关事务。

（4）帮助村（居）委会开展法制宣传教育工作，强化法治实践教育，增强村（居）民法治观念。

（5）推动村（居）委会开展"民主法治示范村（社区）"创建活动，稳步推进基层民主法治建设。

（6）帮助审查村（居）委会各类经济合同，对合同的合法性和规范性进行审核。对于经济事务多的村（居）委可以建议聘请法律顾问，并协助法律顾问开展工作。

（7）解答群众法律咨询，引导村（居）民群众依法理性表达合理诉求，帮助农村和社区困难群众和城镇困难居民申请法律援助。

（8）协助村（居）委会完善基层调解组织建设，依法调处各类矛盾纠纷。协助村（居）委会综治信访维稳工作站工作，及时发现并反映信访维稳工作的有关信息。

（9）积极参与农村和社区群众性文化活动，倡导诚敬和睦互助的家庭邻里关系，促进形成诚信守法文明的道德风尚。

（10）村（居）委认为需要"法制副主任"提供法律服务的其他事项。

五、工作要求

（一）加强领导，明确职责。推行"法制副主任"工作，是新形势下农村和社区普及法律常识、培育法律意识、培养法治习惯的重要载体，是化解基层矛盾纠纷的有效渠道，是加强社会管理的创新举措，对于夯实农村和社区基层组织、维护农村、社区和谐稳定都具有十分重要的意义。各级各部门要加强对推行"法制副主任"制度的重要性、必要性认识，把推行"法制副主任"工作摆上重要议事日程，积极稳妥推进各项相关工作。要严格遵守《村民委员会组织法》《城市居民委员会组织法》，充分尊重村（居）民自治精神和热情，既提倡，又不生硬派遣，既支持，又不包办，精心组织，周密部署，确保推行"法制副主任"工作有序推进。市委组织部负责总体组织协调和监督管理，市司法局、市律师协会负责具体指导，制定工作守则、工作目标、衔接聘任关系、实施绩效考核等日常管理制度，财政、农业、民政等部门大力配合。各县（区）、乡镇（街道）要明确领导机构，健全工作机制，细化工作措施，形成各司其职，各负其责，齐抓共管的工作格局。

（二）加强宣传，营造氛围。市级宣传部门及媒体，要承担起推行村（居）委"法制副主任"制度的宣传、推进任务。要充分运用广播、电视、报刊、党务公开栏、互联网等媒介，大力宣传推行村（居）委"法制副主任"工作的目的、意义、要求，及时挖掘和宣传推行"法制副主任"工作的先进典型，不断提高"法制副主任"工作的知晓率和社会影响力，为"法制副主任"工作的深入实施营造良好社会氛围。

（三）加强督导，狠抓落实。各地要把推行"法制副主任"工作作为创新社会管理、加强基层组织建设的重要载体，认真抓好落实。市委组织部、市委政法委、市委宣传部、市社工委、市司法局要组派督导组不定期对推行"法制副主任"工作进行检查、督促、指导，及时掌握动态，提出意见建议，总结推广经验。要通过党代表视察、交叉检查等形式，对各地落实"法制副主任"工作进行检查，并适时召开经验交流会、专家研讨会等，推动这项工作更好地开展。

（四）加大投入，做好保障。为确保村（居）委"法制副主任"制度可持续推进，市、县（区）财政要为开展此项工作提供基本保障，将用于志愿者培训和"法制副主任"相应的交通费、办公费、通讯费、误餐费等经费列入同级财政预算。市的经费标准由市委组织部、市司法局会同市财政局商处后报市政府审定。市法制宣传教育志愿者总队、市直单位的工作经费由市级财政负责；县（区）法制宣传教育志愿者支队的工作经费由县（区）财政负责。自愿推行此项制度的村（居）委会，可向所在地镇政府（街道办）提出专项补贴申请，县（区）财政可根据分级负担的原则给予适度补贴。

二、《惠州市村（居）委"法制副主任"工作守则》[1]

第一章 总 则

第一条 为规范"法制副主任"的行为，保证良好的工作秩序，根据《宪法》《村民委员会组织法》《城市居民委员会组织法》以及《惠州市推行村（居）委"法制副主任"工作制度方案》等规定，制定本守则。

第二条 村（居）委"法制副主任"是指村（居）委为更好地实现基层自治，以自主自愿为前提，聘请的为其以及村（居）民提供法律服务的法律专业人员。

第三条 "法制副主任"工作遵循坚持党的领导、培育法治意识、体现公益性质、尊重自主意愿的原则。

第四条 适用范围：志愿为基层提供法律专业服务，并按本守则与村（居）委签订聘用协议，为村（居）委提供公益性法律服务的法律专业人员。

第二章 工作职责

第五条 协助做好村（居）"两委"班子换届选举工作，协助村（居）委会推行"四民主工作法"和"村（居）民小组议事规则"，健全村（居）民会议、村（居）民代表会议制度，引导村（居）民自治工作依法开展。

第六条 制定、修改和完善村（居）民自治章程或村（居）规民约，参与起草和审核工作，确保内容及制定程序合法。

第七条 列席村（居）委会召开的有关民主法治建设、涉法事务调处等方面工作会议，提供法律意见，参与研究和处理相关事务。

第八条 帮助村（居）委会开展法制宣传教育工作，强化法治实践教育，增强村（居）民法治观念。

---

〔1〕 该文件制定于2012年，转引自杨择郡、王利军等编著：《软法之治的乡土实践——惠州市村（居）委"法制副主任"制度的源流与嬗变》，世界图书出版公司2014年版，第161~164页。

第九条 推动村（居）委会开展"民主法治示范村（社区）"创建活动，稳步推进基层民主法治建设。

第十条 帮助审查村（居）委会各类经济合同，对合同的合法性和规范性进行审核。可建议经济事务多的村（居）委聘请法律顾问，并协助相关法律顾问开展工作。

第十一条 解答群众法律咨询，引导村（居）民群众依法理性表达合理诉求，帮助农村和社区困难群众和城镇困难居民申请法律援助。

第十二条 协助村（居）委会完善基层调解组织建设，依法调处各类矛盾纠纷。协助村（居）委会综治信访维稳工作站工作，及时发现并反映信访维稳工作的有关信息。

第十三条 积极参与农村和社区群众性文化活动，倡导诚敬和睦互助的家庭邻里关系，促进形成诚信守法文明的道德风尚。

第十四条 村（居）委认为需要"法制副主任"提供法律服务的其他事项。

第三章 工作纪律

第十五条 "法制副主任"必须严格遵守和执行国家的宪法、法律、法规和国家政策，遵守社会公德。

第十六条 "法制副主任"必须维护村（居）委和村（居）民合法权益，密切联系群众，不得有损害国家、政府和人民利益的言论和行为。

第十七条 "法制副主任"必须认真履行"法制副主任"的职能和职责，每月至少一次及时间半天以上到驻点的村（居）委开展法律服务工作。每年履职时间累计不少于48小时。

第十八条 "法制副主任"应积极参加惠州市法制宣传志愿服务总队和支队指派的涉及全局性的重大事项工作。

第十九条 "法制副主任"应积极参加惠州市法制宣传志愿服务总队或支队举办的业务知识、专业技能、服务技巧、团队凝聚力等方面的培训。

第四章 考核制度

第二十条 "法制副主任"的工作绩效考核由惠州市法制宣传志愿服务总队领导小组负责。

第二十一条 惠州市法制宣传志愿服务总队和支队应指定专人负责考核的日常工作，并于每月 28 日前将考核情况报市法制宣传志愿服务总队秘书处。秘书处对考核情况提出初步意见后报领导小组审核。

第二十二条 秘书处根据"法制副主任"的服务时间、服务内容、服务质量和参加培训次数等内容制作考核表。

第二十三条 考核表的填写必须真实、全面、准确。对考核中弄虚作假的，给予通报批评。

第五章　奖惩办法

第二十四条 每年对"法制副主任"的法律服务工作进行总结和表彰。

第二十五条 对"法制副主任"拒不履行义务或在服务过程中由于未遵照相关规定而对服务对象、志愿者组织或其他志愿者造成损害的行为，总队或支队视情节轻重给予下列处理：

（一）警告；

（二）取消其法制服务志愿者注册资格，并建议村（居）委会解除"法制副主任"聘用协议。

以上处理方式可以单独适用或者合并适用。

第二十六条 对"法制副主任"的处理，应当事实清楚、处理恰当、程序合法、手续完备。

第二十七条 "法制副主任"有违反本《守则》第二十五条的行为，由市法制宣传志愿服务总队或支队对"法制副主任"违纪的情况进行调查并作出决定，同时告知"法制副主任"本人。"法制副主任"有权进行陈述和申辩。处理决定作出后，以书面形式通知"法制副主任"本人。

第二十八条 对"法制副主任"因故意或重大过失对服务对象、社会群众、公私财产造成损失的，由实施该行为的"法制副主任"自行承担相应的法律责任。

第六章　组织保障

第二十九条 惠州市法制宣传志愿服务总队、支队和惠州市、县（区）普法办公室是"法制副主任"工作的管理机构。"法制副主任"须服从其日常管理和业务指导。

第三十条 "法制副主任"开展法律服务活动的场所由驻点村（居）委会提供。

第三十一条 "法制副主任"开展法律服务活动由所辖的县（区）司法所协调、沟通。

第三十二条 "法制副主任"因开展法律服务活动所产生的交通费、误餐费由"法制副主任"所辖总队或支队提供。

第七章　附则

第三十三条 本守则所提考核表样式由惠州市普法办公室统一印制。

第三十四条 本守则自下发之日起执行。

三、《法制副主任助力基层治理法治化》

1.《法制副主任助力基层治理法治化》[1]

近年来，广东省惠州市在全面推进依法治市、加快法治惠州建设的实践中，创造性地建立了村（居）委聘任"法制副主任"制度。法制副主任充分发挥了法律服务在推动法治惠民和基层法治建设中的积极作用，提高了农村（社区）依法治理水平，促进了基层社会和谐稳定和经济健康发展，给惠州农村基层治理带来了新气象。

由法制日报社主办、惠州市法学会承办的"深化广东省惠州市村（居）委'法制副主任'制度研讨会"在惠州举行，来自全国各地的多名专家学者就惠州法制副主任制度进行了积极全面的探讨。今天我们特别摘编了会议上的部分发言，以飨读者。

查庆九：培养村里的法律明白人

惠州市法制副主任制度是贯彻落实中央精神，特别是十八大和十八届三中全会精神一个很具体的举措和行动。十八大提出要全面推进依法治国，加快建设社会主义法治国家。三中全会提出全面深化改革的总的目标是发展和完善中国特色社会主义制度，实现国家治理体系和治理能力的现代化。这些都是非常宏大、非常深远、长久的战略工程，从哪着力、从哪着手、从什么地方开始？我觉得我们共同关注、共同研讨、共同培育呵护的法制副主任制度，就是我们的一个立足点、一个着力点。

惠州的法制副主任制度，我认为它是在新的历史条件下，基层社会治理法制化的一大创新。什么是新的历史条件？就是我们现在处于一个完善社会主义市场经济，发展社会主义民主政治和全面推进依法治国方略时期。在这个历史条件下，惠州的法制副主任制度应运而生，而且经过将近五年的探索实践和发展，这项制度已经日渐完善，日显成熟，也日见成效，显示出了强

---

[1] "法制副主任助力基层治理法治化"，载《法制日报》2014年4月10日。

大的活力和生命力，也彰显出一项制度创新的魅力。

罗豪才：基层治理与软法之治

中国共产党第十八届三中全会《关于全面深化改革若干重大问题的决定》明确提出："全面深化改革的总目标是完善和发展中国特色社会主义制度，推进国家治理体系和治理能力现代化。"这一论断标志着我国将全面从管理转向治理。国家治理体系和治理能力是一个国家制度和制度执行能力的集中体现。推进国家治理体系和治理能力现代化，是完善和发展中国特色社会主义制度的必然要求，是实现社会主义现代化的应有之义。

基层和群众的联系最直接、最紧密。基层治理在整个国家治理中往往具有基础性、探索性和先导性。推进国家治理体系和治理能力现代化的重点难点在基层，活力源泉也在基层。推进基层治理是国家治理体系和治理能力现代化的重要内容。惠州在这方面的做法是贯彻三中全会精神、创新社会治理和推进基层治理的重要实践，提供了很多有益经验，值得我们认真总结。

陈奕威：寻找法治惠民的好抓手

惠州法制副主任制度的建立缘于现实的需要。在基层实践中我们认识到，当前社会众多的矛盾纠纷和不稳定因素，大多出现在基层；而导致这些矛盾纠纷和不稳定因素产生的原因，大多是因为基层干部和群众的法律意识不强、没有按法律办事。基于这样的认识，从 2009 年 4 月起，我们在惠城区和惠阳区探索聘请专业律师，担任行政村的"法制副主任"和社区的"法律顾问"。

杨日华：推广好的基层治理经验

法制日报社与惠州市法学会共同举办了一场层次很高的研讨会，出席这次研讨会的专家学者都是目前国内研究基层治理的顶尖人物，特别是罗主席在百忙之中莅临研讨会现场，为广东基层社会治理把脉开方，让我们倍受鼓舞、倍增信心！

专家结合自己的研究领域，从不同角度对惠州市首创的村（居）委法制副主任的阐述主题集中、内涵丰富、精彩生动，有很强的理论指导性和现实针对性，包含了丰富的法学思想。各位专家教授对法制副主任制度所提出的真知灼见，不仅为惠州市进一步总结和推广这项制度开出了很好的"处方"，还为广东即将以省委、省人大、省政府推广这一基层社会治理模式，提高社会治理水平提供了有力的理论支撑。

2.《培养村里的法律明白人》[1]

惠州市法制副主任制度是贯彻落实中央精神，特别是十八大和十八届三中全会精神一个很具体的举措和行动。十八大提出要全面推进依法治国，加快建设社会主义法治国家。三中全会提出全面深化改革的总的目标是发展和完善中国特色社会主义制度，实现国家治理体系和治理能力的现代化。这些都是非常宏大、非常深远、长久的战略工程，从哪着力、从哪着手、从什么地方开始？我觉得我们共同关注、共同研讨、共同培育呵护的法制副主任制度，就是我们的一个立足点、一个着力点。

惠州的法制副主任制度，我认为它是在新的历史条件下，基层社会治理法制化的一大创新。什么是新的历史条件？就是我们现在处于一个完善社会主义市场经济，发展社会主义民主政治和全面推进依法治国方略时期。在这个历史条件下，惠州的法制副主任制度应运而生，而且经过将近五年的探索实践和发展，这项制度已经日渐完善，日显成熟，也日见成效，显示出了强大的活力和生命力，也彰显出一项制度创新的魅力。

为什么说它是一个制度创新？我自己感受到它有四个方面都体现出开拓性、创新的地方。第一，把法治元素直接导入基层治理。把法制副主任直接落到村居这样的基层单元、单位。第二，把法制宣传深化为法治实践。关注过这项制度的同志都知道，它是在深入开展全民普法教育的基础上，逐步深化到怎么让普法教育的成果转化为法治建设的成果，而出现的一个制度性探索。第三，把法律服务延伸到基层群众。几位法制副主任代表的发言中已经做了很多的介绍。确实，法制副主任直接让群众受益，让群众得实惠。第四，把法律人才引领到基层社会。律师是社会的精英阶层，一般社会的专业化高端人才，我们这项制度有全市508位律师在参与，占到了全市律师（700多位律师）的2/3还多，让法律人才接地气，去熟悉、去研究中国广大的城乡基层，让法治建设真正落到最实、最基层的地方。这四个方面都是创新。

那么，这四个方面的创新为什么能够持续下去呢？为什么现在成为一项大家都认可、都认为是可行的制度？它的独特之处体现在什么地方？我认为也体现在四个方面。第一是坚持了法治的原则。符合我们党和国家治国的基本方略。第二是坚持了需求导向。城乡的基层百姓有需求，城乡的基层组织

---

[1] 查庆九："培养村里的法律明白人"，载《法制日报》2014年4月10日。

有需求，在着力推进社会治理现代化的各级党委政府也有需求。第三是政府主导。法制副主任制度是惠州市委市政府作为一项全市的战略、在举全市之力包括各级的党委政府都在强力地推行，政府主导能确保这个制度发展的方向，同时也为这项制度的持续发展提供了最可靠的保障。第四是公益的性质。公益的性质也是它的可持续性，能持久生存的生命力所在。随着经济社会的发展特别是市场经济和市民社会，是多元化的社会生态的发展，公民社会的发育和发展的一大潮流就是公益性的组织、公益性的事业会不断地涌现、不断地发展壮大。法制副主任制度为热心和有志于公益事业的专业性人士提供了很好的平台，这一原因决定这个制度有可持续的基础、有存在和发展的生命源泉。一个好的制度创新确实不容易，它不是一时的冲动和心血来潮，需要无数人的热情、执著和奉献。听了几位法制副主任的发言，他们对这项事业的热爱和投入让我印象非常深刻。惠州学院的陈刚教授，他是由一个旁观者、研究者，因为被这项制度所吸引变成一个参与者。这从一个侧面也可以看出这项制度的吸引力和魅力所在。

让我印象特别深刻的是惠州市委市政府把这么一项看似很具体的制度摆在全市发展的全局和战略的位置，一直在抓，而且是两茬领导班子在接茬地抓、接力地抓。据我所知，2011年的十届党代会一次会议就提出来，后来陈书记持续地抓，并不断地上升它的高度，拓展它的广度，实现了全方位的覆盖和制度化。这就表明惠州市委市政府的政治智慧、战略眼光和法治思维。抓住法制副主任这么一个看似很具体、很小的一个点，大做文章、以小见大、以小博大。这种眼光是独到的，是有大智慧的眼光和大智慧的手法。为什么这么说？现代社会的社会治理基础在基层，基层治理的基本方式要靠法治。经过建国六十多年，包括改革开放三十多年，正面反面无数的经验教训说明还是小平同志说的那句话，要搞法治，搞法治社会建设。惠州是领略了现代社会制度的真谛，抓住了、领会了党中央改革开放以来一直坚持社会民主法治建设、坚持依法治国方略的一个重大的战略方针，没有把法治这个事情当做具体的工作、部门的工作，确实摆在党委政府的中心位置。这也是法制副主任制度、惠州市法治建设各项工作取得巨大成就的最根本性保障、最根本性因素。

这个制度在进一步完善方面，许多学者都提到了还有很多工作要做，我想到两点：第一是要进一步地制度化、规范化。法的事情还得要依法办，这么好的一项制度要让它成为常态化的机制，还要从怎么样制度化、规范化上来做文章。几位学者提了一些很好的建议，值得我们研究、吸收和具体地落实。

第二是法制副主任制度要实现可持续，还要有内生的可持续机制。我想了两个方面：一个是知识接力，就是法制副主任在村里头可以培养一些法律明白人。这也是各级普法依法治理机构在农村、居委会在推的。就是要激发基层群众他们自己学法用法，依法管理、依法维权的热情，在村居培育和扶植法制副主任的接班人。一个是人才建设。今天的法律志愿者的队伍拥有879人，其中508名是律师，而且多数都是年轻人，但是这个制度如果要一二十年的发展下去，要靠志愿者队伍一茬一茬地来接力进行。法律志愿者队伍的培育是这个制度可持续和发展很关键的地方。我提出这么两个建议。

我还想说这么一句话，就是作为一个从事法制宣传教育工作的人员，我有一个很切身的体会，我们国家的法治建设包括法制宣传教育从20世纪80年代开始，有一个基本的路径，都是先从地方的探索、地方的创造实践开始，然后经过各个层次的包括市一级、省一级最后到全国层面的总结、提炼、升华，行之有效地去推广，这么一步一步地走到今天这么一个局面。全国普法这件事情是这样，如今各地都在普遍推行的法治城市、法治县区、民主法治示范村、依法行政示范单位、守法诚信示范企业等等，这些形式多样的法治实践都是各地各部门的创造。因此我希望惠州市的普法依法治理机构最先探索出来这么一个好的制度，得到市委市政府的重视和支持，我也希望在惠州市委市政府的领导下，我们市司法局普法办还有有关部门能够在基层的民主法治建设、在普法依法治理的实践当中有更多有益的、成功的探索和实践，为全面推进依法治国特别是基层的法治建设积累更多的可供推广和借鉴的经验

3. 《基层治理与软法之治》[1]

中国共产党第十八届三中全会《关于全面深化改革若干重大问题的决定》明确提出："全面深化改革的总目标是完善和发展中国特色社会主义制度，推进国家治理体系和治理能力现代化。"这一论断标志着我国将全面从管理转向治理。国家治理体系和治理能力是一个国家制度和制度执行能力的集中体现。

---

〔1〕 罗豪才："基层治理与软法之治"，载《法制日报》2014年4月10日。

推进国家治理体系和治理能力现代化，是完善和发展中国特色社会主义制度的必然要求，是实现社会主义现代化的应有之义。

基层和群众的联系最直接、最紧密。基层治理在整个国家治理中往往具有基础性、探索性和先导性。推进国家治理体系和治理能力现代化的重点难点在基层，活力源泉也在基层。推进基层治理是国家治理体系和治理能力现代化的重要内容。惠州在这方面的做法是贯彻三中全会精神、创新社会治理和推进基层治理的重要实践，提供了很多有益经验，值得我们认真总结。

对于惠州的基层治理我有这样几点感受：

一是把大胆创新与现有制度衔接起来，在创新的同时注重制度的延续性、接续性。惠州在基层治理中，创设法制副主任，让法制进社区、进乡村，推进法治中国进程，思路新、方法新、机制新。在具体做法和名称选择上，直接对接村民委员会、居民委员会等基层群众自治性组织，注重与现有制度的衔接，把这一做法嵌入现有制度。这一做法借用了村（居）委会副主任的名称，工作地点设在村（居）委会机构内，挂靠现有制度，但事实上实行聘任制、签合同，并非选举产生，也不介入原有的村（居）民自治，而只是提供法律咨询和法律服务，并不违反和改变相关村委会、居委会组织法的规定，不僭越村（居）委会职权。既大胆创新，又能充分利用现有体制，在实践中取得了较好效果。

二是坚持法治思维和法治方法，建章立制，注重制度建设，建立长效机制。法治思维就是一种制度思维、规则思维、权利思维、责任思维，要建制度、守规则、护权利、担责任。而惠州的做法就是法治思维的具体体现。惠州市坚持大胆试点，制度跟进，边实验边总结，先后建立了一系列规章制度。其中比较重要的有《惠州市推行村（居）委法制副主任工作制度方案》（以下简称《工作制度方案》）、《关于推行村（居）委法制副主任有关事项的通知》（以下简称《通知》）、《惠州市法制宣传志愿服务总队章程（试行草案）》（以下简称《章程》）、《惠州市村（居）委法制副主任工作守则》（以下简称《工作守则》）等。完善各项配套措施，保证法制副主任制度正常运转，为今后理顺机制，保持健康、良性、长效发展奠定了基础。

三是应尝试将法制副主任制度建设融入法制教育，进入课堂，让学生更好地了解社会。法制副主任制度实践内容丰富，很有价值，为法治国家、法治社会的具体实践提供了一种创新模式，值得我们持续深入研究总结。学界、媒体要利用这次研讨会的机会，充分发挥自身作用，深入挖掘、推广惠州经验和基层治理创新取得的成就。把实践活动与教学研究活动结合起来，认真研究惠州经验，进行理论总结和归纳，让好的社会实践经验走进校园、走进课堂，让学术更多为社会服务，让学生更好了解社会。

研讨会上各位专家学者从创新社会治理的角度、从法治中国建设的角度对惠州的法制副主任制度作了分析，分析非常精到，有内涵、有启发。而我想从软法的角度来审视这一做法，为总结推广基层治理经验提供一个新的视角。

软法是相对于硬法而言的，所谓硬法（hardlaw），是指由国家创制的、依靠国家强制力保障实施的法规范体系。所谓软法（softlaw），则是指不能运用国家强制力保障实施的法规范体系。具体而言，软法是由国家制定或认可的，行为模式未必十分明确，或者虽然行为模式明确，但是没有规定法律后果，或者虽然规定了法律后果，但主要为积极的法律后果，这些规则只具有软拘束力，其实施不依赖国家强制力保障，而是主要依靠成员自觉、共同体的制度约束、社会舆论、利益驱动等机制。从其表现形态来看，社会生活中的软法主要包括以下几类：一是国家法律、法规和规章中那些具有宣示性、号召性、鼓励性、促进性、协商性、指导性的法规范；二是国家机关制定的诸如纲要、指南、标准、规划、裁量基准、办法等大量的规范性文件；三是政治组织特别是执政党制定的章程和规范性文件；四是社会共同体制定的章程和规范性文件。

软法在理念、机制等方面与治理是非常契合的，是治理的重要手段。治理相对于管理而言，具有理念上的民主性、主体上的多元性、内容上的广泛性、程序上的参与性、参与上的平等性和体系上的开放性等特点。而软法与硬法相比，在制定主体上更强调多元主体共同参与；在制定过程中注重平等、协商，充分尊重各方意志的表达；在规则形成机制上淡化多数决机制，注重协商一致；在实施机制上淡化国家强制力，而是引入社会强制、激励、诱导等多种模式。软法的这种特性契合治理理念，软法治理模式的推广和软法措施的有效运用，将在实践中推动治理理念的进一步普及深入。

在惠州的基层治理实践中，软法发挥着非常重要的作用。

从规范属性层面来看，推动法制副主任制度的主要规范和依据皆非硬法，而是属于不借助国家强制力保障实施的软法。从治理的总体依据和宏观指导上来看,如 2012 年中共十八大报告、2013 年中共十八届三中全会《关于全面深化改革若干重大问题的决定》、2014 年中央一号文件《关于全面深化农村改革加快推进农业现代化的若干意见》等对加强社会建设、推进国家治理、创新社会治理体制、改善乡村治理等作了宏观布局和整体规划。从惠州法制副主任制度的具体规划和部署来看,主要是市委市政府 2012 年发布的《工作制度方案》,制定工作方案,从指导思想、基本原则、目标任务、实施主体、服务队伍、实施形式、工作职责、工作要求等方面做了全面部署。从这一制度的实施推动来看,主要是市委组织部和市司法局发布的《通知》,对十四个相关单位做了职责分工,决定成立专门工作组,负责日常运行的服务和管理,并建立相关单位联系人制度。从这一制度的具体建设来看,主要是通过《章程》和《工作守则》的制定,从组织机构和工作内容等多方面完善制度。在惠州法制副主任制度建立和完善环节的每一项重要文件和依据,都属于软法。从规范结构来看,软法在基层治理实践中发挥着主导性作用,这是一个软法大有作为的领域。

从制度构建和实施机制层面来看,法制副主任制度的建立和有效运行,同样有赖软法之力,贯彻了软法精神,建立了柔性机制,运用了柔性治理手段。惠州的法制副主任制度在运作中形成了"党委主导,部门主抓,村(居)主体,律师主力"的良性运行模式。各方各司其职,各负其责,合力推进。为保障制度的有效运行,在工作机制方面,专门成立了法制宣传志愿者服务总队(以下简称"总队"),制定章程,明确规定总队是由法律工作者和热心普法公益事业的各界人士自愿组成的公益性志愿组织,把总队作为落实法制副主任制度的一个重要机制,培育和发挥社会组织作用,推动社会自我调节和群众自治。同时,政府专门成立了惠州市推行村(居)委法制副主任工作秘书组,作为协调机构,与法制宣传志愿者总队秘书处衔接。变原先的上下级领导关系和行政命令关系,为一种建立在平等、自愿、协商基础上的协作关系。在人员的遴选确定上,也充分体现自愿原则,法制副主任的确立是由各村、居委会在自愿的基础上向志愿者机构提出意向,通过与志愿者个人签合同的方式来聘用,充分尊重各方意愿。此外,根据《工作守则》,其所确立的组织机制、分工机制、工作联系机制、考核机制、纪律机制、奖惩机制等都体现了治理的理念,是一种软法之治。

惠州的基层治理探索不但是法治社会建设的有益实践,是推进社会治理的有益实践，也是软法治理的一次有益实践，是软法之治的典范。软法亦法，软法之治同样是法治中国建设的重要内容，是推进国家治理体系和治理能力现代化的重要手段。

4.《寻找法治惠民的好抓手》[1]

惠州法制副主任制度的建立缘于现实的需要。在基层实践中我们认识到，当前社会众多的矛盾纠纷和不稳定因素，大多出现在基层；而导致这些矛盾纠纷和不稳定因素产生的原因，大多是因为基层干部和群众的法律意识不强、没有按法律办事。基于这样的认识，从2009年4月起，我们在惠城区和惠阳区探索聘请专业律师，担任行政村的"法制副主任"和社区的"法律顾问"。在总结试点经验的基础上，2011年，我们将"法制副主任""法律顾问"的名称统一为村（居）法制副主任，完善相关制度，全市推广实施，同时不断总结完善。经过近5年的探索实践，已初步形成了一套比较完整的法制副主任制度体系，全市1249个村（居）实现了法制副主任全覆盖，法律工作者以志愿者身份受聘村（居）法制副主任，不参与村（居）事务决策管理，免费为村（居）基层组织和广大群众提供法律服务，市、县（区）财政负责提供适量的交通、通讯补贴。目前，全市879名法制副主任活跃在城乡基层（有的法制副主任一人负责几个村、居），发挥着"四大员"的作用：一是通过开展法律讲座、结合实际以案说法，担当基层普法的宣讲员；二是免费为基层组织审查合同文件、村规民约，为基层群众起草法律文书，提供法律援助，担当法律文件的审查员；三是协助基层组织处理经济纠纷、调解各类矛盾，引导群众通过合法途径表达诉求，担当化解矛盾纠纷的调解员；四是通过广泛接触基层群众，了解掌握不稳定因素的苗头，及时向有关部门反馈，担当社情民意的收集员，在提高干部群众的法治意识，提高基层法治水平方面，发挥了重要作用，收到了实在成效，是基层民主法治建设和法治惠民的好抓手，得到基层广泛欢迎，受到社会广泛关注。

但是，每一项制度都有一个不断探索、不断修正、不断完善的过程。在法制副主任制度的实践中，我们也碰到一些问题和困惑，比如：如何提高专业律师的积极性，解决法制副主任中专业人员比例不高的问题；如何厘清界定职责，解决法制副主任与其本职工作的角色冲突问题；如何完善激励机制，

---

[1] 陈奕威："寻找法治惠民的好抓手"，载《法制日报》2014年4月10日。

解决法制副主任工作积极性的问题；如何完善保障机制，解决法制副主任制度的长效性、可持续性的问题，等等。研究解决好这些问题，既是完善这个制度的现实需要，也是推广这个制度的前提基础。我想，这也正是我们举办这个研讨会的出发点和目的意义所在。

各位领导和专家学者围绕法制副主任的运作情况进行实地考察，与基层一线代表进行了深入座谈，对这个制度有了一个全面、直观地了解。恳请各位领导和专家学者，在全面深化改革的背景下重新审视这一制度，对法制副主任制度进行把脉问诊、论证完善，进一步提炼经验成效、完善长效机制、拓宽运用领域，让这项新制度更加完善、更具优势、更富生命力，为全省乃至全国基层民主法治建设提供经验借鉴。

我们将十分珍惜此次研讨会的成果，把各位领导和专家学者的宝贵意见建议转化为惠州的具体实践，紧紧抓住全面深化改革机遇，勇于探索，大胆创新，进一步深化法治创建，努力打造法治创建示范区，不断提高基层社会治理现代化水平，为惠州尽快进入珠三角第二梯队提供法治保障。

5.《推广好的基层治理经验》[1]

法制日报社与惠州市法学会共同举办了一场层次很高的研讨会，出席这次研讨会的专家学者都是目前国内研究基层治理的顶尖人物，特别是罗主席在百忙之中莅临研讨会现场，为广东基层社会治理把脉开方，让我们备受鼓舞、倍增信心！

专家结合自己的研究领域，从不同角度对惠州市首创的村（居）委法制副主任的阐述主题集中、内涵丰富、精彩生动，有很强的理论指导性和现实针对性，包含了丰富的法学思想。各位专家教授对法制副主任制度所提出的真知灼见，不仅为惠州市进一步总结和推广这项制度开出了很好的"处方"，还为广东即将以省委、省人大、省政府推广这一基层社会治理模式，提高社会治理水平提供了有力的理论支撑。

惠州市委、市政府领导尤其是主要领导有强烈的民主意识和法治理念。在市委、市人大、市政府、市政协的高度重视和有力推动下，惠州市委组织部、惠州市司法局和惠城区、惠阳区率先推行村（居）委聘任法制副主任制度。他们以法治为主题，以村居自治为依托，以村居民为主体，以律师为主

---

[1] 杨日华："推广好的基层治理经验"，载《法制日报》2014年4月10日。

力，以法治惠民为出发点和落脚点，把契约化的关系介入基层自治组织，在创新基层社会治理、推进农村民主法治上为全省提供了一个样本。

508 名执业律师、897 名法制副主任走村入户，采取群众喜闻乐见的以案说法、法制讲座、法律服务等形式，开展法制宣传教育，化解矛盾纠纷，担任法律顾问，提供法律服务。实践证明，法制副主任制度有利于强化基层人民群众法治意识，有利于基层组织和两委干部培育法治思维、运用法治方式，有利于推进基层民主自治，有利于加强基层政权建设，有利于融合党群干群关系，有利于维护社会和谐稳定，符合十八届三中全会全面深化改革的精神，符合习近平总书记关于法治建设一系列重要讲话的精神，是探索建立基层治理体系、提高基层治理能力的一种有益尝试。这种尝试，老百姓叫好，基层干部叫好，社会各界叫好，省委、省人大、省政府也叫好。现在，各位专家又从理论上、法理上进行了论证。我们相信，这种尝试必定生根发芽、开花结果。

惠州市创建法制副主任制度，得到了省委、省人大和司法部领导的高度评价和关注，省委办公厅、省政府办公厅正准备发文对全省开展一村（社区）一法律顾问工作进行部署。按照这个部署，2014 年 3 月至 12 月，粤东西北地区 12 地级市各选择两个县（市、区）开展试点，珠三角地区各地级以上市全面推进；2015 年 1 月至 10 月，在全省全面推进一村（社区）一法律顾问工作，形成一整套比较系统完备的工作程序、工作规范和评估标准。作为推行一村（社区）一法律顾问工作的主要业务部门，我们将按照省委、省人大、省政府的决策部署，落实司法部领导的指示要求，会同依法治省办、省委政法委、省委社工委等部门，消化吸收专家学者的高见良方，总结优化惠州法制副主任制度，在全省推广落实一村（社区）一法律顾问制度，使惠州的"亮点"成为全省的"亮片"，使惠州的一树花开变成广东的满园春色。

衷心感谢罗主席和各位专家学者的真知灼见！衷心感谢司法部和法制日报社各级领导对广东的关心厚爱！衷心感谢媒体朋友对广东法治建设的关注支持！我们将不辜负你们的深切期望，在法治中国建设和推进国家治理体系、治理能力现代化的征程上争取更多地迈出第一步！

6.《基层法治民众要成为主体》[1]

法治中国的两方面内容非常重要：一是法治政府，二是法治社会。我们

---

〔1〕 包万超："基层法治民众要成为主体"，载《法制日报》2014 年 4 月 10 日。

党在延安时期就总结出了建设法治中国的经验，即送法下乡，给老百姓进行普法，解决问题，但是延安经验主要是针对法官，法官要下乡。而惠州经验突破了法官的范畴，把律师作为主要力量推向乡村。所以我认为惠州做出了一个重要的创新，同时也是对共产党 70 多年前法治经验的回归和突破，即寻找在乡土中国上如何建立一种法治。

传统思维认为，法治就是用法律来管理社会和老百姓，改革开放以后，我们更多地认识到法治主要是政府要守法。但我认为两种观点都比较偏颇，法治的主体应当是全体人民，人民既包括官员，也包括老百姓。片面地强调当官的守法，或者老百姓守法都是不够的。从 2004 年起，国务院把法治的重点转向了政府法治，但是九年以后，中央感觉民间社会法治化能力与法治水平同样重要。通过考察和思考，我认为惠州走出了一条中国从乡土社会向法治社会的必经之路，在这一点上，我们怎么来评估它都不为过。

惠州市委书记陈奕威同志说，惠州的"四民主工作法"和法制副主任制度都充分尊重了人民群众的主动性和创造性，这一点很值得重视。我们以前有过教训，政府对老百姓凡事都大包大揽，结果政府做了很多事，老百姓还不买账。而惠州的法制副主任制度实际上是政府真正把法治中国的主体定位为民众，政府虽然主动设置并把法制副主任制度推向全村，但是前提是村委会要有这个要求，政府与村委会签聘用合同。我认为这点比具体的制度还要重要，在基层建设法治要让民众成为主体，政府要主导，律师要服务，但是人民群众必须从被动接受变为主动要求，这点具有全局性意义。

下面我想对惠州的法制副主任制度提几点建议。第一是法制副主任的定位，这个定位是否具有可持续性。现在法制副主任定位为专业性、公益性、中立性，但是这个定位跟法律顾问的职责是分不开的。这样定位以后，未来会碰到几个问题，一是如何体现民众在法律消费中作为一个主体的权利和义务，我们刚开始推行这个制度的时候，非常主动，免费给农民提供法律服务，但是实际上村里的业务起码分为两类：第一类是他们的公共事务，比如"两委"的选举，比如村里公共财产的处理、合同；第二类纯粹是私人的，就是农民个人的，这两类必须要分开，假如不分开的话，法制副主任的职责不明确，它的定位就会含糊。

当村委会碰到公共事务的时候，很可能涉及跟政府的冲突，比如民告官，法制副主任是站到政府这边，还是站到村委会这边，这个角色是有冲突的，你是拿了政府的钱提供法律服务，但是现在针对的是政府，法制副主任该如何保持中立？

再比如村民个人和村委会公共事务的冲突，法制副主任又将如何保持中立。所以我想，针对村里的事务应该有所区别，一类是公共事务，第二类是私人的法律事务，第二类还可划分为诉讼和非诉讼的，法律顾问在这里把关就可以了，听完介绍以后，我想法制副主任只能是做村里涉及的公共事务，并且是非诉讼业务。假如我们除了做公共事务，还为他们具体解决私人的法律事务，这个制度可能不具有持续性，我们的律师将会疲于奔命。

第二是关于经费问题，这个问题不解决也会影响制度的可持续性。我感觉惠州的经验可进一步做大，做大的经费除了政府之外，社会也是可以有途径的——社会基金。保障了经费也就能确保从事这个行业的人有尊严。

7.《法治的根基和土壤在基层》[1]

对于惠州法制副主任制度我想先谈几个体会：

第一，惠州结合惠州基层规范治理与社区建设的需要，充分利用了社会的优质资源，发挥了律师的积极作用，开辟了送法下乡新途径。法制副主任不但满足了社区群众的法制需求，更重要的是政府通过这个平台和渠道了解了社情民意，为我们党委政府的决策和社会治理又提供了很好的土壤和基础。可以说是抓住了要害，走对了路子，整合了资源，满足了社区的需求。这体现了党委的领导、政府的主导、社会的参与。

第二，送法下乡也好，为社区提供法制服务也好，我们都要了解社区需要什么样的东西，考虑民众的诉求在哪里，给他们解决什么困难，只有这样我们法治中国才能落到实处。没有基层的法治，就没有中国社会的法治。所以我们要对农村和农民的法治需求进行深入的研究。首先要面向基层，研究现在法治保障不到位，困难在哪里？村民自治也好，社会的合作治理也好，问题的障碍在哪里？其次，现在社区的利益主体日益多元化，矛盾冲突不断，到底有哪些矛盾？这些矛盾和我们的村居管理、社区治理公共事务以及公共政策有没有关系？

第三，有关社区治理目前的体制问题。改革开放后社区的管理模式、管理机制有很多问题，比如政策很分散，城乡差别大等。所以要理顺体制，要

---

〔1〕 王权典：“法治的根基和土壤在基层”，载《法制日报》2014年4月10日。

了解各个行业、各个专业的法律政策,这样我们的服务才能够到位。所以,我们不仅要靠法制副主任给村民打官司,或者化解纠纷矛盾,还要靠法制副主任防范纠纷,了解他们的诉求。

关于法制副主任制度进一步的完善和推广,我提出几点建议:

首先,法制副主任要致力于夯实法律基础,规范社区治理,完善村社管理机制。作为基层治理大主题里面的一个小的环节,或者一个工作内容,法制副主任要正确处理好与党的基层建设、政府衍生公共服务、社会的广泛参与、村居自治的关系,不能偏向于一个方面。我觉得法制副主任主要的服务对象和服务的内容应该是村居管理过程中的公共事务。要帮助其建章立制,引导村民正当地行使民主权利,这是基础性的工作,很重要。法制副主任的工作要到位而不越位。

其次,要进一步推动法制副主任制度化、常态化,现在法制副主任的服务系统、服务模式、服务形式多种多样,不拘一格,但是服务标准化的管理体系还要进一步探讨、构建、研究。法制副主任之间要加强交流,同时也要加强业务培训。在农村处理矛盾和纠纷,不仅仅是靠法治,还要靠情理。法理和情理要有效地结合,我们的法治不仅仅是看重于国家的法,而且要看重村规民约,不要把老百姓看成是愚昧的、落后的、思想保守的,我们很多群众是很聪明的,他们自己设计的一些制度或者一些实践的做法很值得我们学习。

最后,要进一步研究法制副主任的社会价值和社会意义。法治的根基和土壤是在基层,我们把基层问题搞明白了,反过来也可以促进国家的法治建设。我们要对这个制度进行跟踪考察,收集好的做法和经验,把这些信息及时反馈回来,提高认识层次,在理论上深化法制副主任制度。

8. 《一把手要当好第一责任人》[1]

首先我要肯定惠州法制副主任制度的三个优势。

第一,治理现代化,其核心一定是法治的现代化,新的历史时期,当"有法可依"问题已经基本解决了以后,"有法必依、执法必严、违法必究"的问题就摆在了我们面前,所谓的法治化就是落实这12个字。从这个角度来讲,我觉得惠州在这方面找到了一个点,这个点就是他们提出来的法制副主

---

〔1〕 宋儒亮:"一把手要当好第一责任人",载《法制日报》2014年4月10日。

任，惠州市委市政府在法治广东的建设和破局方面，在法治中国的推进方面做了事，做得很了不起。法治广东的口号是一把手是法治建设的第一责任人，省委提出来以后，惠州市委领导真正把法治当作第一责任来推，所以惠州的创新创在惠州，新在由一把手出思路、想办法，这是惠州法制副主任制度成功的第一个优势。

第二，我们的社会要由管理向治理转变，治理这个词跟管理相比较，治理更多元，而且社会力量和法治一定是它的核心要素，怎么把治理落实下去，惠州法制副主任制度具有很大的优势。管理的思维是办事首先找公安，有问题赶快解决，但治理应该怎么做？治理应该是找司法局、找律师协会、找公正的地方。我觉得找到了社会的力量，这就是治理，而广大的农村如果有法制副主任在，应该来讲我们在治理方面往前又推进了一步，因为治理强调社会的力量，治理强调法治，治理强调多元。所以从这个角度来讲，我觉得由管理到治理的调配，是惠州法制副主任制度第二个值得肯定的地方。

第三，我们的社会资源配置强调由市场配置资源，但是也要说一句话，市场配置资源不能离开市长的配合，如果都交给市场，没有市长的配合，一个可能是没有规矩，还有些力量可能需要市长的配合。讲到这里，我觉得这些律师很不容易，他们是公益、自愿，作为长效机制，如果有这一块的投入，肯定很好，显然惠州有这方面的投入，让市场双方完全自愿，你情我愿，但是也没有离开市长的配合，配置和配合两个都要有，否则我们没办法建下去。

下面我对法制副主任制度提三点建议：

第一，法治的目的不能偏废。法治的核心是什么呢？是依法治国，治的核心一定治的是公权力，可以是治国、治省、治乡、治村，但是千万别治民，这跟我们的法治导向产生了冲突。另外一点，法治是要治公权力，不要变成依法治物。治水、治土，治什么东西，法律不是用来治物的，如果治民了、治物了，就不是法治的根本宗旨，也偏离了法治的要求。

第二，法治要看实效。这个实效是以看得见的方式表现出来。我还有一个研究领域是医学法律，医学法律很注重第三方调解。我觉得第三方调解对基层治理也很重要。在肯定第三方调解的时候，我也有一个担忧，这个担忧是有位医生谈到的，现在医疗纠纷的解决最后成了碰运气，如果对方不满意来闹，我一定给钱，我做得再不好，对方不知道，就不必给钱，全靠那个人好不好。所以，如果第三方调解跟制度、跟农民的素质、跟村民的法律信仰联系不上，只是用钱来搞定，法治问题如果变成经济问题，就不是我们要求的法治。

第三，法治绝对不能走样。农业、农村、农民是长期以来中国的三大难题，解决好这三大难题，中国的现代化就向成功迈出了重要一步。法制副主任是中国基层法治化一次可贵的尝试，贵在通过法制副主任向基层传播法治思维和法治方式，在这一点上不能走样，要持之以恒。

9.《务实的惠州模式初见成效》[1]

考察学习了惠州法制副主任制度以后，我感到惠州推行的法制副主任制度具有"新、实、效"这三个基本特点。

惠州法制副主任制度首先具有较强的创新性，甚至可以把它称之为法治的"惠州模式"。我们一直强调法治中国、法治政府、法治社会，但是落地有困难，特别是城乡基层法治建设难度更大。十八大以及十八届三中全会和2014年中央1号文件强调要深化农村土地制度改革，改革的推进势必牵涉到广大基层民众的切身利益，这个利益关系非常复杂，由此基层法治建设的任务更加繁重。而从整体上讲，像中国这样一个大国，进行法治建设，各个地方的自然条件、经济发展水平不相同，所以没有现成的模式可供借鉴，那么答案在什么地方呢？只能来源于各个地方自己的法治实践。我认为，惠州目前推行的法制副主任制度无疑为法治中国建设特别是中国城乡基层的法治建设探索出了一条新路子。体现在以下几个方面：一是据我所知，当前还没有一个地方像惠州这样，真正做到了送法进村入户，而且做得这么深入细致。二是这个制度不同于过去运动式的普法教育，运动的好处是暴风骤雨见效快，但它来得快去得也快，惠州不是这样，从2009年一直到现在，从试点到逐步推广具有长效性，落了地，生了根，开了花，结了果。三是"惠州模式"把通过法制宣传教育培养法治精神与解决基层矛盾有机结合起来，把虚和实结合起来，眼前和长远有机结合起来，具有创新性。

其次，惠州法制副主任制度具有务实的特点，能够接地气，所以它具有极强的生命力。第一，法制副主任制度的产生具有较强的问题意识，解决了基层的问题。当前的农村经济发展了，农民权利意识提高了，矛盾多了，但

---

[1] 丁文："务实的惠州模式初见成效"，载《法制日报》2014年4月10日。

是法律意识、法治观念仍然很薄弱，这已经影响到了政府治理，影响到了社会稳定，影响到了我们改革的深入进行，在这样的前提下，就内生出了对法治的需求。第二，惠州各级领导高度重视法制副主任制度建设，为"实"打下了比较好的基础。第三，法制副主任制度已经建章立制，机制体系已经基本形成，具有可操作性，具有指引、教育、预测这样一种规范作用。第四，法制副主任制度还有一定财政保障，财政保障为制度的落地生根提供了一定的物质基础。

最后，惠州法制副主任制度已见成效。法制副主任制度抓住了根本，这个根本是惠民利民，以满足百姓需求为根本，它接了地气，我们常说顶天立地，"立地"就有了生命力，所以在实践当中它已经取得了不错的成效。

对这个制度我也提一点自己的建议：首先是关于这个名称的，这个名称让人产生一定的遐想，尽管法制副主任很谦卑，但多多少少带有行政色彩，行政色彩与公益性定位之间还是有一定的矛盾，所以法制副主任这个提法有必要斟酌。

其次是关于法制副主任的聘任保障机制问题。目前是律师，我觉得挺好，律师是最适合充当这一角色的中立者，但是，现在律师选聘为法制副主任是遵循自愿原则，也就是靠道德约束。我觉得自愿原则要坚持，但是道德机制有点不靠谱，能不能把自愿原则与相应的激励机制、约束机制结合起来，建立相配套的聘任机制以保障这个制度能够长久运行下去。

最后是关于法制副主任的定位问题，法制副主任定位为公益性、专业性、中立性，那么村的公共事务以及村民的个人事务是否都要法制副主任来解决？我担心他的压力太大，任务太重。

10. 《将基层维稳纳入法治轨道》[1]

惠州法制副主任制度是把契约理念输入社会治理之中，让社会治理在协商民主精神的引导下，形成合作共治，把法治的思维融入基层自治之中，让基层自治在法治的轨道上有序推进，形成有秩序的民主、守秩序的自由、讲法治的自治。

下面我就这个制度从三个方面谈一下我的看法：

第一，我认为惠州市的党委政府在创新群众工作方法、推进基层民主法

---

[1] 石佑启："将基层维稳纳入法治轨道"，载《法制日报》2014年4月10日。

治建设方面表现出了巨大的政治智慧和高超的治理技巧，体现出了民之所需，施政所向的精神。惠州党委政府能够依托社会的力量来挖掘、整合法律资源，适应经济社会的需要，创造性地推出了法制副主任这项制度，展现出强大的生命力，引起了社会的普遍关注，应该说这与我们党委政府的高度重视、统揽、组织、推动是分不开的，功不可没。

第二，法制副主任这个职业群体呈善心，做实事，讲奉献，树形象。它实际上是一种公益心在支撑的一种活动，是实实在在地为基层民众办事，贴近民众，以人为本，服务基层，赢得了社会公众的信赖，在奉献中体现价值，赢得了社会的尊重，塑造了法律人的新形象。可以说这么一个群体在我们法治国家的建设中步伐会越走越坚实。

第三，法制副主任这个制度也有几大特点：一是让法制宣传教育更接地气，更聚人气，更有生气。法制副主任这个制度采用了群众更加喜闻乐见的宣传方式，把法律送到了田间地头，以便捷、高效的方式满足了基层群众对法律知识的渴求，产生了良好的效益和效果。

二是这样一种在基层化解矛盾纠纷的方式非常有亲和力和公信力，创造了在基层化解矛盾的一种好的机制，法制副主任是法律志愿者，这个志愿者凭他的专业素养、公益心和公正性，在矛盾纠纷当中找到了利益的平衡点，将法、理、情有机地结合起来，以公平公正的方式赢得纠纷当事人的信赖，有效地维护了基层的和谐与稳定，这也是一种成本低廉的矛盾化解方式。

三是把法治的思维输入寻常百姓家，开创了法治惠民的好通道。通过法制副主任这么一个载体，这样一个抓手，切实地将法律送到公民当中，让公民在运用了法律的同时对法律产生了信任和信仰。通过这样一种机制和载体，能够让民众感受到法律确实能够保护他的权益，法律确实对我有用，这是一种革命性的变化，而这样一种变化可以与依法维稳有机统一起来，将维稳建立在法治的轨道上。

四是为基层的依法自治，为法治政府建设提供了强大驱动力。当民众的法律意识、法制观念增强以后，就形成一种对政府的倒逼机制，政府本身也要用法治的思维和法治的方式去处理问题，这就能够将法治政府和法治社会建设有机地结合起来，形成一个在法治中国建设中的双能驱动。

同时，对这个制度我也有几点反思。第一，法制副主任作为一种新生事物，一经诞生，因为产生了良好的功效，人们对法制副主任产生了越来越多的期待。但是法制副主任也不是万能的，也不能包治百病，我们要防止法制副主任陷入一种万能的泥潭，让他承受难以承受之重。第二，法制副主任队伍的结构要不断优化。做好法制副主任一是靠制度，二是靠人。好的制度与高素质的团体相结合就能很好地推行这个制度，那么如何优化我们这个队伍呢？我们应该进一步开拓选人的视野，更好地调整人才结构，让更多的人参与进来，这样社会影响会更大，做得会更好，这个品牌打得就会更响。第三，是制度机制的问题，惠州把法制副主任制度纳入公共服务均等化的范畴。这是一个很好的创举，让我们充满了希望，充满了信心。

11.《善用社会治理的新生力量》[1]

法制副主任制度涵养和培育着基层社会的政治文化，特别是法治文化，包括观念、制度及行为方式等，推动形成依法办事的法治环境，正在悄然改变着、优化着、净化着基层社会的政治生态。

过去，在基层治理中，主要靠组织的政治权力或行政权力的力量、人治的力量，偶尔靠乡规民约、道德、法律的力量管治着基层社会。现在，事情正在起变化，法治的力量、社会自治的力量正在上升，逐渐形成多元力量协同共治基层社会新格局。在总结提炼实践经验的基础上，各方均认识到：各种社会矛盾纠纷，还是要在规范的、法律的轨道上解决，多样性的维权行为，还是以法律维权最有效、最便捷，成本最低。

过去，基层治理的思维与方式比较单一，普遍运用的是自上而下的单向度的管治思维与方式，现在是"一手抓民主，一手抓法治，两手都要硬"。如过去的维护基层社会的稳定，往往运用"灭火"式的思维与行为，头痛医头，脚痛医脚，为求得长久、持续、可靠的稳定，必须民主与法治两手抓，两手都要硬。民主，包括民主选举、民主决策、民主管理、民主监督，倡行与导入"参与式治理"模式；法治，可以引入带着自愿性、公益性的法制副主任制度，带动基层群众学法、知法、守法、用法。这不仅是行为方式的改变，更是思维、观念的改变。法律只有被群众所掌握，才能发挥武器的作用。群众知法、用法，用法律维护自身权利，我们必须看到其进步意义，激发其正能量。

---

〔1〕 黄文新："善用社会治理的新生力量"，载《法制日报》2014年4月10日。

从走群众路线、做好群众工作的方式选择来讲，引导基层群众用法治思维和法治方式来化解内外矛盾问题是群众路线题中应有之义；从科学决策、民主决策原则指导下的政策选择来讲，法制副主任制度的实施在实践中是各方共赢的最优选择。

总的说来，基层社会的政治文化、政治生态正在发生着变化，特别是对法治的认识、对法治副主任制度的认识正在逐渐深化，并由此带来基层社会中法治环境的逐步形成。

过去，一些村（居）委干部认识存在差距与误区。现在，随着法制副主任制度的推开与实践，村（居）委干部和村（居）民提供了认同度和接受度，他们认识到：法制副主任是提供法律咨询、提高法律意识与法治思维的服务器，是与党委政府沟通联系的直通车，是与法律亲密接触的便捷道，是送法上门服务的快车道。

法制副主任是一股新生力量，这一制度也正发出正能量，有必要善加利用，实现基层社会从管理到治理、从善政到善治的转变。从社会治理新视角来审视，法制副主任制度的效用是明显的。一是优化了工作方式。以法律思维和法治方式替代管治思维与行政方式，引导群众知法、信法、用法，避免对政府的无限依赖与有事找政府的惯性思维与行为。

二是突破了工作局限。以往的基层工作靠政策、靠行政化手段，一方面造成了法律有劲使不上，插不上手损害了法律的尊严与人民群众用法的自觉性和主动性，另一方面又让基层群众感到法律遥远，不会用、用不起。通过法制副主任以法治方式来解决涉法问题，来兜底，对问题和矛盾的解决有根治作用。

三是提高了工作效率。从法治方式入手，找到了解决矛盾问题的抓手和牛鼻子。特别是对信访维稳工作，伴随着涉法涉诉信访案件法律终结制度的落实，非依法依规上访的，不依法依规息诉息访的，不再是低成本高收益，不再被受理，从而减轻行政压力，提高了工作效率。

四是降低了工作成本。要更有效率、更低成本地进行社会治理，法治化是重要前提和基础。同时，法治也是维护和规范社会秩序最重要、最好使的手段，也是成本最低的手段之一。

为了更好发挥法制副主任制度可持续性的效力作用，提高基层干部群众对法制副主任的可接受程度仍是当务之急。应改变法制副主任的生成方式，由外部嵌入式转为内部生成式。一开始基层的干群为什么会有排斥感？主要是认为这种制度有"外力介入村（居）民自治"之嫌疑，要提高基层干部群众对这一制度的认同度和接受度、参与度，须变成他们的自觉自愿，是内在的需求，这样法制副主任制度才能与村（居）事务对接起来，才能真正融入基层干群的工作与生活。

四、《广东惠州探索"一村一法律顾问"10年,协助调解矛盾纠纷2万多宗,专业优质便捷的法律服务进村来》[1]

引子

乡里乡亲,家长里短,生产生活中难免有些磕磕绊绊。如今,在广东省惠州市农村,一旦发生矛盾纠纷,乡亲们爱找村里的"法制副主任"。

10年前,惠州市探索推行驻村"法制副主任"。从那时起,500余名法律工作者陆续走进乡村,送法下乡,实现"法制副主任"行政村(社区)全覆盖。

6年前,广东全省推而广之,统一定名为"一村一法律顾问"。

这几年,"一村一法律顾问"已在全国推开。今年的中央一号文件明确提出:"组织开展'一村一法律顾问'等形式多样的法律服务。"3月,中央全面依法治国委员会《关于加强法治乡村建设的意见》公布,其中要求"进一步加强乡村法律顾问工作,落实一村一法律顾问制度,规范服务内容,创新服务方式,强化工作保障,为农村基层组织和人民群众处理涉法事务提供专业优质便捷的法律服务"。

发轫

"吃过不懂法的亏"的田头村,尝到了懂法用法的甜头

时隔多年,曾兆雄仍然心有余悸。

2006年,曾兆雄时任惠州市惠阳区沙田镇田头村党支部书记。彼时,一村民小组将村集体建设用地上建设的厂房,租给了一家外地企业。合同租期原本5年,没承想,3年刚过,老板突然跑路,撇下几名未拿到工资的工人,

---

[1] 吴冰、贺林平、李刚:"广东惠州探索'一村一法律顾问'10年,协助调解矛盾纠纷2万多宗,专业优质便捷的法律服务进村来",载《人民日报》2020年7月24日。

让村民小组束手无策。

"当年不懂法，合同签得很马虎，老板违约了怎么办？怎么到法院起诉？一时没了主意。"曾兆雄说，老板联系不上，后来厂房闲置大半年，租金打了水漂不说，几名工人追讨欠薪，村民小组只得先行垫付。

像田头村一样，随着城乡一体化发展加快，在惠州农村，土地流转、房屋租赁等事项不断增加，不少村民拓宽了财产性收入来源，尝到甜头，但也走过弯路。"吃得最多的亏，是不懂法的亏。"曾兆雄坦言。

"因为不懂法，一不小心就容易出错，造成损失，对不起乡亲啊！"2009年，广东日升律师事务所主任律师钟君安常到田头村参加惠州市司法局举办的送法下乡活动，曾兆雄总要诉说不懂法之苦，邀请钟律师多到村里来。

当年11月，经惠阳区相关部门牵线，钟君安和田头村签约，担任该村法律顾问，定期进村提供法律咨询，免费提供法律服务。

这一试，让田头村尝到了甜头。

田头村两个相邻村民小组，曾因交界处一块土地的权属引发纠纷，争执难解。"村两委在这件事上左右为难，怕一碗水端不平。"曾兆雄为此头疼。

受聘成为村法律顾问，钟君安就直奔问题去。

"首先征求你们的意见，是否同意我介入协调？"村委会会议室里，坐着两个村民小组的代表，气氛凝重，钟君安不紧不慢地说道。见是常来村里讲法律知识的钟律师，大家点头同意。

"集体土地使用证是土地权属的重要依据，你们双方都说土地是自己的，能拿得出土地使用证吗？"由于历史原因，双方均未持有土地使用证，于是都没吭声。钟君安看到"法律牌"发挥了作用，又接着打出了"感情牌"："大家都在一个村里，低头不见抬头见，还是要以和为贵、互相谦让。"最后，采纳钟君安建议，双方按土地面积平均分配。

针对乡村法律纠纷增多的现实情况，结合农村基层干部和村民法治意识提升需求，2010年10月，惠阳区在20个行政村试点，设立村法律顾问——村法制副主任。

"为村居聘请法律顾问，源自基层的自发探索，经过试点、推广，如今已成为惠州市推进依法治村的有力抓手。"惠州市司法局局长潘如新告诉记者，2011年以来，惠州在总结试点经验的基础上，建立完善村法制副主任制度，明确功能定位、工作职责，分批分阶段推行到所有村居。

"'法制副主任'是按法律专业性和公益性原则招募并组建的法律服务志愿者队伍,当时命名为'法制副主任',主要是为了体现服务性,便于村干部、村民理解,方便他们开展工作,并非真正担任村委会副主任——他们不参与村居公共事务决策管理、不干涉村居日常事务。"潘如新解释道。

惠州市还明确提出,法制副主任每月至少抽出 8 小时到驻点村(社区)开展法律服务,一年内不少于 12 个工作日,平时通过电话、微信等提供咨询。为此,财政出资,给予每名法制副主任每年 1 万元补贴。

解难

当好化解矛盾纠纷调解员、法律知识宣传员,在潜移默化中提升村民的法律意识

陈稳胜新居落成,徐向辉受邀前去贺喜,送上的是一本封面红彤彤的《中华人民共和国宪法》。

56 岁的陈稳胜,是惠州市博罗县龙华镇旭日村村民。2014 年底,他家祖传三代的老屋破了屋顶、裂了屋墙,没法再居住。他请来包工队,在原址上拆旧建新,谁料刚刚动工,就被镇上叫停。

原来,陈稳胜所在的旭日村,属于典型的客家古村落——明清以来保存完好的古民居有 600 多处。由于相关部门正在做古村落保护规划,计划将旭日村打造成历史文化景点,镇政府建议陈稳胜等规划出台后再建。陈稳胜只好作罢,一家五口暂住邻村岳父母家。

古村落保护规划迟迟没出台,陈稳胜一家等不起,"大儿子二十好几了,说了两个姑娘,人家来了一看,连房子都没有,转身就走了。"

"稳叔,咱村有位法制副主任,要不去问问他?"乡亲的一句话提醒了陈稳胜。抱着试试看的心态,他找到 2012 年受聘旭日村法制副主任的徐向辉。

听完事情原委,徐向辉很快准备了材料,到镇政府及国土所反映情况。

"我国土地管理法规定了农村宅基地'一户一宅'原则,老陈在祖祖辈辈的宅基地原址重建,完全合法"……徐向辉既引法条又讲道理。

徐向辉依法调解,镇里松了口,陈稳胜也作出让步:新房建好后,按古民居样式装饰外立面;让出老房子外侧原先做厨房、鸡舍的三角地,拓宽进村道路。

2019 年春节,陈稳胜一家乔迁新居,请徐向辉来新家做客,这才有了徐律师送《宪法》的一幕。

随着越来越多的法律顾问走进村庄，村民需要法律服务时不再"接不上线、摸不着门"，而是像陈稳胜一样，学会依法化解纠纷、维护权利。

当然，这个过程并非一蹴而就。

惠城区小金口街道小铁村有梁、李两家，房子相邻而建，中间一条路，两家都借此上山种地。后来因为一点小矛盾，梁家认为这条路建在自家宅基地上，便在路口砌了一道墙，李家不得不绕路上山。为此，两家吵了半年，谁来都调解不出个结果。

李家儿子劝父亲向村法制副主任求助，老李不以为然。儿子直接找到村法制副主任刘声平。

找到梁家人，身为广东科明律师事务所主任的刘声平提出了"相邻权"的概念：在相互毗邻不动产的所有人或使用人之间，任何一方为合理行使其所有权或使用权，享有要求其他相邻方提供便利或接受限制的权利。即便路修在梁家宅基地，但因房屋相邻，李家有权通行。

一番法律分析，有理有据，老梁自知拗不过法，拆了围墙，同老李和解。自此，老李对刘声平这位法制副主任心服口服。

像老李一样，不少村民对法制副主任的态度转变经历了一个过程。这背后，法制副主任靠公正调解赢得信任，更靠法律知识宣传，在潜移默化中提升村民的法律意识。

钟君安来到田头村后，第一件事就是给村民上法制课。"土地管理法、婚姻法等法律法规，村民关注度高。"钟君安准备充分，讲得通俗，村民听得津津有味，没有一人中途退场。课后，不少村民围着他咨询。

一堂法制课，让钟君安更加明白村民对法律知识的渴求。此后，在村委会换届期间，钟君安为村民、村干部讲授村民委员会组织法；开展"两违"（违法占地和违法建筑）专项整治工作期间，他为村民讲解相关土地管理的法律法规。

"法制副主任的到来，并非只是解决了几桩矛盾，更主要的，是带来遇到问题依法解决的法治理念。"曾兆雄感慨。

在博罗县泰美镇岭子头村，早年间个别村干部违规将村集体鱼塘低价发包。后来，不少村民知晓了此事，嚷嚷着要去追堵承包者，将鱼塘强行收回。

"大家先冷静一下，不要冲动，一旦触犯法律，不但自己吃亏，也没人敢来村里投资了。"关键时刻，钟伯等几位常跟该村法制副主任曾石文在一起的村民出面相劝，压住了村民的心头火。"属于村集体的鱼塘，村干部私自发包是错的，这事我们占着理，一定能通过法律手段解决。"

最终，曾石文指导村民依法维权，顺利收回鱼塘并重新发包。

在惠州市委书记李贻伟看来，法制副主任护航农村发展，成为乡村基层治理的重要参与者。"他们以法律为准绳，以公正公开为原则，促进矛盾纠纷处理在基层、化解于萌芽，有效维护了基层稳定。"

治村

当好村民自治引导员、法律文件审查员，提升依法治村的能力

自从徐向辉帮陈稳胜解了难题，便在村里树起了威望，村民有矛盾纠纷都找他帮忙。这不，家住进村大路边的陈文（化名）又来求助了。

原来，为增加自家居住面积，陈文和周边邻居一样，在门口私搭乱建了房子，挤占了部分道路，被国土部门督察发现并要求拆除。村干部上门做工作，周边乡邻的都拆掉了，唯独陈文不为所动，"我自己花钱建的，凭啥要拆？"

陈文找徐向辉帮忙，哪知了解情况后，徐向辉反做起了陈文的工作："土地管理法规定，集体土地不得私自占用，而您的做法，就属于强占属于村集体的公共道路用地，村集体有权依法拆除。"

旭日村党支部书记、村委会主任陈锦建原先还有些担心，村里来了法制副主任，会不会只站在村民这边，后来才认识到，他们是站在法律这边。

"跟陈文讲明利害的时候，徐律师专门带了几本法律书，我们在旁边听，也学到很多东西。"陈锦建说。

起初，法制副主任的到来，也让一些习惯于传统治理方式、工作简单生硬的村干部颇不适应。不少村干部担心他们会干涉村务，有些排斥心理。

2017 年 10 月，广东宇晟律师事务所律师张水英受聘为博罗县湖镇镇三水村法制副主任。一开始，每次下村向村干部"领活儿"，得到的答复都是"没什么事"。

一次紧急救助，让张水英在村里赢得了信任。相关部门督查发现，三水村集体和村民签订的土地使用权转让合同有问题，村两委一时不知所措，问张水英该如何处理。

原来，根据土地管理法规定，农村土地属于农民集体所有，为乡村公共设施和公益事业建设需要使用土地的，农村集体经济组织报经原批准用地的政府批准，可以收回土地使用权，但对土地使用权人应当给予适当补偿。几年前，村里为建设公共设施需使用部分村民土地，却和村民签订了土地使用权转让合同。"在这里，部分村民下意识认为土地分到手就是自己的，个别村干部的认识也模糊不清，居然把一部分分给村民的地再'买'回来。"张水英说。

按照张水英的专业指导，村委会报相关部门批准，与村民签订了收回土地使用权协议书，并参照广东省征地补偿标准，与村民重新商定补偿金额。经此一事，村两委成员心服口服，村里处理涉法事务，都请张水英建言献策。

"张律师，我们村规民约中，村民转让宅基地使用权给本村集体成员的，受让方必须承担对方临终前的赡养责任，这样规定是否合法？"一堂法制课上，有村民代表拿出村规民约，现场请教。

张水英细细一看，这样规定确有问题。"依据土地管理法有关规定，宅基地使用权可以在本村集体成员间合法转让，村集体担心本村集体成员间随意转让宅基地使用权，在村规民约中这样规定的出发点是好的，但不符合相关法律精神。"

后来，根据张水英的建议，村里召开村民代表大会，经讨论，一致通过，删掉了该条规定。

"法制副主任不仅依法调解纠纷，更在村集体合同订立、村规民约的完善规范中发挥作用，成为依法治村的重要力量。"惠州市委副书记黄志豪说。

规范

强化考核，做好保障，明确角色定位，完善激励机制，助力法治乡村建设

"我们村里的法制副主任根本不见人影！"2016年，博罗县司法局突然接到某村村民投诉，反映当地法制副主任未能履职尽责。

县司法局调查了解到，受聘该村法制副主任的律师跳槽到了其他县区的另一家律师事务所，其先前所在的律所一时没有合适的替代人选，只能请他暂时兼顾。但因路途较远，交通不便，律师到村服务频次明显下降。县司法局为该村重新安排了合适人选。

为确保工作有序开展，近年来惠州市不断完善法律顾问工作守则，细化"按时按量到驻点村居开展法律服务工作""依法调处各类矛盾纠纷""村干部、村民满意度评价"等12项量化考核指标，建立奖惩退出机制，明确连续两年考核不合格的予以解聘。

2019年以来，惠州市各区县还陆续组织开展律师事务所与镇司法所"所所对接"签约，原则上由一个律师事务所对口一个镇，试行律师和镇属各村居"双向选择、动态调整"。

在"所所对接"基础上，不少地方的法制副主任逐渐从"单打独斗"，转变为以一个团队覆盖多村的"组团式服务"。

"比如我在某一个专业领域比较在行，但另一个领域可能就不太熟悉。不少村里的矛盾纠纷较为复杂，涉及方方面面，形成一个团队，大家专业知识结构互补，能更好地为农村服务。"钟君安告诉记者。

在村里待得久了，有的法制副主任也有这样的困惑："我们经政府购买服务受聘为法制副主任，应该不偏不倚、居中调解。但作为律师，接受当事人委托代理，在法律大框架范围内，就应尽可能维护当事人的利益。这样的话，还能在村里代理案件吗?"

对此，惠州市司法局有关负责人坦言，试行之初，并未考虑到这种角色上的偏差、冲突。2014年，惠州市进一步明确法制副主任角色定位，坚持化解矛盾的中立性，原则上禁止其在受聘村代理案件。

保障机制也在逐步完善。为调动法制副主任的服务积极性，近年来惠州市鼓励有条件的村，在政府购买基本法律服务的前提下，可自行增加出资，购买更加全面的法律服务。

刘声平2012年受聘担任小铁村的法制副主任，至今已8年。他工作投入，每月下村的次数远远超过规定要求。2017年起，小铁村和他所在的律师事务所签约，每年2万元聘请他提供常年法律服务。

"现在村里经济发展很快，有这样的专业人士帮着把脉问诊，心里踏实。"小铁村一名村干部说。

这些年，惠州1280个村居全部实现"一村一法律顾问"，已完成法律咨询23万次，协助调解各类矛盾纠纷2万多宗。

2014年5月，广东省出台《关于开展一村（社区）一法律顾问工作的意见》，将惠州市"法制副主任"的探索经验推向全省，并统一定名为"村（社区）法律顾问"。

"目前，全省近2.6万个村（社区）已实现法律顾问全覆盖，并逐步从

'有形覆盖'向'有效覆盖'转变。"广东省司法厅厅长曾祥陆说。

6 年来，广东省法律顾问律师开展法治讲座超过 55 万场次，受众超过 1400 万人次，为村民提供法律咨询 232 万人次，直接参与调处矛盾纠纷超过 8 万宗。

五、博罗县《"六治"协同构建基层治理
新格局试点工作方案》[1]

　　为加快推进基层社会治理体系和治理能力现代化，夯实党的执政根基，巩固基层政权，更好地完成中央政法委联系点工作，构建具有博罗特色的基层社会治理模式，根据中共中央、国务院《关于加强和改善城乡社区治理的意见》、《关于加强和改进乡村治理的指导意见》、《中国共产党农村工作条例》以及《广东省实施乡村振兴战略规划（2018-2022年）》等文件精神，结合工作实际，制定如下试点工作方案。

一、指导思想

　　坚持以习近平新时代中国特色社会主义思想为指导，坚持以人民为中心的发展思想，以营造共建共治共享格局为目标，以防范化解基层社会矛盾和社会风险为着力点，以坚持发展新时代"枫桥经验"为抓手，充分发挥政治、自治、法治、德治、智治、美治"六治"作用，加快推进基层社会治理体系和能力现代化，努力顺应人民群众对美好生活的向往，切实解决人民群众最关心最直接最现实的利益问题，不断提升人民群众的获得感、幸福感、安全感，打造具有博罗特色的基层社会治理模式，努力把博罗建设成为本固基强、和谐有序、绿色文明、创新包容、共建共享的幸福家园。

二、试点单位

　　罗阳街道、麻陂镇、园洲镇等。

三、工作重点

　　（一）突出"政治"统领作用，夯实基层党组织引领治理的基础。

　　1. 坚持党委牵头抓总，丰富和完善基层社会治理机制。各部门和乡镇

---

　　〔1〕 中共博罗县委政法委：《"六治"协同构建基层治理新格局试点工作方案》（2019年7月25日制定，2019年9月27日网站发布），载博罗县人民政府网：http://www.boluo.gov.cn/dqbm/xwzfw/pabl/content/post_ 2885814.html，2022年1月13日最后访问。

（街道）党委要带头学习习近平新时代中国特色社会主义思想，深入贯彻"共建共治共享"社会治理理念，党政一把手牵头抓总，试点工作专人负责。坚持调查研究，坚持理论与实践相结合，坚持重心向下，坚持群众路线，坚持系统思维和法治思维，解放思想，实事求是，在试点、总结、推广的多次反复中，丰富和完善党委领导、政府负责、社会协同、公众参与、法治保障、科技支撑的现代基层社会治理体系，有力推动试点工作顺利开展。（指导单位：县委组织部、县委政法委）

2. 明确城乡社区基层党组织职能定位，加强政治引领。基层党组织要在城乡社区治理中充分发挥领导核心作用，确保党的路线方针政策在城乡社区全面贯彻落实。强化政治功能，聚焦主业主责，在党的重大战略方针的落实中，体现担当作为，切实把工作重心转移到基层党组织政治引领定位上来，转移到做好公共服务、公共管理、公共安全工作上来，转移到为经济社会发展提供良好公共环境上来。要将党建工作与业务工作紧密结合起来，积极探索"贴得紧、行得通、效果实"的党建新模式。（指导单位：县委组织部）

3. 规范基层党的组织建设，形成坚强战斗堡垒。要全面落实加强党的基层组织建设三年行动计划，优化基层党组织设置，推进基层党组织规范化建设，开展基层党组织达标创优活动。建立乡镇（街道）党（工）委书记抓基层党建责任清单，持续整顿软弱涣散村党组织。加强城乡社区党风廉政建设，推动全面从严治党向城乡社区延伸，切实解决居民群众身边的腐败问题。（指导单位：县委组织部）

4. 提高党员干部党性修养和工作能力，发挥好先锋模范作用。配强配优村（社区）党组织书记，实行"村推镇选"培养选拔制度，建立党组织书记后备队伍。推行党员评星定级量化管理，实施发展党员"村培镇管"制度，注重从青年农民、外出务工人员、妇女中精准择优发展党员。完善党内民主激励关怀帮扶制度，发现和树立优秀基层干部典型，探索设立"党内帮扶基金"。提升基层党组织和党员发挥先锋模范作用的能力和水平，探索形成常态机制，增强基层党组织的向心力、凝聚力和战斗力。（指导单位：县委组织部）

5. 加强基层党组织和党员、干部联系服务群众工作机制建设，常态长效做好群众工作。开展"进百家门、听百家言、知百家事、解百家难、暖百家心"活动，乡镇（街道）党委书记和党委领导班子成员等要包村联户，村

（社区）"两委"成员要制定常态联系群众全覆盖方案，加强对贫困人口、低保对象、留守儿童和妇女、老年人、残疾人、特困人员等人群的关爱服务，持续保持与辖区群众的血肉联系，持续保持干群良性互动，确保辖区群众自觉听党话、感党恩、跟党走。（指导单位：县委组织部）

（二）发挥"自治"基础作用，激发基层社会活力。

6. 完善村民委员会自治形式，规范运作流程。以依法办事为前提，探索各类自治手段和方式，以依法充分自治为目标，广泛调动激活各种积极因素。设立政府社区工作准入清单，建立以社区居民满意度为主要衡量标准的社区治理评价体系和评价结果公开机制。制定村（居）民委员会工作职责事项指导目录、村（居）民议事决策工作指引，培育发展城乡社区社会组织。落实"四议两公开"制度，依托村民议事会、村民理事会、村民监事会等，形成民事民议、民事民办、民事民管的基层协商治理格局。推广以村党组织为核心的"民主商议、一事一议"的村民协商自治模式，大力推进"村民议事厅"建设。（指导单位：县民政局、县委组织部）

7. 修订完善村规民约，提升村（社区）履约践诺意识和水平。规范和完善村规民约的制定程序、主要内容等，形成具有依法保障、自我约束且务实管用的村规民约和居民公约。借鉴"枫桥经验"等社区治理形式，结合实际运用实施。调适各种机制的协调互动，使各种做法更加适应和管用。（指导单位：县民政局）

8. 调动多方主体参与乡村治理，规范协作互动方式。充分发挥工青妇等群团组织联系群众、团结群众、组织群众参与民主管理和民主监督的作用。建立完善"三社联动"机制，加强社区社会组织的培育发展和规范管理，为社区居民提供精准化、精细化服务。培育激活新乡贤团队，为公益社会组织依法发挥积极作用拓展空间。以"邻里守望"为主题，以空巢老人、留守儿童、农民工、残疾人等为重点服务对象，通过物资帮扶、生活照料、心理慰藉、结对帮扶等多种手段志愿服务，构建邻里互帮、互助、互信、互爱的平台，推动形成服务他人、奉献社会的良好氛围。（指导单位：县民政局、县总工会、团县委、县妇联、县残联等）

9. 提高社会服务供给能力，健全城乡社区服务机构。编制城乡社区公共服务指导目录，健全城乡社区服务机构，做好与城乡社区居民利益密切相关的劳动就业、社会保障、卫生计生、教育事业、社会服务、住房保障、文化体育、公共安全、公共法律服务、调解仲裁等公共服务事项，找好承接主体，创新服务方式，提供便捷式服务，努力提升城乡基础设施一体化水平、城乡公共服务均等化水平和高质量稳定脱贫水平。建立社区公共空间综合利用机制，合理规划建设文化、体育、商业、物流等自助服务设施。开展社区互助活动，鼓励和引导各类市场主体参与社区服务业。（指导单位：县民政局）

10. 加强社区工作培训，全面提升社区治理能力。着力培养一支专业的社区工作队伍，统一招聘、统一管理、统一培训。对社会机构和社会组织加强跟踪管理，开展多种形式的培训，不断提升自身管理和服务水平。建立容错纠错和奖励机制，提升社会组织和社会力量参与社会治理的专业化水平。（指导单位：县民政局）

（三）发挥"法治"保障作用，推进基层依法治理。

11. 健全公共法律服务体系，加强基层法律服务供给。开展"民主法治村（社区）"创建活动，大力弘扬法治精神，引导干部群众尊法学法守法用法。开设法德讲堂，完善村（社区）公共法律服务室，提升一村（社区）一"法制副主任"的公共法律服务质量，打造覆盖城乡的半小时法律服务圈。加强对农民的普法教育、法律援助和司法救助，提高农民工和农村社区居民的法律意识，增强保障自身合法权益的能力。开辟法治宣传阵地，丰富普法方式，覆盖全员普法，营造出门见法、办事依法、做事守法、解决问题靠法的法治环境。（指导单位：依法治县办、县司法局）

12. 加强平安社区建设，切实推进基层法律实施。建立"一村（社区）一警"工作机制，夯实基层治安防范基础。建立警民联防、邻里守望、重点人口管理机制，严厉打击农村黑恶势力、宗族恶势力、黄赌毒盗、拐骗等违法犯罪。深化"无邪教创建"，依法加强涉宗教事务管理，坚决抵御境外利用宗教渗透和防范宗教极端思想侵害。加强社会心理服务体制构建和服务中心平台建设，建立心理疏导和危机干预机制。（指导单位：县委政法委、县公安局）

13. 按法治框架解决基层矛盾，切实有效化解基层矛盾纠纷。以"小事不出村，大事不出镇"为目标，依法调和化解基层矛盾纠纷。组建社区人民调解组织，着重吸纳"五老人员"（老干部、老党员、老教师、老代表和老军人）、基层党员、积极分子成为人民调解员，逐步优化人民调解员结构。创新调解方式方法，探索建立名人调解室，提高调解成效。加强人民调解与司法调解、行政调解以及检察、仲裁、信访等工作的衔接联动。完善"三三一"法治模式，发挥村（社区）"法制副主任""五老"组织、品牌特色工作室、阳光调解室的作用，推进人民调解工作。（指导单位：县委政法委、县司法局、县信访局）

（四）发挥"德治"内化作用，促进基层和谐稳定。

14. 大力倡导社会主义核心价值观。推动社会主义核心价值观落细落小落实，融入文明公约、村规民约、家规家训。培育良好的道德风尚，大力加强社会公德、职业道德、家庭美德、个人品德建设，大力开展道德模范、时代楷模、最美人物、凡人善举等宣传活动。惩恶扬善弘扬社会正气，建立机制褒奖乡里德行善事，设立村（社区）贤德光荣榜，让德育内化于心外化于行。（指导单位：县委宣传部）

15. 丰富道德宣讲形式，大力培育文明新风。通过新时代文明实践中心等平台，打造"1+10+N"优秀宣讲队，宣传党的思想政策、传递文明风尚。推出一批深受群众欢迎、扎根基层的名讲师，发掘一批百姓宣讲员，进一步丰富理论宣讲的方式方法，用身边人讲身边事，以"乡音"传递"新声"。（指导单位：县委宣传部）

16. 利用家规祖训，开展家风教育。每村各族收集整理家谱、历史、名人故事等宗族文化资源，扬善除弊，组织德高望重者讲家风家教故事，组织年青人讲创业、讲学习、讲传承，以"流动红旗"等形式，激励创先争优。广泛开展乡村评议活动，推动移风易俗不断走向深入。开展"亲情好、身体好、创业好、环境好、友邻好"等"五好"家庭评选活动，弘扬优秀传统美德。（指导单位：县委宣传部）

（五）发挥"智治"支撑作用，提高基层治理效率。

17. 鼓励引导科技下乡，提升村（居）民科学素养。加强科普基础设施和信息平台建设，在村（社区）打造科普活动基地，支持科技社团开展社区科学技术普及活动。加强农产品网上销售平台建设，支持有意愿的农民和农民专业合作社创办网店，整合线上信息资源和线下实体资源，直接服务乡里经济发展和社会建设。（指导单位：县农业农村局、县科协）

18. 加快打造基层社会治理的智能化平台，有机融入智慧城市建设。运用"互联网+网格治理"手段，依托市、县、乡镇（街道）、村（社区）四级综治中心，建立多级信息资源共享平台。实行网格化精细管理，科学设定网格划分标准，按"全科网格"标准划分网格、配齐配强网格管理员，构建"横向到边、纵向到底、村（居）不漏户、户不漏人"的基层社会治理"一张网"。以"智慧新警务"为抓手，加快推进综治中心、"雪亮工程"、网格化服务管理工作，加强城乡社区出入口、主要道路的公共安全视频监控建设，扩大公共安全视频监控联网应用范围，由乡镇（街道）和村（社区）综治中心、派出所进行联网，提高社会治安防范信息化水平。（指导单位：县委政法委、县公安局）

19. 深化基层公共服务综合平台建设，提高服务村（居）民的能力和水平。利用大数据和信息化技术，整合政务服务、公共服务和公益志愿服务等基层服务资源，构建全流程一体化在线服务平台和便民服务网络，线上及时回应、线下及时解决，打通基本公共服务"最后一公里"，切实提高服务群众的效率和水平，实现基层公共服务事项"群众办事不出村"的"一网式"办理、"一门式"服务。（指导单位：县民政局）

（六）发挥"美治"提升作用，培育建设乡愁文化。

20. 推进农村人居环境整治，建设生态宜居美丽乡村。进一步加大农村环境综合治理力度，大力推进"三清三拆三整治"工作，集中整治农村"脏、乱、差"，科学实施"雨污分流、改厕、污水处理、禽畜养殖废弃物利用"等，着力推动农村生活方式转变，全面改善农村人居环境。充分尊重乡村自然禀赋和地域文化特色，合理借鉴成功案例，提升审美能力，坚持从实际出发，遵循乡村发展规律，科学把握乡村多样性、差异性，做好顶层设计，注重规划先行，用美丽规划引领乡村发展。（指导单位：县农业农村局）

21. 加强传统村落保护，培育提升乡愁文化。统筹推进乡愁印记保护工作，挖掘收集保护乡村社区历史，活化老村老街老建筑。着手开展对旧民宅、古旧祠堂、名木古树、古遗迹、民俗文化、文化遗产等的发掘、保护和规划设计，把民族民间文化元素融入乡村建设，深挖历史古韵，弘扬人文之美，重塑诗意闲适的人文环境和田绿草青的居住环境，重现原生田园风光和原本乡情乡愁。加强红色革命遗址保护利用，传承红色基因。因地制宜建设村史馆、农耕文化馆、家风家训馆、好人馆等。（指导单位：县文广旅体局、县农业农村局）

22. 传承发展农村优秀传统文化，不断整合推出地域文化资源。结合传统节日、民间特色节庆、农民丰收节等，因地制宜广泛开展乡村文化体育活动。

挖掘培养乡土文化本土人才，注重文化场地设施统筹安排，打造文化长廊、文化团队、文化活动、文化产业品牌，促进传统文化资源与现代消费需求有效对接。按照"一村一品、一村一景、一村一业"的错位互补和协同发展格局，因地制宜，培育具有罗浮山地域特色的博罗文化品牌，形成处处有景观、村村有韵味的自然文化景观。开展珍视历史传承，永续乡村文脉，守护文化生态，留住美丽乡愁的"美丽博罗"创建活动，评选乡村"十美"，打造挖掘一批生态美、村容美、庭院美、生活美、乡风美的美丽乡村。（指导单位：县农业农村局、县文广旅体局）

四、进度要求

（一）2019 年 7 月，根据省第二批社会治理实践创新项目的部署和要求，制定我县试点工作方案，并召开专题会议进行动员部署，分解目标任务。

（二）2019 年 7-11 月份，由试点乡镇（街道）选取一批基础条件较好、创新做法较有成效的村开展试点工作。期间，县有关部门要加强督导检查，及时发现解决试点建设中存在的问题，确保试点工作有序推进。

（三）2019 年 12 月，对试点开展工作进行检查验收，总结经验。组织省市专家学者对"六治"协同社会治理模式进行论证研讨和总结提升。

（四）2020 年，在总结试点经验的基础上，在全县范围内推广实施"六治"协同基层社会治理模式。

五、组织保障

（一）加强组织领导。成立博罗县"六治"协同基层治理工作领导小组，县委书记任组长，相关职能部门主要负责同志为成员，统筹协调各项工作的开展。各试点乡镇（街道）也要相应成立领导小组，根据本地实际，制定工作方案和细化建设指导标准，明确工作要求，严格抓好各项工作落实，力争打造出各具特色的基层治理品牌。

（一）强化协同联动。各相关部门要高度重视，明确工作分工，根据方案的要求，各指导单位加强对试点乡镇（街道）的指导，稳步推进各项工作落实。要注重"六治"协同，既要最大限度发挥"六治"功效，又要防止面面俱到，千村（居）一面；既要鼓励因地制宜，突出重点，又要防止关注一点，不计其余。加强多维联动，多元互动，做好相关工作对接，把各种力量和资源整合链接起来，相互促进，协同推进。

（三）加强调查研究。各地各部门要深入开展基层社会治理调查研究，选取有代表性的村（社区）进行基础调研，配合市委政法委基层治理模式课题的田野调查，系统了解当地的历史人文、生产生活、治理现状等情况，关注"六治"协同模式实施前后的转变对比，摸清人民群众所思所想，回应人民群众所期所盼。实事求是地对一些做法进行研判、审视和改善提升，发现问题，总结规律，提出建设性的意见建议。

（四）加大总结宣传。各地各部门要加大宣传力度，及时收集动态信息、报送相关工作经验、典型人物和案例以及照片、视频等材料，总结梳理典型做法、创新亮点、实践体会和思路打算。策划在先，把握节奏，有重点地开展集中采访报道、系列访谈、开设专版专栏，大力宣传助推"六治"协同构建基层治理新格局的成效，树立和推广学习创建典型和单项标兵，不断扩大社会治理"六治"模式的社会影响力。

（五）落实经费保障。各地各部门要切实提高站位，深刻领会"六治"协同机制对博罗构建基层社会治理新格局的深远意义。把"六治"协同基层治理体系建设推广工作经费列入年度财政预算，加强资金管理和绩效评价，严格落实各项财务纪律，提高资金使用效益，从人力、物力、财力上保障工作顺利开展。由县财政统筹一定的专项经费，保障各项工作的开展。

六、《"六治"协同构建基层治理新格局模式在博罗全域开花结果》[1]

党的十八大以来，特别是党的十九届四中全会，党中央就国家治理现代化提出了一系列新理念新思想新战略，其中蕴含的国家治理现代化的新要求，主要体现为"五治"——政治引领、法治保障、德治教化、自治强基、智治支撑。

近年来，在惠州市委市政府的坚强领导和市委政法委的正确指导下，博罗县在基层社会治理方面做了很多有益的探索，特别是在 2019 年，被中央政法委确定为全省唯一的县级联系点后，该县结合以往基层社会治理的实践探索和美丽乡村建设的经验做法，在"五治"的基础上，开创性地将"美治"引入社会治理，开展"六治"协同构建基层治理新格局试点工作，精心打造具有博罗特色的基层社会治理模式，并取得明显成效。

政治引领聚人心

"县委政法委提出的'六治'您了解吗？""请您从'六治'的各个方面，谈一谈村里基层治理的情况？"……近段时间，记者走访了博罗县多个镇（街）、村（居），每每问起各村（居）关于"六治"协同工作的开展情况时，村（居）书记都能结合辖区实际情况及亮点，娓娓道来。可见，"六治"协同基层社会治理模式在博罗全县得到较好的推广与应用。

县委政法委副书记朱晓方告诉记者，该工作的推广应用涉及多个方面多个部门，县委政法委除了制定《博罗县"六治"协同构建基层治理新格局试点工作方案》外，还推动成立了博罗县"六治"协同基层治理工作领导小组，由县委书记任组长，相关职能部门主要负责同志为成员，统筹协调各项工作的开展。各试点乡镇（街道）也相应成立领导小组，根据本地实际，制定工作方案和细化建设指导标准，严格抓好各项工作落实。"除此之外，为了让更

---

[1] 陈创中、吴思敏："'六治'协同构建基层治理新格局模式在博罗全域开花结果"，载《民主与法制》周刊《基层社会治理现代化的博罗实践》专辑 2020 年版，第 23～28 页。

多的单位、镇街、村居了解该项工作，我们还通过加大宣传，统一思想共识，营造人人参与、人人尽力、人人共享的社会治理氛围。其次，建立完善的工作机制，包括：市、县、镇（街）、村（居）、基础网格五级治理主体联责机制、重点工作联动机制、突出问题联调机制、服务管理联抓机制、平安建设联创机制、工作成效联评机制等，强化党委牵头抓总，建立统筹机制，激活资源和力量，搭建协同平台。"

然而，要推动"六治"协同模式在村（居）真正应用起来，办好农村的事情，实现乡村振兴，必须有坚强的基层党组织，过硬的党员队伍。近年来，根据中央《关于加强和改进乡村治理的指导意见》和省、市的工作部署，博罗始终坚持党建引领，围绕推动落实加强党的基层组织建设三年行动计划，巩固基层党组织的领导核心地位，着力培育一支扎根基层、心系群众的工作队伍，加强和改进基层治理，为实现农村基层善治提供坚强的组织保障。

截至目前，博罗 378 个行政村（343 个村、35 个社区），共建立党委 35 个、党总支部 115 个、党支部 775 个。在今年年初，面对突如其来的新冠肺炎疫情，博罗全县 2370 个基层党组织和 4.5 万名党员迅速下沉到各镇街、村（社区）等 404 个网格中，冲锋在战疫一线，守护人民群众的生命安全和身体健康。

法治保障促和谐

"自从法制副主任张律师进驻我们村后，村委招商引资合同均由其进行审核把关，确保了村委及村民的集体利益不受侵害；另一方面，他利用自身的专业知识在我们村开展了一系列法治宣传活动，如在 9 月中旬，开展了民法典专题学习会，村干部及村民的法律意识得到强化，法治思维不断提升。他一有时间还会挨家挨户与村民交流，了解他们的法律需求，提供法律咨询，运用法治思维协调解决村民的矛盾纠纷。"湖镇镇三水村党支部书记、村委会主任陈佛生说，法制副主任驻村以来，起到实实在在的作用。

据了解，目前，全县共 192 名律师担任 378 个村（社区）法律顾问，村（社区）律师法律顾问覆盖率达 100%。近 2 年来，村（社区）法律顾问到村（社区）提供现场法律服务 9000 多场次、各种法律意见书 200 多份；接受各类法律咨询 6000 多人次；开展法治讲座 600 多场次，为基层群众提供优质高效法律服务，促进了基层干部、群众的法治意识和学法用法守法的自觉性得到普遍提高。

除了法制副主任，全县 378 个行政村（社区）的村（居）委会每周都会迎来一位穿警服的"访客"——驻村（居）民（辅）警。他们的到来，不仅缓解了基层警力不足的问题，还拉近了警民距离，在日常工作中，他们挑起社会治安信息员、矛盾纠纷调解员、治安防范指导员和法律政策宣传员的职责，撑起村（居）平安和谐一片天。目前，全县共派驻了 588 名驻村（居）警力。

在法治宣传方面，博罗还建设了"法德大讲堂"60 个、法治文化主题园12 个、市级以上青少年法治教育实践基地 18 个。各村（社区）结合自身实际，利用小广场、祠堂、公共绿地等，开辟宣传栏及建设法治文化长廊、文化景观等。在法律服务上，首创"三三一"法治模式，积极推广"黄植忠司法惠民工作室"的司法调解经验，在全县各窗口单位设立了 80 个"为民工作室"，积极运用法治思维和法治方式解决基层矛盾。值得一提的是，今年 6月，博罗还成立县暖阳法律服务与调解中心。该中心作为中国法律援助基金会法律援助项目实施单位，是县委政法委创新基层社会治理作出的有益尝试。它把涉及困难群众的矛盾纠纷纳入法治化轨道解决，加强对维权当事人的心理疏导和人文关怀，充分发挥法律援助作用，提供咨询服务、宣传法律知识，指导其依法办事，引导他们按照司法程序、合法途径解决问题，力求做到"矛盾不上交、平安不出事、服务不缺位"，将法律援助的社会价值最大化。

德治教化育民风

每年腊月二十，对于公庄镇陂头神村 60 岁以上的老人们来说，是一个欢聚喜庆的日子。这一天，是陂头神村敬老日，600 多名老人们应邀来到村实践站欢聚一堂，品佳肴看表演，共享乡村振兴的建设成果。进餐前，村党总支书记、村委会主任王子廷向老人表达祝福及春节慰问，向他们宣讲党的政策法规，总结一年来村里的工作情况以及明年计划。老人们则会提出对村"两委"干部和村发展的意见建议，分享村里的人文历史、优良家风家训等，言传身教，用实际行动支持村的发展。"这个活动在热心企业、乡贤、志愿者们的大力支持下，已经连续举办 11 年了。将大家聚集在一起能增进彼此间的感情，凝聚人心，同时，又传承了尊老敬老等传统美德，促进村风民风的形成。"王子廷告诉记者，除了每年举办敬老宴会，该村还为村内 60 岁以上老人进行登记造册，详细跟踪了解他们的身体、生活情况，并设立困难老人应急经费，确保老人们老有所依、老有所养。

除了陂头神村，博罗各村（居）都根据自村的特点和人文历史等开展特色活动，加强公民道德建设，以道德滋养法治精神。湖镇镇黄塘村举行何氏宗祠重光庆典，教育村民要饮水思源，懂得感恩。石坝镇三嘉村积极开展"最美家庭""文明户""好家风""好婆媳"等创评活动，树立榜样，弘扬积极向上的道德行为风尚，激发更多的村民提升个人素质修养，改善村风民风。龙华镇旭日村，百姓宣讲员讲述脱贫致富故事。泰美镇车村开展"传承好家训，弘扬好家风"活动。横河镇花园村成立乡贤理事会，组建志愿服务队，为家乡建设出资出力，为考取大学、参军的学生发放奖励，慰问村里困难户，传承该村尊老爱幼、互帮互助的传统文化。园洲镇上南村村党委书记、村委会主任朱沛容带队到辖区园洲中心小学了解该村学困生情况，并分组上门家访。邀请专家为学困生及家长进行专业指导，开展家庭教育讲座，并组建家长微信群及时了解掌握情况，提高孩子们的学习兴趣，转变学习态度，极大促进家庭和谐融洽……

据了解，自 2018 年 8 月，博罗县入选全国新时代文明实践中心建设试点县后，全县不断建立完善组织架构和运作机制，全力推动新时代文明实践中心（所、站）建设，县、镇（街）、村（居）纷纷组建自己的志愿服务队伍，已基本形成组织领导坚强、阵地平台完善、志愿队伍壮大、活动开展经常、服务群众满意的良好格局。目前，全县已建成实践中心 1 个、实践所 18 个、实践站 378 个，并拓展形成"中心、所、站、基地、点、户"六级阵地网络，实现县镇村全覆盖。由县委书记任总队长的"1+1+37+N"的志愿服务队伍体系常态长效。截至 2020 年 7 月 15 日，博罗全县共有实名注册志愿者 199660 人、志愿服务队 1457 支，开展惠民服务活动 32178 场次，打造精品项目 105 个，经常性开展活动的镇、村比例达 100%。

自治强基激活力

《羊和村村规民约》——为加强环境卫生管理，有效改善村容村貌，提高村民生活质量，促进清洁工程建设，打造天蓝、地绿、水净、洁美新村，结合本村实际，制定本公约，请共同监督遵守……来到杨村镇羊和村党群服务中心，首先吸引记者目光的是，张贴有该村村规民约的宣传栏，其内容涉及村风民俗、社会公共道德、公共秩序、治安管理等方面的综合性行为规范。

记者了解到，在博罗几乎每个村都制定有属于本村的村规民约，进行自我管理、自我教育、自我约束。此外，还纷纷组建村（居）治安队，安排队员日夜巡逻，为本村村民生命财产安全保驾护航。

石湾镇里波水村治安队现有人员 16 名，其中队长 1 名，队员 15 名，分成三个班，每班 5 人，24 小时轮流执勤。村党委书记、村委会主任吴培琛说："目前，我们设计了两条巡逻路线，包含 40 个巡逻点，每天每个班如无突发情况，必须在规定的时间到各个点巡查并签到，真正发挥预防、制止打击犯罪活动，维护社会治安秩序的作用。"

园洲镇深沥村治安队则对在村重点路段、区域占道经营、乱摆摊点，车辆乱停乱放等行为予以劝阻，做好政策宣传讲解等，提升村形象，营造规范整洁、和谐有序的环境，提高村民的生活环境质量。

今年 9 月底，上南村治安队队员在巡查的过程中，发现了三名人员拉着两辆三轮车准备偷排工业垃圾，并成功制止，移交当地派出所，为维护辖区生态环境作出积极贡献。

无论是制定村规民约，还是成立治安队，都仅仅只是博罗各村（居）开展自治的途径之一。近年来，博罗健全和创新村党组织领导的充满活力的村民自治机制，加强农村群众性自治组织、农村集体经济组织和村务监督委员会建设，培育发展农村（社区）社会组织，出台村（居）民委员会工作职责事项指导目录、村（居）民议事决策工作指引。深化"四民主工作法"制度，推广以村党组织为核心的"民主商议、一事一议"的村民协商自治模式，大力推进"村民议事厅"建设。广大村（居）民得以依法办理自己的事情，创造自己的幸福生活，逐步实行自我管理、自我教育、自我服务。

智治支撑助战疫

疫情防控期间，移动互联网、大数据、人工智能等现代科技力量，在风险识别管控等社会治理方面发挥了极为重要的作用。

实践证明，推进社会治理现代化，必须科技赋能。

新冠肺炎疫情发生以来，县政数局在县防控工作领导小组办公室综合组增设大数据专责小组，按照中央、省和市关于防控新冠肺炎疫情的工作部署和要求，积极利用"粤省事""粤商通"、惠州市来（返）惠调查问卷信息平台、惠州市政务信息资源共享交换平台、博罗县企业员工健康填报及疫情监控分析平台，以及微信、车辆数据、交通票务数据等大数据，分析和研判疫情形势，提出疫情防控预警和建议对策，为博罗疫情防控提供数据支撑。此外，为保证政务服务的不间断，县政数局多措并举，在政务服务大厅主要入口建设 4 套 5G 红外热成像测温系统，实现"快速、安全、无感"体温检测，筑牢抗疫防线。全力推行"网上办理"，加快推进不见面审批。积极推进"预约办理"，最大限度减少办事群众在大厅内滞留，减少风险。与博罗县农商银行联合举行的"政务+金融"政务服务新模式已正式上线，新模式以"湾区通办"政务服务终端为载体，让群众及企业办事更省时、省心、省力。

县法院在强化线上司法能力中凸显担当，将信息化建设红利充分释放，确保审判执行各项工作平稳有序开展，"隔空"保障当事人合法权益。开年至 7 月，博罗法院网上立案 6550 件；网上开庭 449 件；网上调解案件 2003 件。而这些成果，得益于近年来，博罗法院以信息化建设与应用为重要载体，通过信息化、网络化、智能化、阳光化"四化并举"，全力推进智慧法院建设。

县检察院构建了连接检察官、律师、犯罪嫌疑人三方的一体化远程视频平台，保证了犯罪嫌疑人认罪认罚、讯问、开庭等如期进行，犯罪嫌疑人的合法权利得到保障，实现了疫情防控与日常办案"两手抓，两促进"，尤其是认罪认罚适用工作的开展。

县公安局为做好涉疫情流动人员信息采集，主动作为，与有关科技公司合作开发微信小程序，各驻村（居）民警在走访中，通过小程序做好人员信息采集。同时，将信息登记二维码分发到辖区各个出租屋、旅馆、公寓等场所，让入住人员主动扫码登记，极大提高排查效率，降低疫情扩散的风险。

县社区矫正中心全面建设并使用人脸、指纹识别报到系统，手机定位信息管理，粤矫通 APP，"广东省社区矫正管理信息系统"等平台，并加强创新管理，成立二十四小时监管队伍，实行 24 小时三班轮值制度，"线上线下"双重加强对社区矫正对象的监管和教育帮扶工作，在周末、节假日期间加强手机定位、电话抽查等信息化核查手段，对发现的异常情况，立即通报至各基层司法所，由各所社区矫正工作人员进行实地调查了解、反馈情况，最大限度防止虚管脱管漏管和违规外出等突发事件发生，维护全县社区矫正安全稳定。

县人社局充分发挥"12333"劳动保障维权投诉热线的功能作用，抽调了两名业务骨干作为专班人员，专门负责电话解疑、调解、投诉问题处理工作。截至 6 月 30 日，疫情防控期间博罗县人社局共受理网络问政、信访管理系统转来等信访件 265 宗，并每宗都确保受理回复。

如今，博罗通过科技、智能化手段强管理，以推进农村社区智能管理为切入点，以"智能+"为抓手，破解基层治理难题，助力平安博罗建设，为未来打开了更广阔的前景。

美治提升兴产业

接天莲叶无穷碧，映日荷花别样红。盛夏的三嘉村，150 亩荷花基地一片碧绿，粉嫩的荷花掩映其中。微风吹来，清新的荷香扑鼻。

羊和村的兰花基地里，种植了 200 多个品种的蝴蝶兰。红的、白的、黄的、粉的、紫的，有斑点的、条纹的，数不胜数，美不胜收。

陂头神村的村道干净整洁，绿树成荫，一面面围墙都进行了彩绘美化，一眼一幅画。

......

如今，村道路平整通畅、干净整洁，道路两旁栽花种树，村民房屋庭院美化，已经是博罗乡村基本样貌。近年来，按照中央及省、市关于农村人居环境整治工作精神和部署，博罗县作为"先行先试"县，制定了《全域推进农村人居环境整治建设生态宜居美丽乡村的行动方案》，并全力抓好落实，基本完成村庄"三清三拆三整治"，垃圾治理、污水处理和"厕所革命"取得了明显成效，全县所有行政村全面达到干净整洁村标准，40%的行政村创建美丽宜居示范村。

能取得这样的成绩，是全民参与的结果。据了解，为合力推进全域人居环境整治，博罗县成立了县委实施乡村振兴战略领导小组，由县委书记担任组长，亲自指导、亲自部署。县四套班子成员分别挂钩到镇街，镇街领导干部挂钩到村，村干部、党员联系到户。村"两委"干部每天必须到所负责的包干责任区进行检查，发现问题要督促小组长和保洁员及时处理，并加强农村全域人居环境整治的政策宣传，发动群众参与全域人居环境整治。各镇（街）也组织各村党员签订承诺书，发挥党员先锋模范作用。同时，引导村小组与农户签订《"门前三包"责任书》，明确工作目标，增强农户的责任意识和环保意识。

引美入治，美了环境、亮了心灵。就像黄塘村党支部书记、村委会主任何毅峰说的，"外在是将环境的脏乱差清理干净，同时也扫清了内心的'脏乱差'"。如今，博罗大部分村庄人居环境发生质变的同时，村民的凝聚力越来越强，希望创造更加美好生活的同心圆越画越大。各村在村党组织书记（即村委会主任、集体经济组织负责人）的带领下，使出独门绝技，发展特色产业。

羊和村经人居环境整治，以及村委积极组织开展并快速完成征地和租地工作，获得恒大集团扶贫项目的大力支持，于2019年6月建设好33亩智慧花卉温室，帮助村民50多人就业，为村集体年增收约50万元，为村民年增收约300万元。2019年年底，村集体收入由2015年的2.5万元上升到90多万元。

坪山村在环境美化、基础设施不断完善后，所打造的集田园风光、亲子拓展、古村文化、越野露营、农事体验为一体的综合乡村旅游基地"欢乐稻场"，吸引了大批的游客，在村委干部的带动下，村民还办起了民宿、农庄等，农产品也变得畅销。

陂头神村利用编钟出土之地和博东县旧址的历史和红色文化优势打造乡村旅游品牌，成立了村级旅游开发有限公司（村企共建），大力发展农田体验园等休闲观光农业，致力打造乡村旅游文化名村。

三嘉村种植的150亩荷花基地，成为"网红景点"，吸引了八方游客前来拍照打卡，出产的莲子更成了村民增加收入的来源，有效解决了贫困家庭生产生活困难。

"美治"让博罗乡村村容村貌大改观、乡村产业蓬勃发展，村民获得更多的就业和增收机会，生活逐渐变好，走上富裕小康路。

朱晓方表示，从政治、法治、德治、自治、智治到美治，经过一年多的实践，如今"六治"协同模式已在博罗全域开花结果，全县各部门、各行业协同参与基层社会治理，注重资源集约利用，实实在在把好事办好。全县378个村（居）都悄然发生着质的变化，乡村振兴有了可资共建的抓手，共治成效令人鼓舞，共享成果不断呈现。

下一步，博罗将全面推广"六治"经验，推进县域治理现代化。进一步理顺县、乡镇（街道）、村（社区）、网格四级主体在社会治理中的权责关系，建立县（区）组织实施、镇（街）强基固本、村（居）群防群治、网格精细管理的县域社会治理层级责任体系，确保中央、省、市各项决策部署层层落实到位。在总结试点镇（街）经验的基础上，全面推广"六治"协同社会治理模式，鼓励各地因地制宜，突出重点，把各种力量和资源整合连接起来，相互促进，协同推进，最大限度发挥"六治"功效。

建设"和美网格"，夯实治理根基。运用治理思维科学划定城乡社区管理网格，实行网格化精细管理，整合党建、综治、警务、城管、应急、消防等各类行业管理网格，将分散的社会管理服务事项统一纳入一张网，实现"多网合一"。在此基础上融入各类治理主体和工作机制，统筹融合各种社会治理力量和机制，培育动员网格内社会力量，共同推进"六治"协同发展，营造和谐美好社区。

加强舆论宣传引导，营造良好氛围。加大宣传力度，及时收集各地各部门推进"六治"协同发展的动态信息和进展情况，及时总结梳理典型做法和创新亮点。大力宣传助推"六治"协同构建基层治理新格局的成效，不断扩大社会治理"六治"模式的社会影响力。

七、博罗县《罗阳街道"六治"协同构建基层治理新格局试点重点工作清单》〔1〕

罗阳街道"六治"协同构建基层治理新格局试点重点工作清单

序号	工作目标	佐证材料	指导部门	备注
一	政　治			
（一）	坚持党工委牵头抓总，丰富和完善基层社会治理机制。			
1	成立罗阳街道"六治"协同构建基层治理新格局试点工作领导小组，由党工委书记任组长。	领导小组文件、"六治"试点方案等	街道综治办	
2	加强街道中心组理论学习，党工委带头学习习近平新时代中国特色社会主义思想，深入贯彻"共建共治共享"社会治理理念，党政一把手牵头抓总，对试点工作实行专人负责。	培训资料、学习简报等	街道宣传办	
3	在试点、总结、推广的多次反复探索优化中，丰富和完善党委领导、政府负责、社会协同、公众参与、法治保障、科技支撑的现代基层社会治理体系，有力推动试点工作顺利开展。	会议部署、督导检查、学习培训等信息简报	街道综治办	
（二）	明确村（社区）基层党组织职能定位，加强政治引领。			
1	基层党组织要在村（社区）治理中充分发挥领导核心作用，明确以基层党建为核心抓手，促进各项管理工作落实到位。	文件制度、信息简报等	街道组织办	
2	要将党建工作与业务工作紧密结合起来，积极探索"贴得紧、行得通、效果实"的党建新模式。	文件制度、信息简报等	街道组织办	
（三）	规范基层党的组织建设，形成坚强战斗堡垒。			
1	深入落实加强党的基层组织建设三年行动计划，优化基层党组织设置，充分发挥新时代文明实践站作用，形成以基层党组织为核心的社会治理和管理能力，常态化组织开展基层党组织达标创优活动，推进基层组织规范化建设。	文件制度、信息简报等	街道组织办	

---

〔1〕　2019 年 8 月 5 日制定，博罗县罗阳街道观背村民委员会 2022 年 1 月 14 日提供。

序号	工作目标	佐证材料	指导部门	备注
2	建立党工委书记抓基层党建责任清单，按照《博罗县整顿软弱涣散村（社区）党组织工作实施方案》的通知（博组字〔2018〕65号）的要求，持续整顿软弱涣散党组织，切实把整顿工作作为开展党的群众路线教育实践活动的一项基础性工作。	文件制度、信息简报、责任书等	街道组织办	
3	加强村（社区）党风廉政建设，推动全面从严治党向村（社区）延伸，切实解决人民群众身边的腐败问题。	文件制度、信息简报、处理通报等	街道组织办	
（四）	提高党员干部党性修养和工作能力，发挥好先锋模范作用。			
1	配强配优村（社区）党组织书记，实行"村推镇选"培养选拔制度，建立党组织书记后备队伍。	村（社区）书记任命文件、党员干部学习培训简报等	街道组织办	
2	推行党员评星定级量化管理，实施发展党员"村培镇管"制度，注重从青年农民、外出务工人员、妇女中精准择优发展党员。	党员评星定级、三类人员推优入党登记表等	街道组织办	
3	完善党内民主激励关怀帮扶制度，发现和树立优秀基层干部典型，探索设立"党内帮扶基金"。	文件制度、帮扶信息简报等	街道组织办	
4	提升基层党组织和党员发挥先锋模范作用的能力和水平，探索形成常态机制，增强基层党组织的向心力、凝聚力和战斗力。	党组织和党员先进表彰文件、信息简报等	街道组织办	
5	在2019年底前，每个村（社区）至少推荐3名年轻党员干部参加罗阳街道2019年青年培训营的学习培训，培育一批敢干事、能干事、巧干事的村（社区）党员干部工匠。	青年培训营方案、培训花名册、信息简报等	街道组织办	
（五）	加强基层党组织和党员、干部联系服务群众工作机制和能力建设，常态长效做好群众工作。			
1	开展"进百家门、听百家言、知百家事、解百家难、暖百家心"活动，街道领导和干部职工要包村联户，村（社区）"两委"成员要制定常态联系群众全覆盖方案，加强对贫困人口、低保对象、留守儿童和妇女、老年人、残疾人、特困人员等人群的关爱服务，带领和引导群众自觉听党话、感党恩、跟党走。	文件制度、方案、通知、信息简报等	街道组织办	

续表

序号	工作目标	佐证材料	指导部门	备注
2	全面做好退伍军人、低保户、贫困户的服务和社会保障工作，做到应保尽保。	文件制度、方案、通知、登记表等	街道社会事务办	
3	街道办包村（社区）团队及"两委"成员每个季度至少开展1场关爱特殊人群服务主题活动，并将活动情况形成书面信息简报上报街道组织办存档备案。	信息简报等	街道组织办	
4	根据《罗阳街道农村基层党组织开展"亮身份、当表率、强服务"争当模范党员活动实施方案》要求，村内党员要切实做好联户工作，打通治理服务群众"最后一公里"，全面提升农村基层党建工作水平，为乡村振兴提供组织保证。	文件制度、方案、通知、信息简报、登记表等	街道组织办	
二	自　治			
（一）	完善村（居）民委员会自治形式，规范运作流程。			
1	设立村（社区）工作准入清单，建立以村（居）民满意度为主要衡量标准的村（社区）治理评价体系和评价结果公开机制。	文件制度、方案、通知等	街道组织办	
2	制定村（居）民委员会工作职责事项指导目录、村（居）民议事决策工作指引，培育发展村（社区）社会组织。	文件制度、方案、通知等	街道组织办	
3	落实"四议两公开"制度和"四民主工作法"，依托村民议事会、村民理事会、村民监事会等，形成民事民议、民事民办、民事民管的基层协商格局。	文件制度、方案、通知、工作会议记录等	街道社会事务办	
4	推广以村（社区）党组织为核心的"民主商议、一事一议"的村（居）民协商自治模式，大力推进"村（居）民议事厅"建设。	文件制度、方案、通知、工作会议记录等	街道社会事务办	
（二）	修订完善村规民约，提升村（社区）履约践诺意识和水平。			
1	全面贯彻落实《中华人民共和国村民委员会组织法》，进一步规范和完善村规民约的制定程序、主要内容等，形成具有依法保障、自我约束且务实管用的村规民约和居民公约。借鉴"枫桥经验"等基层治理形式，结合实际运用实施，着力解决本村（社区）历史遗留问题，实现"小事不出村，大事不出街道，矛盾不上交，就地化解"的工作目标。	文件制度、方案、通知、村规民约和居民公约、信息简报等	街道社会事务办	

序号	工作目标	佐证材料	指导部门	备注
2	调适各种机制的协调互动，使各种做法更加适应和管用。	文件制度、方案、信息简报等	街道社会事务办	
（三）	调动多方主体参与村（社区）治理，规范协作互动方式。			
1	充分发挥工青妇等群团组织联系群众、团结群众、组织群众参与民主管理和民主监督的作用。	文件制度、方案、通知、工作记录、信息简报等	街道总工会、街道团委、街道妇联、街道社会事务办	
2	建立完善"三社联动"机制，加强村（社区）社会组织的培育发展和规范管理，为村（居）民提供精准化、精细化服务。	文件制度、方案、通知、工作记录、信息简报等	街道总工会、街道团委、街道妇联、街道社会事务办	
3	培育激活乡贤团队，为公益社会组织依法发挥积极作用拓展空间。	文件制度、方案、通知、工作记录、信息简报等	街道总工会、街道团委、街道妇联、街道社会事务办	
4	以"邻里守望"为主题，以空巢老人、留守儿童、农民工、残疾人等为重点服务对象，采取结对帮扶的方式开展形式多样的志愿服务活动，构建邻里互帮、互助、互信、互爱的平台，推动形成服务他人、奉献社会的社会管理服务新格局良好氛围。	文件制度、方案、通知、工作记录、信息简报等	街道总工会、街道团委、街道妇联、街道社会事务办	
（四）	提高社会服务供给能力，健全村（社区）服务机构。			
1	编制村（社区）公共服务指导目录，健全村（社区）服务机构，做好与村（居）民利益密切相关的劳动就业、社会保障、卫生计生、教育事业、社会服务、住房保障、文化体育、公共安全、公共法律服务、调解仲裁等公共服务事项，找好承接主体，创新服务方式，提供便捷式服务，努力提升城乡基础设施一体化水平、城乡公共服务均等化水平和高质量稳定脱贫水平。	文件制度、方案、通知等	街道社会事务办	

序号	工作目标	佐证材料	指导部门	备注
2	建立村（社区）公共空间综合利用机制，合理规划建设文化、体育、商业、物流等自助服务设施。	规划方案、照片等	街道社会事务办	
3	开展社区互助活动，鼓励和引导各类市场主体参与社区服务业。	文件制度、方案、通知、工作记录、信息简报等	街道社会事务办	
（五）	加强社区工作培训，全面提升社区治理能力。			
1	着力培养一支专业的社区工作队伍，统一招聘、统一管理、统一培训。	文件制度、方案、通知、学习培训信息简报等	街道组织办、街道社会事务办	
2	对社会机构和社会组织要加强跟踪管理，开展多种形式的培训，不断提升自身管理和服务水平。	文件制度、方案、通知、学习培训信息简报等	街道社会事务办	
3	建立容错纠错和奖励机制，提升社会组织和社会力量参与社会治理的专业化水平。	文件制度、方案、通知、表彰通报等	街道社会事务办	
（六）	实行重点工作网格化管理，建立科学高效的基层治理服务机制。			
1	根据《罗阳街道重点工作网格化管理实施方案》的要求，以街道重点工作为抓手，以网格化管理为载体，按照"整合资源、优化职能、精准服务、有效治理"的原则，着力推动社会管理重心向基层网格下移，治理手段向末梢延伸，建立科学高效的基层治理服务机制，加快推进街道治理体系和治理能力现代化。	实施方案、文件制度、会议部署信息简报等	街道党政办	
2	通过网格化管理（街道为一级网格，村（社区）为二级网格，村（居）民小组为三级网格），构建罗阳街道农村（社区）社会综合治理"一张网"，整合基层党建、环境保护、"两违"整治、新农村建设、安全生产、综治信访、扫黑除恶等各项重点工作，明确工作目标，突出人员责任，整体提升基层社会综合治理工作水平和自治能力。	各行业文件制度、责任书等	街道组织办	
3	本着"各司其职、各负其责"的精神，构建"排查报送、督查考核、奖惩表彰"配套工作机制，保障三级网格化的正常运转。	文件制度、表彰通报等	街道组织办	

序号	工作目标	佐证材料	指导部门	备注
三	法　治			
（一）	健全公共法律服务体系，加强基层法律服务供给。			
1	开展"民主法治村（社区）"创建活动，大力弘扬法治精神，引导干部群众尊法学法守法用法。	文件制度、方案、通知等	罗阳司法所	
2	开设法德讲堂，完善村（社区）公共法律服务室，提升一村（社区）一"法治副主任"的公共法律服务质量，打造覆盖村（社区）的半小时法律服务圈。	文件制度、方案、法制副主任协议书、信息简报等	罗阳司法所	
3	加强对农民的普法教育、法律援助和司法救助，提高农民工和村（居）民的法律意识，增强保障自身合法权益的能力。	文件制度、方案、工作记录表、信息简报等	罗阳司法所	
4	全面推进"七五普法"，开辟法制宣传阵地，丰富普法方式，覆盖全员普法，营造出门见法、办事依法、做事守法、解决问题靠法的法治环境。	文件制度、方案、工作记录表、学习培训资料、信息简报等	罗阳司法所	
（二）	加强平安社区建设，切实推进基层法律实施。			
1	建立"一村（社区）一警"工作机制，常态化开展联席会议，夯实基层治安防范基础，提高基层治安防范能力。	文件制度、方案、一村（社区）一警名单、工作记录表、信息简报等	各派出所	
2	建立警民联防、邻里守望、重点人口管理机制，严厉打击黑恶势力、宗族恶势力、黄赌毒盗拐骗等违法犯罪。	工作记录表、信息简报、案件处理资料等	各派出所	
3	深化"无邪教创建"，依法加强涉宗教事务管理，坚决抵御境外利用宗教渗透和防范宗教极端思想侵害。	文件制度、方案、工作记录表、信息简报等	街道综治办	
4	加强社会心理服务体制构建和服务中心平台建设，建立心理疏导和危机干预机制。	文件制度、方案、工作记录表、信息简报等	街道综治办	
5	深化"无毒创建"，以社区戒毒、社区康复为重点，全面铺开禁毒宣传。	文件制度、方案、工作记录表、信息简报等	街道综治办	

序号	工作目标	佐证材料	指导部门	备注
6	认真抓好铁路护路配防和国家安全的宣传教育工作。	文件制度、方案、工作记录表等、信息简报等	街道综治办	
7	以重点人群管控为重点，切实做好在册精神病障碍患者管护工作和社会矫正帮教管护工作。	文件制度、方案、工作记录表等	街道综治办、罗阳司法所	
8	深入开展"两违"整治行动，切实维护政府法律法规权威。	文件制度、方案、工作记录表、信息简报等	街道规划建设办	
9	加强农村道路交通安全管理工作，每个村至少配备1个交通劝导站和1个交通劝导员，并充分发挥交通安全劝导作用。	文件制度、方案、工作记录表、各村（社区）劝导员花名册、劝导站照片等	罗阳交通管理所	
（三）	按法治框架解决基层矛盾，切实有效化解基层矛盾纠纷。			
1	以"小事不出村，大事不出镇"为目标，依法调和化解基层矛盾纠纷。	文件制度、方案、工作记录表、信息简报等	街道信访办	
2	组建村（社区）人民调解组织，着重吸纳"五老人员"（老干部、老党员、老教师、老代表和老军人）、基层党员、积极分子成为人民调解员，逐步优化人民调解员结构。	文件制度、"五老人员"花名册等	罗阳司法所	
3	创新调解方式方法，探索建立名人调解室，提高调解成效。	文件制度、"名人调解"花名册、名人调解室照片等	罗阳司法所	
4	加强人民调解与司法调解、行政调解以及检察、仲裁、信访等工作的衔接联动。	文件制度、方案、工作记录表、信息简报等	罗阳司法所	
5	完善"三三一"法治模式，发挥村（社区）"法制副主任"、"五老"组织、品牌特色工作室、阳光调解室的作用，推进人民调解工作。	文件制度、方案、工作记录表、信息简报等	罗阳司法所	
四	德治			
（一）	大力倡导社会主义核心价值观。			
1	推动社会主义核心价值观落细落小落实，融入文明公约、村规民约、家规家训。	文件制度、方案等	街道宣传办	

序号	工作目标	佐证材料	指导部门	备注
2	培育良好的道德风尚,大力加强社会公德、职业道德、传统美德、个人品德建设,大力开展道德模范、时代楷模、最美人物、凡人善举、见义勇为宣传活动,惩恶扬善弘扬社会正气,建立机制褒奖乡里德行善事,设立村(社区)贤德光荣榜,让德育内化于心外化于行。	文件制度、方案、信息简报、表彰通报等	街道宣传办	
(二)	丰富道德宣讲形式,大力培育文明新风。			
1	通过新时代文明实践站、道德大讲堂等平台,打造"1+10+N"优秀宣讲队,宣传党的思想政策、传递文明风尚。	文件制度、方案、宣传资料、信息简报等	街道宣传办	
2	推出一批深受群众欢迎、扎根基层的名讲师,发掘一批百姓宣讲员,进一步丰富理论宣讲的方式方法,用身边人讲身边事,以"乡音"传递"新声"。	文件制度、方案、"名讲师"花名册、信息简报等	街道宣传办	
(三)	利用家规祖训,开展家风教育。			
1	每村各族整理家谱、历史、名人故事等宗族文化,扬善除弊,组织德高望重者讲家风家教故事,组织年青人讲创业、讲学习、讲传承,以"流动红旗"等形式,激励创先争优,推动移风易俗不断走向深入。	文件制度、方案、信息简报、表彰通报等	街道宣传办	
2	开展"亲情好、身体好、创业好、环境好、友邻好"等"五好"家庭评选活动,弘扬优秀传统美德。	文件制度、方案、信息简报、表彰通报等	街道宣传办	
五	智 治			
(一)	鼓励引导科技下乡,提升村(居)民科学素养。			
1	加强科普基础设施和信息平台建设,在村(社区)打造科普活动基地,支持社团开展村(社区)科学技术普及活动。	文件制度、方案、信息简报等	街道农技推广站	
2	加强农产品网上销售平台建设,支持有意愿的农民和农民专业合作社开办网店,整合线上信息资源和线下实体资源,直接高效服务农村经济发展和基层社会建设。	文件制度、方案、信息简报等	街道农业办	

序号	工作目标	佐证材料	指导部门	备注
3	深入开展农业技术入村，通过组织学习培训培育一批新型技术农民，通过智能化产业引领，培育和发展一批现代化农业产业。	文件制度、方案、信息简报等	街道农技推广站	
（二）	加快打造基层社会治理的智能化平台，有机融入智慧城市建设。			
1	运用"互联网+网格管理"手段，依托市、县、乡镇（街道）、村（社区）四级综治中心，全方位推进"中心+网格化+信息化"建设，建立多级信息资源共享平台，每个村（社区）通过政法综治信息系统、综治视联网等平台实现可视化智能办公。	文件制度、方案、花名册、照片等	街道综治办	
2	实行网格化精细管理，科学设定网格划分标准，按"全科网格"标准划分网格、配齐配强网格管理员，构建"横向到边、纵向到底、村（居）不漏户、户不漏人"的基层社会治理"一张网"。	文件制度、方案、花名册、信息简报等	街道综治办	
3	以"智慧新警务"为抓手，加快推进综治中心、"雪亮工程"、网格化服务管理工作，加强村（社区）出入口、主要道路的公共安全视频监控建设，扩大公共安全视频监控联网应用范围，由街道和村（社区）、派出所进行联网，提高社会治安防范信息化水平。	文件制度、方案、照片等	各派出所	
（三）	深化基层公共服务综合平台建设，提高服务村（居）民的能力和水平。			
1	利用大数据和信息化技术，整合基层服务资源，构建全流程一体化在线服务平台和便民服务网络，线上及时回应、线下及时解决，打通基本公共服务"最后一公里"，切实提高服务群众的效率和水平，实现基层公共服务事项"群众办事不出村"的"一网式"办理、"一门式"服务。	文件制度、方案、照片等	街道社会服务中心	
2	成立罗阳街道解决征地历史遗留问题专项工作领导小组，利用大数据和信息化技术，着力解决部分征地项目未兑现留用地、安置地或置换地等问题，用智慧化解社会矛盾风险，维护社会和谐稳定。	文件制度、方案、问题清单等	街道闲置办	

序号	工作目标	佐证材料	指导部门	备注
六	美 治			
（一）	提高村（居）民综合素质，建设乡风文明村（居）。			
1	充分发挥新时代文明实践站作用，全面宣传党的思想政策、传递文明风尚，通过开展多样的志愿服务活动和公益宣传活动，让社会主义核心价值观扎根人民群众内心，不断提高村（居）民综合素质，营造人人讲卫生、讲诚信、讲文明、讲友善、讲敬业的氛围，创建新时代文明村（居）。	文件制度、方案、宣传资料、信息简报等	街道宣传办	
2	落实"门前三包"责任制，常态化组织开展评优评先活动，建立光荣榜，激励群众创先争优，营造崇德向善、见贤思齐的文明乡风。	文件制度、方案、责任书、信息简报、表彰通报等	街道宣传办	
（二）	加强传统村落保护，丰富名胜古迹文化底蕴。			
1	统筹推进传统村落保护工作，挖掘收集保护村（社区）历史，活化老村老街老建筑。	文件制度、方案、信息简报等	街道文化站	
2	开展当地的旧民宅、古旧祠堂、名木古树、民俗文化、文化遗产等的发掘、保护和规划设计，尤其是做好保宁桥、罗阳革命演讲地—大榕树下、天上园戏台旧址、百人坑、韩日缵墓、罗阳城东城墙遗址、宁济桥、韩氏大宗祠、锣鼓石摩崖石刻等名胜古迹保护工作。	文件制度、方案等	街道文化站	
3	加强红色革命遗址保护利用，传承红色基因。	文件制度、方案等	街道文化站	
4	因地制宜建设村史馆、农耕文化馆、家风家训馆、好人馆等。	文件制度、方案、实地照片等	街道文化站	
（三）	传承发展优秀传统文化，不断整合推出地域文化资源。			
1	结合传统节日、民间特色节庆、农民丰收节等，因地制宜广泛开展乡村文化体育活动。	文件制度、方案、信息简报等	街道文化站	
2	挖掘培育乡土文化和本土人才，注重文化场地设施统筹安排，打造文化长廊、文化团队、文化活动、文化产业品牌，促进传统文化资源与现代消费需求有效对接。	文件制度、方案、实地照片等	街道文化站	

续表

序号	工作目标	佐证材料	指导部门	备注
3	把民族民间文化元素融入乡村建设，深挖历史古韵，弘扬人文之美，重塑诗意闲适的人文环境和田绿草青的居住环境，重现原生田园风光和原本乡情乡愁。	文件制度、方案、村庄规划等	街道农业办	
4	按照"一村一品、一村一景、一村一业"的错位互补和协同发展格局，因地制宜，培育具有罗浮山、象头山等地域特色的罗阳文化品牌，形成处处有景观、村村有韵味的自然文化景观。	文件制度、方案、村庄规划等	街道农业办	
5	开展珍视历史传承，延续乡村文脉，守护文化生态，留住美丽乡愁的"美丽罗阳"创建活动，评选乡村"十美"，打造挖掘一批生态美、村容美、庭院美、生活美、乡风美的美丽村（居）。	文件制度、方案、信息简报、表彰通报等	街道宣传办	
（四）	推进人居环境治理，建设宜居宜业宜游村（居）。			
1	进一步加大人居环境综合治理力度，大力推进"三清三拆三整治"工作，集中整治农村"脏、乱、差"，科学实施"雨污分流、改厕、污水处理、禽畜养殖废弃物利用"。	文件制度、方案、信息简报、照片等	街道农业办	
2	全面推进乡村"亮化、绿化、净化、道路硬底化"建设，着力推动农村生活方式转变，全面改善村容村貌。	文件制度、方案、信息简报、照片等	街道农业办、街道规划建设办、罗阳环卫站	
3	注重村庄规划先行，充分尊重乡村自然禀赋和地域文化特色，合理借鉴成功案例，科学把握乡村多样性、差异性，做好顶层设计，用美丽村庄规划引领乡村发展。	文件制度、方案、村庄规划等	街道农业办、街道规划建设办	
4	按照"一村一品、一村一景、一村一业"原则，科学做好乡村产业发展规划布局，多渠道引进绿色产业项目，重点打造乡村品牌特色产业，增强村（居）集体收入造血功能，带动乡村产业兴旺发展。	文件制度、方案、村庄规划、信息简报、产业简介等	街道农业办	

序号	工作目标	佐证材料	指导部门	备注
5	不断完善乡村"六个一"配套（至少有一个中心区、一个教育培训中心、一个医疗站、一个公益书吧、一个党群服务站、一个居家养老中心），建设宜居宜业宜游乡村。四个试点村（社区）要在2019年底前率先实现"六个一"配套，其他村（社区）要在2020年底前实现"六个一"配套。	文件制度、方案、实地照片等	街道社会事务办	

八、惠城区江南街道《祝屋巷社区居民公约》[1]

讲社会公德

爱党爱国讲文明，民族自信讲气节；

遵纪守法讲秩序，做人做事讲原则；

见义勇为扬正气，帮困助弱行善举；

爱护公物美环境，和谐邻里宜人居；

支持国货当自强，国力增强我才强。

守职业道德

艰苦创业真君子，自由散漫慵懒人；

小胜靠智蝇头利，大胜靠德路长开；

乐于奉献敬事业，清廉为乐仕途稳；

诚信服务信守诺，优质品牌赢口碑。

传家庭美德

小家立业大家兴，以身作则育后人；

孝老敬亲显赤诚，良好家训永传承。

养个人品德

知荣晓辱严自律，重义感恩德不孤；

明辨是非志高远，包容豁达慎言行。

保社会治安

洁身自好不滋事，勿沾邪教黄赌毒；

防火防盗防诈骗，群防群治建乐土；

水域安全多留神，危险物品不储存；

绝不造谣不传谣，交通安全紧记牢。

倡环境保护

市容市貌都维护，社区家园共营造。

---

[1] 2020年9月3日制订，惠州市惠城区江南街道祝屋巷社区居委会2022年1月10日提供。

垃圾分类最环保，变废为宝我骄傲。
楼宇整洁最舒心，勿让私物堵过道。
高空坠物心惶惶，主动控烟利健康。
违法搭建惹烦恼，装修扰民控制好。
家禽禁养防疫病，文明养宠素质高。

抓精神风尚

拥军爱警民心聚，保家卫国添荣誉；
尊师重教义工巡，品德教育要先行；
提倡文明祭先祖，陋习陈规很老土；
融入社会要积极，社区活动多参与。

九、惠城区江南街道《祝屋巷社区居民自治章程》[1]

第一章 总 则

第一条 为保障社区居民依法实行自治，进一步规范社区组织，加强社区民主政治建设，创建社会治安稳定，环境整洁优美，生活方便舒适，人际关系和谐的文明社区。根据《中华人民共和国城市居民委员会组织法》和有关法律、法规的规定，结合本社区实际，制定本章程。

第二条 在国家法律、法规及党和国家政策规定的范围内，在社区党委的领导下，本社区以体现民主选举、民主决策、民主管理和民主监督的原则，实行社区居民自我管理、自我教育、自我服务、自我监督的社区居民民主自治。

第三条 本章程根据社会及我社区发展状况适时进行修改，由社区居民代表大会讨论通过，社区居委会组织实施，社区居民代表大会监督执行。

第四条 本章程一经通过，社区范围内的社区居民、社区内各类组织及驻社区单位均应自觉遵守。

第二章 社区自治组织

第一节 社区居民代表大会

第五条 社区居民代表大会是社区的权力机构。根据本社区实际，居民会议采取社区居民代表大会形式。

第六条 社区居民代表大会行使下列职权：

1. 贯彻执行党的路线、方针、政策和国家的法律法规；

2. 依法选举产生和罢免社区居委会成员；

3. 听取并审议本社区的发展规划、年度工作报告和财务收支报告；研究、

---

〔1〕 2020年9月15日制订，惠州市惠城区江南街道祝屋巷社区居委会2022年1月10日提供。

讨论并决定涉及社区全体居民利益的重大事项，对社区居委会的工作进行民主评议和民主监督，并提出质询、意见和建议；

4. 讨论制定和修订《社区居民自治章程》和《社区居民公约》；

5. 变更或者撤销社区居委会不适当的决定。

第七条 社区居民代表的职责：

1. 参加居民代表会议，代表本小组居民行使民主决策、民主管理、民主监督的权利，代表居民对社区自治事务进行讨论决定。

2. 及时向本小组居民传达居民代表会议的决定。

3. 及时向居民代表会议反映本小组居民的意见建议。

第八条 社区居民代表任期三年，可连选连任。

第九条 社区居民代表大会由社区居委会召集和主持；每年至少召开两次，遇特殊情况或有三分之一以上居民代表提议，可以决定召开居民代表大会。

第十条 社区居民代表大会的决议、决定和通过的事项在本社区内具有最高的权威和效力，在合法的前提下，任何社区组织和社区居民无权更改，本全体社区居民必须贯彻执行和自觉遵守。

第二节 社区居民委员会

第十一条 社区居委会是社区居民代表大会的办事机构。是本社区居民依法选举产生的群众性自治组织，实行民主选举、民主决策、民主管理、民主监督。在地区办事处的指导和社区党委的领导下，依法开展居民自治。

第十二条 社区居委会由具有选民资格的本社区居民代表选举产生，每届任期三年，可以连选连任。

第十三条 社区居民委员会的权力：

1. 在政府指导下，有权依法组织居民决定社区内部事务。

2. 有权依法协助政府部门办理涉及社区居民切身利益的事项。

3. 有权组织社区居民、单位对地区办事处和基层职能部门工作进行监督和评议。

第十四条 社区居民委员会的基本任务：

1. 宣传宪法、法律、法规和国家的政策，维护居民的合法权益，教育居民履行依法应尽的义务，爱护公共财产，开展多种形式的精神文明建设活动。

2. 向社区居民代表大会负责并报告工作，执行社区居民代表大会的决定、决议。

3. 组织、引导社区居民开展法制教育、国防教育、公德教育、科学教育、青少年素质教育，组织社区居民开展各种健康向上的文体活动；教育社区居民尊老爱幼、助残帮困、拥军优属、团结互助，养成文明、健康的生活方式，形成具有社区特色的文化精神，增强社区居民的归属感和家园感。

4. 管理本社区居民的公共事务，发展本社区的公益事业，开展各种社区服务，兴办社区福利事业，维护和管理本社区居委会的财产。

5. 协助人民政府和地区办事处做好与居民利益有关的公共安全、公共卫生、计划生育、优抚救济、青少年教育等项工作。

6. 掌握民情民意，调解民间纠纷，防止矛盾激化，促进社区居民家庭和睦、邻里团结。

7. 代表社区居民向人民政府和地区办事处反映居民的意见、要求和提出建议。

第十五条 居民委员会应当开展便民利民的社区服务活动，可以兴办有关的生产生活服务事业。

第三节　社区居民小组

第十六条 本社区居民委员会下设居民小组，原则上每 50-100 户为一居民小组，每个居民小组选举产生一名居民小组长，居民小组在社区居委会的领导下开展工作，完成社区居委会交给的各项任务、

第十七条 居民小组长的职责：

1. 组织本组居民贯彻执行居民代表大会、社区居委会的决定；组织本小组的各种会议和活动。

2. 自治本组居民积极推进社区两个文明的建设，并对居务进行监督。

3. 协助居委会开展工作，及时向居委会反映本组居民的意见、建议和要求。

第三章　社区居民

第十八条 本社区居民是指居住在本社区内的、有固定住所并长期居住

的人员。

1. 本社区辖域为。

2. 为便于服务与管理，社区居民实行登记制度，户籍不在本居住地的人员（含本市和外埠），要在居委会进行登记，外埠人员要办理居住证。

第十九条 社区居民的权利：

1. 社区居民依法享有宪法赋予的一切权利。

2. 本社区年满十八周岁的居民（依法被剥夺政治权利者除外）均有选举权、被选举权。

3. 本社区居民有参加社区集体活动的权利；对社区事务有知情权管理权；对社区居委会及社区服务站成员有监督权、评议权。

4. 社区居民有权对本社区的卫生、文化、治安、服务、环境等提出意见和建议。

5. 社区居民有权对丽都社区居民委员会的工作报告、社区发展规划、社区有关工作进行质询和监督。

第二十条 社区居民的义务：

1. 遵守本社区居民自治章程和居民公约，执行社区居民代表大会的各项决议决定。

2. 正确处理国家、集体、个人三者的利益关系，参加社区组织的各项公益活动，按时缴纳环境卫生费，积极配合社区居委会开展工作。

3. 自觉维护社区环境卫生、社区治安，积极参加文明家庭、文明楼院、文明社区及无邪教社区的创建活动，为构建和谐社区做贡献。

4. 关心社区公益事业，积极参加社区公益活动和文体活动，维护社区居民合法利益，制止损害社区和他人利益的行为。

第四章　居民议事规则

第二十一条 议事内容：

1. 党的方针、政策，国家的法律、法规和政府的决定是否得到认真贯彻执行。

2. 社区发展规划是否切实可行，具体工作计划是否得到落实。

3. 居民自治工作中的各项规章制度是否合理，执行情况是否符合要求。

4. 各项福利事业、社区服务及其他社区重要工作如何开展。

5. 社区居委会成员工作是否尽心尽职，作风是否民主，行为是否廉洁奉公。6、居民的行为是否符合本社区居民自治章程和居民文明公约及对本社区自治章程和文明公约的讨论修订。

第二十二条 议事方法：

1. 定期召开居民代表大会报告工作，研究、解决自治活动中的重大问题，听取居民意见和建议。

2. 经常组织居民活动，及时征求居民意见；通过居民代表介绍居委会的重要工作情况。

3. 召开各类座谈会，设立民主信箱，广泛征求居民意见，及时解答社区居民提出的问题。

第二十三条 议事原则：

1. 议事必须在国家政策和法律规定的范围内进行，遵循良好的议事程序。

2. 坚持言论负责的原则和少数服从多数的原则。

3. 居民议事决议，必须有半数以上居民代表同意方为有效。对议事过程中的不同意见，不得责难和打击报复。

第五章　其他组织

第二十四条 按照"共建共享"的原则进行社区建设，充分挖掘社区各项资源为社区建设服务。

1. 充分发挥老年工作协会、青少年教育协会、妇女和计划生育协会、健康教育协会、文艺体育工作协会、卫生保健协会等民间组织的作用。

2. 充分发挥居民志愿者队伍的作用，使之与民间组织有机结合开展工作。

3. 社区居委会要协助社区卫生服务站为社区居民提供健康教育服务。

4. 充分利用社区服务站，为居民提供方便快捷的社会化保障服务。

5. 社区居委会要与所辖小区物业公司及业主委员会加强沟通，发挥指导、监督、协调作用。

6. 社区居委会要支持社区居民依法从事个体经营，为社区居民提供便民、利民服务。

第六章　附　则

第二十五条　本章程自居民代表大会通过之日起施行，并报江南街道办事处备案。

第二十六条　本章程由祝屋巷社区居委会负责解释。

十、《惠城区祝屋巷文旅协会街区管理职责方案》[1]

惠城区祝屋巷文旅协会的职责是更好地服务商家，做好对接协调工作，此次方案主要包括业态经营、商家招牌、食品安全、环境卫生四项内容。

一、业态经营

1. 职责：

监督祝屋巷商家的入驻。

2. 执行：

对于新入驻的商家，商家法定代表人在办理工商营业执照之前，需要在祝屋巷文旅协会开具诚信经营的证明并加盖协会公章，方可办理营业执照与后续的经营。

3. 可入驻商家：

文创商家、文房四宝、琴棋书画、美食、小吃、饮品、小酒吧、咖啡馆、民宿、手信、特产、园艺花卉、娱乐、培训、音乐、服装、书吧文具等。

二、商家招牌

1. 职责：

监督祝屋巷商家的招牌设计与装饰

2. 执行：

对于已有的商家，其招牌会协助商家进行一定的升级与改造；

对于新入驻商家，招牌与广告牌协会要进行引导去规范制作，可以帮请设计公司出效果图，或者由协会协助审核，提供一些建议。

三、食品安全

1. 职责：

监督祝屋巷商家的食品安全卫生。

---

[1] 惠州市惠城区祝屋巷文旅协会 2021 年 4 月 20 日提供。

2. 执行：

在餐饮店、协会办公楼、祝屋巷主干道等一些区域提供监督举报热线，如遇到消费者投诉商家，协会协助工商部门去处理消费者投诉的问题，监督商家的食品安全。

四、环境卫生

1. 职责：

坚持"垃圾不落地"政策，监督祝屋巷商家的卫生处理并进行协调规范

2. 执行：

2.1. 目前将祝屋巷的垃圾分类大致分为餐厨垃圾与其他垃圾两类，其中所有商户的垃圾统一由协会聘请的保洁人员每日 3 次上门进行收取，所有商户的垃圾不经过垃圾桶。

2.2. 我们制定了统一的垃圾收费标准，主要针对餐饮、民宿、文创商家进行差异收费。

2.3. 对于存在违反祝屋巷垃圾分类管理办法的商户，我们将采取以下四个步骤来让商家配合我们的垃圾分类工作：

（1）口头通知该商家；
（2）在祝屋巷商家群进行公布并在群里告知该商户；
（3）向商家发放书面告知书；
（4）协调城管部门对商户进行一定处罚。

惠州市惠城区祝屋巷文旅协会

2020 年 11 月 2 日

十一、《"网格共商"演绎出"和美之治"：惠州凝智聚力探索基层社会治理新路径》[1]

是什么，让一个曾经出门怕抢、蜘蛛网般电线密布头顶的"城中村"，晴时漫天灰尘、雨天一路泥泞的老旧小巷，成为老百姓心中的"诗意栖居"，嬗变为网红"打卡地"和"城市客厅"？近日，《法治日报》记者走进广东省惠州市惠城区江南街道祝屋巷，探访惠州基层社会治理的创新样板地。

他们，重构"综合网格"，推行"巷长制"，赋能最基层治理主体，借旧改东风，精准施策源头解决隐患，让群众安全感满满；他们，开展"网格共商"，疏通社会治理"堵点"，一站式解决群众愁难事提高群众满意度；他们，倡导"六和、六美"，凝智聚力将矛盾纠纷化解在网格内，群众幸福感噌噌涨……他们，是网格内的居民、商户，是居委会主任、巷长、党员，是人民群众中的你我他。

而把他们聚到一起的，是惠州市探索推行的"和美网格""网格共商"等基层治理机制在基层的生动实践。祝屋巷先行先试尝到了甜头，试点的辐射带动作用也如"蝴蝶效应"在惠州全域形成潮流，惠州基层社区不断激发"网格共同体"的意识和创造活力，生动演绎出一幅幅具有新时代惠州特色的"和美共治"美景。

和美网格聚合群力

惠城区江南街道辖下的祝屋巷，虽地处惠州的城市中心地带，却曾经有落后、破败、脏乱的面貌，经济发展和社会治理举步维艰。

惠城区委常委、区委办主任陈广文介绍说，为切实解决好群众的操心事、烦心事、揪心事，2016年，惠州市城管局联合惠城区政府在祝屋巷等地开展"和美网格"试点。2017年，惠城区江南街道在市委、区委的指导和支持下，

---

[1] 章宁旦、邓君："'网格共商'演绎出'和美之治'：惠州凝智聚力探索基层社会治理新路径"，载《法治日报》2021年5月8日。

引入专业的文旅公司，对祝屋巷进行街区更新改造试验。

然而，街区改造繁杂事多，商家、单位、住户各自的诉求不一，难免会触动一些人的"奶酪"。为此，江南街道党工委牵头，以基层党组织的名义，把祝屋巷这片区域内的党员召集起来，定期召开议事协商会议和党建联席会议，探索创建"和美网格"，开展"网格共商"。

"劝人以和，导向以美，和美网格的共识，让我们更容易与网格内群众同频共振。"祝屋巷社区居委会党委书记金鸥告诉记者，"网格共商"把网格内各治理主体连接起来，"基础网格""部门网格""线上网格"同向发力，强化了网格单元责任意识，网格内的事情由基础网格内的群众民主商议，协会范畴的事情由协会出谋划策，有关职能部门协同联动，共同解决网格内各项事宜。

"说话和气、待人和善、邻里和睦、团队和衷、买卖和谐、矛盾和解；卫生洁美、环境优美、身体健美、德行善美、奋斗俊美、文化尚美。"记者注意到，祝屋巷在"和美网格"试点中，不断总结提炼社区治理文化内涵，用"六和、六美"将社区凝结成有"和美"共识的"共同体"，充分调动居民群众的积极性。

在党建引领和"网格治理"机制运作下，祝屋巷近两年来共收集群众意见和建议 240 多条，解决回复率达 94%，有 13 家商铺挂牌"党员示范店"，6 家商铺挂牌成为"党群连心店"，实现"连心"服务全覆盖。

精诚为民致力和解

"以前受限于破败脏乱的条件，社区时常发生邻里纠纷、治安问题，我们常常扮演'救火队'的角色而疲于奔命。"金鸥说，要做好社区的长治久安，就得摒弃"头痛医头，脚痛医脚"的老套路，从源头开始规范项目运行，治"病"于"未病"。

电动车无序摆放、私拉充电线，"三线"混乱等严重影响安全生产和消防的问题，在许多城市普遍存在，也是当前基层社会治理需要搬走的第一块石头。

位于祝屋四巷 28 号一楼的单车棚内停放的电动车日渐增长，且没有专业的充电桩，残疾人刘先生就私拉电线给居民充电，从中赚取月保费。为了拆除这些破旧且存在严重安全隐患的单车棚，综治网格员霞姐前后上门 8 次，都被刘先生以"生活不下去"为由拒绝。金鸥为此启动"网格共商"机制，召集网格内的党员、居民、相关单位一起协商解决方案。通过大家群策群力，一举解决了刘先生的生活问题，最终拆掉了这个消防隐患。

据悉，仅仅改造更新项目起步3个月内，祝屋巷社区居委会就拆掉了6个单车棚。如今，旧单车棚的所在处建起了居民健身小广场，成了大伙儿休闲的好场所。而上百个电动车自行车停车位也经过协商，另外选点，并建设安装了智能充电桩，充分满足了社区内电动车主的充电需求。

随着更新改造的不断推进，商户进驻剧增，祝屋巷成了混居社区，商铺住宅连片，游客不断增多，商户、居民、游客之间的纠纷矛盾不可避免。

祝屋巷居委会根据"一街十巷"的实际情况，向群众借力借智，发挥党员熟悉社情民意、能够"把准脉摸到穴"的作用，推出"巷长"制，又积极引导行业协会、村民议事会、道德评议会、禁毒禁赌会等群众组织在共商中参与社会治理，把共建共治共享的"同心圆"越画越大。

祝屋巷文旅协会会长李木勤介绍说，吸收了70多户商家的文旅协会，在做好片区服务的同时，还引导会员自我管理并积极参与社会治理。当下，游客与商家、商家与商家、商家与村居民之间产生的大小纠纷，基本都在协会的协调下得以和解。

"通过实施'网格共商'机制，大家行为处事都会发自内心地照顾、平衡各方利益，有事好商量。"在惠州市博罗县麻陂镇，作为市委政法委派驻塘尾村的"第一书记"陈职勇坦言，"我们的村民也都尝到了网格共商的甜头。网格内各方代表充分协商增进共识，以达成自我管理规范或形成共同发展意愿，让我们的乡村风貌焕然一新，邻里更和睦。"

综合网格扁平治理

"以前，网格里的大事小情全靠综治网格员来做，他们分身乏术。"惠城区委政法委副书记刘辉强说，如今，惠城区在综治网格的基础上，住地党员、城市管理人员、"一村（居）一警"、卫生、应急消防等人员全面入格，不断叠加各种职能形成的综合网格，内涵和功能不断扩大，服务群众的能力更强了。

江南街道网格办负责人伍色娟说，不久前，某居民住宅楼内新开了一家保健养生馆，吸引了许多顾客，进出人员复杂，且艾灸味道直冲居民窗户。因此，二十多名居民联名投诉给了网格员。然而，店家称自己办理了营业执照，"是合法营业"。

　　网格员将此事上报街道办网格服务中心。网格中心迅速牵头，组织网格内的安监所、派出所、市场监督管理所等相关工作人员多次到场调研，最后，市场监管部门因其"经营超出服务范围"，撤销了营业执照，还给居民一个良好生活环境。

　　安全是社区治理的第一要求，祝屋巷居民"出门怕抢"的日子已成历史。在谋划街区改造之初，江南街道就把社会治理与智慧城市建设紧密结合起来。

　　在祝屋巷居住了 40 多年的莲姐直言自己是"和美网格"的受益者。她说："现在，出行夜路昏暗居民安全堪忧，'三线'混乱消防隐患突出，房屋墙皮脱落不美观等鸡毛蒜皮又关系民生的愁难问题，全部通过网格内流转一站式解决。"

　　记者了解到，惠州市是全国市域社会治理现代化第一批试点城市，他们先行先试，把广东省委推动的"综合网格"作为"基础单元网格"，实行市域治理"市、县（区）、镇（街）、村居、网格"五级负责制。该市去年出台的《惠州市市域治理工作指引》将"和美网格"作为当地"自选动作"予以推广。目前，"和美网格""网格共商"等聚力凝智基层社会力量的创新举措，正在惠州全面推开，为市域社会治理激发出了全新的活力和动力。像祝屋巷这样的"和美社区"也如雨后春笋般，遍地开花，争相斗艳。

十二、博罗县罗阳街道《观背村村规民约》[1]

为了推进民主法制建设，维护社会稳定，树立良好的民风、村风，创造安居乐业的社会环境，促进经济发展，建设文明卫生新农村，经全体村民讨论通过，签字按手印生效，制定以下村规民约，本民约自公布之日起执行。

一、社会治安

1. 每个村民都要学法、知法、守法、自觉维护法律尊严，积极同一切违法犯罪行为作斗争。

2. 村民之间应团结友爱，和睦相处，不打架斗殴，不酗酒滋事，严禁侮辱、诽谤他人，严禁造谣惑众、播弄是非。

3. 自觉维护社会秩序和公共安全，不扰乱公共秩序，不阻碍公务人员执行公务。

4. 严禁偷盗、敲诈、哄抢国家、集体、个人财物，严禁赌博、严禁替罪犯藏匿赃物。

5. 严禁非法生产、运输、储存和买卖爆炸物品；经销烟火、爆竹等易燃易爆物品须经公安机关等有关部门批准。不得私藏枪支弹药，拾得枪支弹药、爆炸物品，要及时上缴公安机关。

6. 爱护公共财产，不得损坏水利、道路交通、供电、通讯、生产等公共设施。

7. 严禁非法限制他人人身自由或非法侵犯他人住宅，不准隐匿、毁弃、私拆他人邮件。

8. 严禁私自砍伐国家、集体或他人的林木，严禁损害他人庄稼、果园及其他农作物，加强牲畜看管，严禁放浪猪、牛、羊。

对违反上述社会治安条款者，触犯法律法规的，报送司法机关处理。尚

---

[1] 博罗县罗阳街道观背村民委员会2021年4月16日提供。

未触犯刑律和治安处罚条例的，并罚款 300 元~500 元，由本村批评教育，责令改正。

二、消防安全

1. 自觉遵守防火值班安排，2 男人必须在岗，3 人全不在岗或只有 1 人在岗按不在岗处理，确保消防安全。

2. 加强野外用火管理，严防森林、草原火灾发生。

3. 家庭用火做到人离火灭，严禁在将易燃易爆物品堆放户内、村内，定期检查、排除各种火灾隐患。

4. 加强村防火设施建设，定期检查消防池、消防水管和消防栓，保证消防用水正常。

5. 对村内、户内电线要定期检查，损坏的要请电工及时修理、更新，严禁乱拉乱接电线。

6. 加强村民尤其是少年儿童安全用火用电知识宣传教育以及痴呆傻人员管理，做到家长负责制。

对违反上述消防安全条款者，触犯法律法规的，报送司法机关处理。尚未触犯刑律和治安处罚条例的，并罚款 300 元，值班人员按该班每户 300 元计算，由本村批评教育，责令改正。

三、村风民俗

1. 提倡社会主义精神文明，移风易俗，反对封建迷信及其他不文明行为，树立良好的民风、村风。

2. 红白喜事由红白喜事理事会管理，喜事新办，丧事从俭，破除陈规旧俗，反对铺张浪费、反对大操大办。违犯规定的给予批评教育，并罚款 300 元。

3. 不请神弄鬼或装神弄鬼，不搞封建迷信活动，不听、看、传淫秽书刊、音像，不参加邪教组织。违犯规定的给予批评教育，并罚款 300 元。

4. 建立正常的人际关系，不搞宗派活动，反对家族主义。

5. 积极开展文明卫生村建设，搞好公共卫生，加强村容村貌整治，严禁随地乱倒乱堆垃圾、秽物，修房盖屋余下的垃圾碎片应及时清理，柴草、粪土应定点堆放。违犯规定的给予批评教育，并罚款 300 元。

6. 建房应服从村庄建设规划，经村委会和上级有关部门批准，统一安排，不得擅自动工，不得违反规划或损害四邻利益。违犯规定的给予批评教育，并罚款 300 元。

7. 服从上级各项工作检查及积极参加本村组织的各类集体活动（全体村民大会、集体劳动、动物防疫等）。违犯规定的给予批评教育，并罚款 80 元，迟到罚款 20 元。

四、邻里关系

1. 村民之间要互尊、互爱、互助，和睦相处，建立良好的邻里关系。

2. 在生产、生活、社会交往过程中，应遵循平等、自愿、互惠互利的原则，发扬社会主义新风尚。

3. 邻里纠纷，应本着团结友爱的原则平等协商解决，协商不成的可申请村调解委调解，也可依法向人民法院起诉，树立依法维权意识，不得以牙还牙，以暴制暴。

违犯上述规定的给予批评教育，罚款 300 元，情节严重的交上级有关部门处理。

五、婚姻家庭

1. 遵循婚姻自由、男女平等、一夫一妻、尊老爱幼的原则，建立团结和睦的家庭关系。

2. 婚姻大事由本人作主，反对包办干涉，男女青年结婚必须符合法定结婚年龄要求，提倡晚婚晚育。

3. 自觉遵守计划生育法律、法规、政策，实行计划生育，提倡优生优育，严禁无计划生育或超生。

4. 夫妻地位平等，共同承担家务劳动，共同管理家庭财产，反对家庭暴力。

5. 父母应尽抚养、教育未成年子女的义务，禁止歧视、虐待、遗弃女婴，破除生男才能传宗接代的陋习。子女应尽赡养老人的义务，不得歧视、虐待老人。

违犯上述规定的给予批评教育，罚款 100 元~300 元，情节严重的交上级有关部门处理。

全体村民签字：

观背村村民小组

2017 年 3 月 1 日

备注：本民约一式三份报镇政府、村委会各一份，村民小组一份。

十三、《博罗县手有余香志愿者协会章程》[1]

第一章　总　则

第一条　本协会名称：博罗县手有余香志愿者协会（英文名：BOLU-OSHOUYOUYUXIANGLUNTEERS ASSOCIATION，缩写 BSVA）。

第二条　本会是由社会各界热心于慈善事业的团体或个人自愿组成的公益性的非营利性社会团体法人。

第三条　本会的宗旨：遵守宪法、法律，法规和国家政策，遵守社会道德风尚，设立的宗旨是：提供志愿服务，弘扬志愿精神，服务社会，帮助他人，互助相扶，共同进步，完善自己，弘扬新风。

第四条　本会坚持中国共产党的全面领导，根据中国共产党章程的规定，设立中国共产党的组织，开展党的活动，为党组织的活动提供必要条件。

第五条　本会的登记管理机关是博罗县民政局，业务指导单位是博罗县人民政府相关职能部门。本会接受登记管理机关、业务指导单位以及行业管理部门和其他部门依法在其职权范围内的监督管理和指导服务。

第六条　本会可以根据工作需要设立分支机构、代表机构。本会的分支机构、代表机构是本会的组成部分，不具有法人资格，不得另行制订章程，在授权的范围内发展会员、开展活动，法律责任由本会承担。

第七条　本会地址设在：博罗县罗阳街道观背村 119 号。

第二章　业务范围和活动原则

第八条　本会的业务范围：

（一）医疗义诊；

（二）农作物种植指导；

---

〔1〕　2020 年 3 月制订，博罗县手有余香志愿者协会 2021 年 4 月 16 日提供。

（三）传统文化推广；

（四）助学支教，关爱留守儿童；

（五）少年儿童心理疏导；

（六）扶残助残；

（七）安全宣传等；

（八）家电维修。

第九条 本会的活动原则：

（一）社会团体法人治理应当符合国家有关法律法规的规定；

（二）本会按照登记管理机关核准的章程开展非营利性活动，不从事商品销售，经费用于本章程规定的业务范围，不在会员中和负责人当中分配；

（三）本会建立决策机构、执行机构及监督机构相互监督机制，实行民主选举、民主决策、民主监督；

（四）本会开展业务活动时，遵循诚实守信、公正公平原则，不弄虚作假，不损害国家、本会和会员利益；

（五）本会遵循科学办会原则，不从事封建迷信宣传和活动。

第三章 会 员

第十条 本会由个人会员和单位会员组成。

第十一条 申请加入本会，应当拥护本会章程，有加入本会意愿。

个人会员具备下列条件：

（一）有加入本会的意愿；

（二）在本协会的业务，领域内具有一定的影响；

（三）热心慈善事业；

单位会员具备下列条件：

（一）有加入本会的意愿；

（二）热心慈善事业的企事业单位、社会组织和慈善机构；

（三）承认本会章程。

第十二条 会员入会的程序是：

（一）提交入会申请书；

（二）经理事会讨论通过；

（三）由理事会或理事会授权的机构（如秘书处等）发给会员证；

（四）及时在本会网站、通讯刊物等予以公告。

第十三条 本会建立全体会员名册，明确会员、理事、常务理事、监事以及会长、常务副会长、副会长、监事长、秘书长等负责人职务，作为证明其资格的充分证据。会员资格发生变化的，及时修改名册并予以公告。

第十四条 会员享有下列权利：

（一）本会的选举权、被选举权和表决权；

（二）参加本会的活动权；

（三）获得本会服务的优先权；

（四）入会自愿、退会自由权；

（五）查阅本会章程、会议记录、会议决议、财务审计报告等知情权；

（六）批评建议权和监督权。

第十五条 会员履行下列义务：

（一）遵守本会的章程；

（二）执行本会的决议；

（三）维护本会的合法权益；

（四）完成本会交办的工作；

（五）向本会反映情况，提供有关资料；

（六）按规定交纳会费。

第十六条 会员退会应书面通知本会，并交回会员证。会员超过二年不履行义务的，可视为自动退会。

第十七条 会员有下列情形之一的，其相应会员资格终止：

（一）申请退会的；

（二）不符合本会会员条件的；

（三）严重违反本会章程及有关规定，给本会造成重大名誉损失和经济损失的；

（四）被登记管理部门吊销执照的；

（五）受到刑事处罚的。

会员资格终止的，本会收回其会员证，并及时在本会网站、通讯刊物上更新会员名单。

第十八条 会员如有严重违反本章程的行为，经理事会表决通过，可以暂停其会员资格或者予以除名。会员退会、被暂停会员资格或者被除名后，其在本会相应的职务、权利、义务自行终止。

第四章 组织机构

第十九条 本会实行民主办会。领导机构的产生和重大事项的决策，须经民主表决通过，按少数服从多数的原则作出决定。

第二十条 本会的负责人是指会长1名、副会长若干名、秘书长1名。

第二十一条 本会负责人应当遵守法律、法规和章程的规定，忠实履行职责，维护本会的权益，遵守下列行为准则：

（一）在职务范围内行使权利，不越权；

（二）不得利用职权为自己或他人谋取不正当利益；

（三）不得从事损害本会利益的活动；

（四）国家机关工作人员或退（离）休干部（包括领导职务和名誉职务、常务理事、理事、监事等），须按干部管理权限审批或备案后方可兼职。

第二十二条 本会的最高权力机构是会员代表大会。会员代表大会每届任期五年。会员代表大会每年至少召开一次，遇特殊情况由理事会决定随时召开。

第二十三条 会员代表大会的职权是：

（一）制定、修改章程；

（二）制定、修改会费标准；

（三）制定、修改选举办法；

（四）选举或者罢免理事、监事长、监事；

（五）审议理事会、监事会的工作报告和财务报告；

（六）审议理事会的年度财务预决算方案；

（七）对本会更名、重大事项变更、终止解散和清算等事项做出决议；

（八）改变或者撤销理事会不适当的决定。

第二十四条 会员代表大会须有2/3以上的会员出席方能召开，其决议须经到会会员代表半数以上表决通过后生效。修改章程，组织解散等重大事宜，须经出席会议的会员代表2/3以上表决通过。

第二十五条 会员代表可以书面委托其他会员作为代理人出席会议，代理人应于会员代表大会前将书面授权委托书送交本会秘书处备案，在授权范围内行使表决权。

第二十六条 本会召开会员代表大会，须提前 3 个工作日将大会的时间、地点和议题通知各会员代表。

第二十七条 会员代表大会选举理事，组成理事会。理事会为本会的执行机构，负责领导本会开展日常工作，对会员代表大会负责。理事会任期五年。理事人数为奇数，不超过会员总数的三分之一。

第二十八条 理事会到期应当召开会员代表大会进行换届选举。如因特殊情况不能按时换届的，应经本会理事会通过，向登记管理机关申请，经登记管理机关审核，可提前或延期换届。换届延期最长一般不超过一年。遇特殊情况，理事会认为有必要或者五分之一以上的会员代表提议，可召开临时会员代表大会。

第二十九条 本会理事应当符合以下条件：

（一）坚持党的路线、方针、政策、政治素质好；

（二）在本会业务领域内有较大影响；

（三）会长、副会长最高任职年龄不超过 70 周岁；秘书长为专职；

（四）身体健康，能坚持正常工作；

（五）具有完全民事行为能力。

第三十条 单位理事的代表由该单位的主要负责人担任。单位调整理事代表，由其书面通知本会，报理事会或者常务理事会备案。该理事同时为常务理事的，一并调整。

第三十一条 理事会的职权是：

（1）召集会员代表大会；

（2）制定会员代表产生办法和分配名额；

（三）向会员代表大会提交工作报告和财务报告；

（四）执行会员代表大会决议；

（五）选举和罢免常务理事和会长、副会长、秘书长等负责人；

（六）决定会员的吸收或除名；

（七）制定内部管理制度，拟定年度财务预决算，领导本团体各机构开展工作；

（八）表决内设机构、分支机构、代表机构的设立、变更和终止；

（九）审议秘书长的工作报告，检查秘书长的工作；

（十）表决副秘书长和各机构主要负责人的聘免；

（十一）表决各机构工作人员的聘免；

（十二）改变或者撤销常务理事会不适当的决定；

（十三）表决其他重大事项。

第三十二条 理事会每年召开2次会议，每半年至少召开一次，情况特殊可随时召开。增补理事，须经会员代表大会选举。特殊情况下可由理事会补选，但补选理事须经下一次会员代表大会确认。

第三十三条 理事会会议由会长负责召集和主持。会长因故不能出席会议的，由会长授权的副会长或秘书长主持。召开理事会会议，会长或召集人需提前3个工作日通知全体理事并告知会议议题。理事会会议，应由理事本人出席。理事因故不能出席，须书面委托其他理事代为出席，委托书中应载明授权事项。

有下列情形之一的，会长在5个工作日内召集理事会临时会议：（一）会长认为必要时；（二）三分之一以上理事联名提议时；（三）监事提议时。三分之一以上理事联名提议召开理事会临时会议时，应提交由全体联名理事签名的提议函。监事提议召开理事会临时会议时，应递交由过半数监事签名的提议函。提议召开理事会临时会议的提议者均应提出事由及议题。

第三十四条 理事会会议应当有会议记录，出席会议的理事对本次理事会会议记录进行核实，并在会议记录上签名。出席会议的理事有权要求在记录上对其在会议上的发言做出说明性记载。

第三十五条 理事会会议须有2/3以上理事出席方能召开；理事会决议须经出席理事2/3以上通过方为有效。

第三十六条 本会会员代表大会、理事会、监事会进行表决，应当采取民主方式进行。选举理事、常务理事、监事长、监事以及负责人，应当采取无记名投票方式进行。

以上会议应当制作会议记录，形成决议的，应当制作会议纪要和会议决议。理事会、监事会的会议决议应当由出席会议的理事、监事当场审阅签名。会员有权查阅本会章程、规章制度、各种会议决议、会议纪要和财务会计报告。

第三十七条 本会会长为法定代表人。本会法定代表人不得同时担任其他社会团体的法定代表人。法定代表人应当由中国内地居民担任。

第三十八条 需要本会会长即法定代表人做出决定而法定代表人因特殊

原因不能履行职责的，由理事会按少数服从多数的原则做出决定并形成决议。

第三十九条　本会负责人需具备下列条件：

（1）坚持党的路线、方针、政策；

（2）业内公认具有丰富的专业知识，良好的组织领导能力及协调能力，社会信用良好；

（3）在本会业务领域内有较大的影响和较高的声誉；

（4）最高任职年龄一般不超过70周岁，身体健康，能坚持正常工作；

（5）未受过剥夺政治权利的刑事处罚的；

（6）具有完全民事行为能力；

（7）能够勤勉履行职责、维护本会和会员的合法权益；

（8）无法律法规规章和政策规定不得担任的其他情形。

第四十条　本会负责人的任期与理事会的届期相同，会长、法定代表人连任一般不超过两届。因特殊情况需继续连任的，须采取差额选举方式，经会员代表大会表决通过，经登记管理机关审批备案后，方可任职。

第四十一条　本会会长行使下列职权：

（一）召集、主持理事会；

（二）检查各项会议决议的落实情况；

（三）领导理事会工作；

（四）代表本会签署重要文件；

（五）章程规定的其他职权。

第四十二条　本会秘书长采用聘任制。秘书长在理事会领导下开展工作，行使下列职权：

（一）主持内设机构开展日常工作；

（二）列席理事会和会员大会；

（三）提名副秘书长及内设机构和实体机构主要负责人，交理事会决定；

（四）提议专职工作人员的聘免，交理事会决定；

（五）拟定年度工作报告和计划，报理事会审议；

（六）拟订内部管理规章制度，报理事会批准；

（七）拟订年度财务预算、决算报告，报理事会或常务理事会审议；

（八）协调各分支机构、代表机构、实体机构开展工作；

（九）处理其他日常事务。

第四十三条 本会设监事会，由会员大会选举产生。监事会设监事长 1 名，监事若干名。监事会任期与理事会任期一致，期满可以连任，但不超过两届。

监事从会员代表中选举产生，本会的负责人、理事、常务理事、秘书长、副秘书长和财务人员不得兼任监事。

第四十四条 监事会行使下列职权：

（一）列席理事会，对理事会、常务理事会决议事项提出质询或建议；

（二）对理事、常务理事执行本会职务的行为进行监督，对违反法律法规和本会章程或者会员大会决议的负责人、常务理事、理事提出依程序罢免的建议；

（三）检查本会的财务报告，向会员大会报告监事工作和提出建议；

（四）对负责人、常务理事、理事、财务人员损害本会利益的行为，及时予以纠正；

（五）向登记管理机关以及税务、会计主管等有关部门反映本会工作中存在的问题；

（六）决定其他应由监事会审议的事项。

第四十五条 监事会会议每半年必须召开一次。监事会议须有 2/3 以上监事出席方能召开，其决议须经全体监事过半数表决通过方为有效。

监事会的决议事项应当做出记录，出席会议的监事及记录员应在会议记录上签名。监事可以要求在会议记录上对其在会议上的发言做出某些说明性记载。监事会的决定、决议及会议记录等应当妥善保管，并向全体会员公开。

第四十六条 本会设日常办事机构秘书处，处理本会日常事务性工作。秘书处办公会议各项议题，应形成会议纪要，抄送理事会和监事会。秘书处下设日常办事机构须经理事会同意。

第四十七条 本会分支（代表）机构的设立、变更及终止，应当按照章程的规定，履行民主程序，提交理事会或常务理事会审议批准并形成决议，并向全体会员公布。各分支（代表）机构的名称应冠以所属社会团体的名称，分支机构可以称分会、专业委员会、工作委员会等。代表机构可以称代表处、办事处、联络处等。

本会不设立地域性分会，不冠以行政区划名称，不带有地域性特征。分支（代表）机构不再下设分支机构、代表机构。各分支（代表）机构根据本会章程规定的宗旨、任务和业务范围的需要设置，有明确的名称、负责人、业务范围、管理办法和组织机构等，报理事会表决通过并形成决议。

第四十八条 本会应当按《劳动合同法》的规定与专职工作人员订立劳动合同。本会专职工作人员应当参加相关岗位培训，熟悉和了解社会团体法律、法规和政策，努力提高业务能力。

第五章 财产管理和使用

第四十九条 本会的收入来源于：

（一）会费；

（二）捐赠；

（三）政府购买服务或政府资助；

（四）利息；

（五）在核准的业务范围内开展活动或服务的收入；

（六）其他合法收入等。

第五十条 本会依据章程规定的业务范围、工作成本和会员承受能力等因素，合理制定会费标准，遵循合理负担、权利义务对等的原则。会费须采用固定标准，不具有浮动性，采取无记名投票方式进行表决。自通过会费标准决议之日起 30 日内，向全体会员公开。

第五十一条 本会会费标准如下：

（一）会长单位每年缴纳会费 20000 元；

（二）副会长单位每年缴纳会费 10000 元；

（三）常务理事单位每年缴纳会费 5000 元；

（四）理事单位每年缴纳会费 3000 元；

（五）一般会员单位每年缴纳会费 1000 元；

（六）会员每年缴纳会费 10 元。

第五十二条 本会的收入及其使用情况应当定期向会员大会公布，接受会员大会的监督检查。

经费来源属于财政拨款或社会捐赠、资助的，应当接受财政、审计机关的监督，并将有关情况以适当方式向社会公布。

第五十三条 本会取得的收入除用于与本会有关的、合理的支出外，全部用于登记核定及本章程规定的非营利性或公益性事业，不得在会员中分配。

第五十四条　本会的财产及其孳息不用于分配，但不包括合理的工资薪金支出。本会工作人员的工资和保险、福利待遇，由理事会按照国家相应的政策规定制定执行。

第五十五条　本会的资产，任何单位、个人不得侵占、私分和挪用，投入人对投入单位的财产不保留或者享有任何财产的权利。

第五十六条　本会执行《民间非营利组织会计制度》，依法进行会计核算、建立健全内部会计监督制度，保证会计资料合法、真实、准确、完整。本会使用国家规定的票据。本会接受税务、会计主管部门依法实施的税务监督和会计监督。

第五十七条　本会财务实行统一核算，发生的各项经费在依法设置的会计账簿上统一登记、核算。除法定的会计账簿外，不另立会计账簿。本会的资产，不以任何个人名义开立账户存储。本会的银行账号、账户不得出租、出借或转让其他单位或个人使用。未经理事会批准，不得以本会名义借贷，不得将公款借给外单位，不得以本会名义对其他单位和个人提供经济担保。

第五十八条　本会配备具有专业资格的会计人员。会计不兼任出纳，实行账、钱、物分人管理。会计人员必须进行会计核算，实行会计监督。财务人员的调动和离职，必须按《会计法》的有关规定办理交接手续。

第五十九条　本会每年1月1日至12月31日为业务及会计年度，每年3月31日前，理事会对下列事项进行审定：

（一）上年度业务报告及经费收支决算；

（二）本年度业务计划及经费收支预算；

（三）财产清册。

第六十条　本会保证会计资料合法、真实、准确、完整。对会计凭证、会计账簿、财务会计报告和其他会计资料应建立档案，妥善保管。会计凭证登记要清晰、工整，符合要求。所附原始凭证要求内容真实准确，取得的发票应为合格、有效。对不真实、不合法的原始凭证有权不接受，并向会长及法定代表人等相关负责人报告；对记载不准确、不完整的原始凭证予以退回，并要求按照国家统一的会计制度的规定更正、补充。

第六十一条　本会建立财务收支情况报告制度，定期向会长、理事会、监事会以及会员代表大会报告，同时接受社团登记管理机关和相关部门的监督检查。社团登记管理机关及其他部门为履行监督管理职责，需要提交有关业务活动或财务情况的报告时，本会予以配合。

第六十二条 本会进行换届、或更换法定代表人，应当进行财务审计，并将审计报告报送登记管理机关。本会注销清算前，应当进行清算财务审计。

第六章 党建工作

第六十三条 本单位坚持中国共产党的领导，执行党的路线、方针和政策，走中国特色社会主义发展之路。

第六十四条 本单位按照党章规定，经上级党组织批准设立党组织，若正式党员人数少于3名暂不具备单独建立党组织的条件，可以通过建立联合党组织或由上级党组织选派党建工作指导员等方式，在本单位开展党的工作。

第六十五条 支持本单位党组织领导班子成员与单位领导班子交叉任职。

第六十六条 本单位邀请党组织负责人参加或列席本单位管理层会议。党组织对本单位重要事项决策、重要业务活动、大额经费开支、接收大额捐赠、开展涉外活动等提出意见。

第六十七条 本单位变更、撤并或注销，党组织应及时向上级党组织报告，并做好党员组织关系转移等相关工作；本单位换届选举时，应先征求上级党组织对主要负责人审核意见。

第六十八条 为本单位已建党组织开展活动提供必要的场地、人员和经费支持。

第七章 终止和剩余财产处理

第六十九条 本会有以下情形之一，应当终止：

（一）完成章程规定的宗旨的；

（二）无法按照章程规定的宗旨继续开展活动的；

（三）发生分立、合并的；

（四）自行解散的。

第七十条 本会终止，应当由理事会提出终止动议，经会员代表大会表决通过，并报登记管理机关审查同意。

第七十一条 本会终止前，由理事会确定的人员组成清算组，负责清理债权债务，处理善后事宜。清算期间，不开展清算以外的活动。

第七十二条 本会完成清算工作后，应向登记管理机关申请办理注销登记手续，完成注销登记后即为终止。

第七十三条　本会终止后的剩余财产，在登记管理机关的监督下，按照国家有关规定，本会注销后的剩余财产，用于公益性或者非营利性目的或者转赠给与本会性质、宗旨相同的组织，并向社会公告。

第八章　附　则

第七十四条　本章程经　年　月　日第　届第　次会员代表大会表决通过。

第七十五条　本章程规定如与国家法律、法规和政策不符，以国家法律、法规和政策为准。

第七十六条　本章程的解释权属于本会理事会。

第七十七条　本章程自登记管理机关核准之日起生效。

十四、博罗县《湖镇镇坪山村村规民约》[1]

（经 2019 年 7 月 19 日坪山村村民代表会议审议通过）

为了更好地发挥村民委员会自我管理、自我教育、自我服务的作用，推进依法治村，促进农村两个文明建设。根据《中华人民共和国村民委员会组织法》的规定，经党员和村民代表会议研究，制定本村民公约，全村村民均须自觉遵守。

一、每个村民都要学法、知法、守法、自觉维护法律尊严，积极同一切违法犯罪行为作斗争。自觉维护社会秩序和公共安全，不扰乱公共秩序，不阻碍公务人员执行公务。

二、村民之间应团结友爱，和睦相处，不打架斗殴，不酗酒滋事，严禁侮辱、诽谤他人，严禁造谣惑众、搬弄是非。

三、严禁偷盗、敲诈、哄抢国家、集体、个人财物；严禁赌博、严禁替罪犯藏匿赃物；严禁种植毒品；不得私藏枪支弹药，拾得枪支弹药、爆炸物品，要及时上缴公安机关。

四、保护森林资源和水资源，不乱开乱采，不乱砍滥伐和毁林开荒。严禁损害他人庄稼、瓜果及其他农作物，加强牲畜看管。严禁放浪猪、牛、羊。严禁私自砍伐国家、集体或他人的林木，爱护公共财产，不得损坏水利、道路交通、供电、通讯、生产等公共设施。

五、村民因使用土地、管理山林发生纠纷，双方当事人应自行协商解决，协商不成由村调委会调处。如果一方当事人继续纠缠，再次引发事端，应承担由此导致的事态支离破碎、矛盾升级的主要或全部责任。

六、加强野外用火管理，严防火灾发生。严禁将易燃易爆物品堆放户内。家庭用火做到人离火灭，对村内、户内电线要定期检查，损坏的要请电工及

---

[1] 博罗县湖镇镇坪山村民委员会 2021 年 4 月 21 日提供。

时修理、更新，排除各种火灾隐患。严禁乱拉乱接电线，加强村民尤其是少年儿童安全用火用电知识宣传教育，提高全体村民消防安全知识水平和意识。

七、提倡社会主义精神文明，移风易俗，树立良好的民风、村风。喜事新办，丧事从俭，破除陈规旧俗，提倡勤俭节约，反对大操大力。不请神弄鬼或装神弄鬼，不搞封建迷信活动，不听、看、传谣秽书刊、音像、不参加邪教组织。

八、严格执行殡葬法规，集中公墓入葬，严禁乱葬。

九、建立正常的人际关系，不搞宗派活动，反对家庭主义。村民之间要互尊、互爱、互助，和睦相处。在生产、生活、社会交往过程中，应遵循平等、自愿、互惠互利的原则，发扬社会主义新风尚。邻里纠纷，应本着团结友爱的原则平等协商解决，协商不成的可申请村调解委调解，也可依法向人民法院起诉。树立依法维权意识，不得以牙还牙，以暴制暴。

十、积极参与村级公共事业建设，搞好公共卫生，加强村容村貌和人居环境整治工作。严禁随地乱倒乱堆垃圾、秽物，修房盖屋余下的垃圾碎片应及时清理，柴草、粪土应定点堆放及做好垃圾分类工作。每位村民要有良好的卫生习惯，搞好室内清洁卫生，积极种植花木，做到家庭环境美化，积极按照镇"四位一体"的要求维护好家庭及田地周围的环境，严禁秸秆焚烧、抛入河中等行为。

十一、自觉养路护路，维护道路通畅，不准在村道、主道边搭建违章建筑、堆放废土、乱石、杂物、不准在路道上乱挖排水沟，不准在路肩上种植作物，侵占路面。

十二、建房应服从村庄建设规划，经村委会和上级有关部门批准，统一安排，不得擅自动工，不得违反规划或损害四邻利益。

十三、遵循婚姻自由、男女平等、一夫一妻、尊老爱幼原则，建立团结和睦的家庭关系。婚姻大事由本人作主，反对包办干涉，男女青年结婚必须符合法定结婚年龄要求。

十四、夫妻地位平等，共同承担家务劳动，共同管理家庭财产，反对家庭暴力。父母应尽抚养、教育未成年子女的义务，禁止歧视、虐待、遗弃女婴，破除生男才能传宗接代的陋习。子女应尽赡养老人的义务，不得歧视、虐待老人。

十五、积极学习党的路线、方针、政策和法律法规、科学技术知识，做会管理、善经营、懂科学、有技术的新型农民。

十六、加强村民的社会主义精神文明建设，开展多种形式的理想道德、科学教育和健康向上的文体活动，教育村民积极参与志愿服务活动，关爱空巢老人，关怀儿童成长，扶困助残、拥军优属、团结互助、移风易俗，养成文明、健康、高尚的生活方式。

十七、本村规民约有与国家法律、法规、政策相抵触的，按国家规定执行。

十八、本村规民约自村民代表会议通过之日起施行。

十五、惠东县《稔山镇范和村多元参与构建法治乡村新局面》[1]

范和村地处稔平半岛西北端，大亚湾畔，辖区人口约 1.2 万人，下辖 11 个村民小组，是一个集农盐渔居的新农村。近年来，范和村以法治建设"四级同创"为契机，大力推进法治宣传教育与社会主义核心价值观、精神文明创建、优秀传统文化、社会主义新农村建设、乡村振兴深度融合，通过党建引领、村委主导、村民群众为主体的多元参与，打开了法治乡村建设的新局面。先后获评"惠州市十佳民主法治村""惠州市创建平安村（居）示范单位""先进基层党组织""全国民主法治示范村"。

一、主要做法

（一）以党建优势促法建，推动法治文化入民心

一是坚持党建引领。近年来，范和村积极发挥党支部战斗堡垒作用，着力把基层党建的政治优势转化为新时代法治乡村建设的强大动力。一方面，依托村党委党校、远程教育、"学习强国"等平台，范和村党委书记带领党员干部率先学习《宪法》《民法典》《土地管理法》和《村民委员会组织法》等法律法规，切实增强党员干部运用法治思维推动发展、化解矛盾、维护稳定的能力。另一方面，通过党群服务中心依法为群众解难事、办实事，进一步密切了党群关系，通过干部带群众，发挥党员干部示范带动作用，从而营造全民尊法、学法、守法、懂法的良好氛围。二是注重普法惠民。村委会每年制定普法工作计划，有针对性地开展法治宣传"三进三见"（进家庭、进校园、进广场，见宣传栏、见横标、见宣传短信），建强法治文化宣传阵地。此外，利用"道德讲堂""省级新农村示范片建设""乡村振兴"等载体以及迎妈祖旅游文化节、谭公醮会、渔歌比赛等民俗传统节日，积极开展具有范和

---

〔1〕 惠东县稔山镇综治办 2021 年 4 月 19 日提供。

特色的法治文化活动，推动村风民风持续向好，干部群众尊法学法守法用法的自觉性明显增强。

（二）以法治力量创建平安，提升乡村治理水平

多年来，范和村将平安乡村建设与法治乡村建设紧密结合起来，围绕防控违法犯罪、化解矛盾纠纷、排除安全隐患三大工作重点，大力推进"中心+网格化+信息化"建设和社会治安防控体系建设，通过整合驻村干部、村"两委"干部、驻村民警以及禁毒巡查员等资源力量组建起一支网格化巡防队伍，在村中各重要路口、重要路段、重点海域安装 33 个高清视频监控，动态掌握本村社情民意和不稳定因素，深入推进扫黑除恶、反走私、禁毒工作，做到有黑必扫，有乱必治，全力压缩违法犯罪空间。近年来，范和村整体警情数逐年下降，2020 年治安、刑事案件分别同比下降 6%、62%，全村社会治安环境得到进一步净化，乡村治理法治化水平进一步提升。

（三）以法治思维化解矛盾，维护乡村和谐稳定

一是发挥法制副主任专业优势。自设立法制副主任一职以来，范和村法律顾问定期"下乡送法"，重点围绕群众关心的民间借贷、婚姻家庭、换届选举、劳动争议、土地矛盾等热点难点问题，采取集中培训、法治讲座、法律咨询和案例讲解等形式，开展法治宣传教育活动，解答村民生活中的法律问题，丰富了村民的法律知识，增强了村民的守法意识。此外，法制副主任还为乡村治理提供法律意见，协助起草、审核、修订村规民约和其他管理规定，为村中重大项目谈判、签订重要经济合同和其他重大决策提供法律意见，协助村处理换届选举中的法律问题等。近年来，范和村法制副主任共接受村民咨询 60 余次，开展普法宣传 36 次，协助调处村民矛盾纠纷 20 余件。

二是注重普法教育和化解矛盾相结合。整合法制副主任和农村人民调解员等基层法治力量，运用法律知识帮助来访村民分析有关问题的合法性、合理性，引导村民依法表达诉求，并且在解释劝导的过程中及时向当事人普及相关的法律法规，使运用法治思维来解决问题、维护权益的理念深入人心。如村民林某在扫墓时将一棵过于接近坟墓的荔枝树砍伐从而引发了与该荔枝树果场场主之间的矛盾，为妥善化解矛盾纠纷，村委在详细了解诉求情况后，安排法制副主任和调解员多次约谈村民，耐心做好双方的思想解释工作，最后促使双方达成共识，签订人民调解协议书，切实将矛盾纠纷化解在村组、化解在萌芽状态。

（四）以法治保障护航发展，助力乡村振兴"蝶变"

在法治的框架下，范和村积极探索符合本色的自选动作，研究制定《范和村党组织议事决策制度》《范和村党群联席会议制度》《范和村委议事协商制度》《范和村民代表会议制度》《范和村委会内部财务管理制度》和《范和村村民自治章程》等，坚持用制度管人、管事、管财、管权，促进法治乡村建设，护航乡村振兴。建立民主监督平台，健全和完善了以村务、财务公开和民主评议党员干部等为主要内容的民主监督制度，保证村干部依法处理村务。如在新农村示范片建设中，范和村在上级党委政府的指导下，运用"四民主工作法"积极探索"公司（合作社）+基地+农户"产业化组织模式。2017年，该村依托滨海资源优势，引进养殖企业投资发展高水位养虾产业，成功繁育出澳大利亚小龙虾，带动当地农户规模化养殖。如今，450多亩养殖面积便能实现年增加产值近6000万元，这成为乡村经济发展的新增长点。

二、存在问题

一是普法宣传的深度和广度有待提升。范和村部分村民仍缺乏法治意识，这主要表现为村民对法律概念了解不全，遇到矛盾时而通过法律途径去处理，时而通过宗亲关系解决。二是村干部法治素养有待提升。部分村干部停留在知法、守法层面，运用法治方式开展工作、解决问题能力仍显不足。

2、下步工作思路

下来，范和村将继续深入贯彻习近平法治思想，大力推进新时代法治乡村建设，为实施乡村振兴提供重要支撑。

一是进一步加强农村普法宣传。结合范和实际，重点筛选与农民切身利益相关的法律法规进行教育。把法治宣传教育融入丰富多彩、健康有益的农村日常文化建设活动中，寓法于艺、寓教于乐，努力实现农村普法教育与农村文化建设相结合，重点培养一批"法律明白人"，使法治宣传更接地气更受欢迎。

二是进一步提升村干部的法律素养。加强对村干部的法治教育和培训，提高村"两委"干部依法治村的能力和水平，鼓励群众"说事、议事、主事"，健全自治、法治、德治"三治融合"的乡村治理体系，充分发挥自治章程、村规民约在农村治理中的积极作用，弘扬公序良俗，促进法治、德治、自治有机融合。

2021年4月14日

十六、惠东县稔山镇《范和公益理事会宗旨》[1]

　　本会是在村委会正确指导和主持下，由群众通过民主选举产生成立。为发挥广大热心人士积极参与本会工作，切实做到服务于群众公益事业为中心，尊重信仰自由，继承传统文化，加强精神文明建设，发挥先进文化传统，搞好村民团结，营造互助互爱精神，维护村中大局，共同进展，在力所能及情况下，解困扶贫。大力支持公益建设、教学事业建设和造桥修路，以精打细算办事精神，把村古迹加以改观，增添新景点，优化环境，给范和村民一个值得骄傲和自豪的报答，为后代造福事业，发扬优良传统，促进后起之秀，把好的光荣事迹代代传下去。

　　重视环保工作，把维护村中环境卫生列入工作新议程，确保水质不受污染等，维护广大群众健康素质而努力。

　　听取广大群众意见，善于解决问题，接受批评。本会每届会长任期三年，换届选举可连任，在职人员犯原则性错误可立即罢免。

　　有必要时，会长可马上召开特殊会议，年终全面终结，检查工作成绩和存在问题，从而作出今后计划安排，以达到广大群众满意和支持为宗旨。

范和公益事业理事会

2007 年 3 月 20 日

---

[1]　惠东县稔山镇范和村民委员会 2021 年 4 月 14 日提供。

十七、惠东县稔山镇
《范和公益理事会岗位职责》[1]

一、理事会会长职责

1. 遵守国家的法律、法规，正确执行村委会的方针、路线、政策，拥护村委会工作。

2. 履行好理事会宗旨，执行好理事会会议的决议，向村委会报告工作。

3. 理事会会长要在村"两委"领导下，主持理事会工作，对理事会各项事务起领导核心作用。

4. 团结带领、管理、监督好理事会成员，履行宗旨和工作落实情况。

二、理事会副会长的职责

1. 遵守国家的法律、法规，在村委会的领导下支持理事会会长开展工作，协助会长做好研究、制定今后的工作计划和组织实施各项工作。

2. 具体抓好理事会成员履行宗旨和工作落实情况。

三、理事会成员职责

遵守国家的法律、法规，在村委会的领导下，支持协助正、副会长履行宗旨和落实日常工作。

范和公益理事会

2007 年 3 月 20 日

---

〔1〕 惠东县稔山镇范和村民委员会 2021 年 4 月 14 日提供。

十八、惠东县稔山镇
《范和村罗冈围陈氏家规二十条》[1]

敦孝弟以重人伦。

笃宗族以昭雍睦。

和乡党以息争讼。

尚节俭以惜财用。

解仇忿以重身命。

训子弟以禁非为。

躬稼穑以知艰难。

忍耻辱以保家业。

读诗书以明理义。

祭祖宗以展孝思。

亲师友以成德行。

慎交游以免损累。

严乘祧以息讼端。

禁烟赌以杜下流。

置义田以赡贫乏。

互守望以防盗贼。

主忠信以植根本。

守本分以寡过恶。

务谦逊以迓吉益。

辨义利以定人品。

---

[1] 2021 年 4 月 17 日拍摄于惠东县稔山镇范和村罗岗围门前墙绘。

十九、惠东县《稔山镇大墩村
老年人协会章程》[1]

老年人协会是在当地党政和农村村民委员会的领导下，老年人自我组织，自我管理，自我教育，自我服务，自我娱乐的群众性团体组织。任务是团结和联络老年人，做到互相关心，互相爱护，互相帮助。为老年人排忧解难，并按照《中华人民共和国宪法》有关条款，以及《中华人民共和国老年人权益保障法》，维护老年人合法权益，在国家、集体、社会各界人士以及家庭成员的努力下，做到"老有所养、老有所医、老有所为、老有所学、老有所乐、老有所教"使老年人能欢度幸福晚年。

一、会员：

1. 凡年龄 60 周岁以上公民，本社区居民委员会或本村民委员会村民，承认本章程，自愿申请，经批准即为会员。

2. 孤寡老人和五保户应是当然会员。

二、义务：

1. 接受本会领导、维护本会荣誉，完成本会交给的任务。

2. 学习党的路线、方针、政策、遵纪守法。

3. 在发展经济、维护社会治安、移风易俗、推行计划生育、殡葬改革、搞好环境卫生，培养教育青少年和儿童，搞好社会主义精神文明建设等方面，做力所能及的工作。

4. 团结友爱、互相访问、互相帮助、互相支持，共同维护老年人的合法权益。

5. 爱护老伴和儿媳，家庭和睦，邻里互相关心，互相帮助，建立良好的睦邻关系。

---

[1] 2021 年 4 月 18 日拍摄于惠东县稔山镇大墩村大墩村民娱乐中心（大墩公益理事会驻地）。

6. 缴纳会费，入会以后每年交会费 6 元～12 元，经济有困难的老人和"五保"老人可适当减免。

三、权利：

1. 入会自愿、出会自由、出会退回所交会费。

2. 在会内有选举权、选被选权和表决权，对本会工作有权提出批评和建议。

3. 享受社区居民委员会或村民委员会拨给的生活补贴或慰问金、老年人协会办实业经济收入中发的补贴以及老年基金会发给的福利费等待遇。

4. 参加本会的会员会议和本会或老年人活动中心组织文化体育娱乐活动。

5. 会员应领取的退休金的权利；应受儿女赡养的权利；孤寡老人和五保户应领取的养老金生活费的权利；老人丧偶再婚的权利；老人的人身自由，要受到法律和社会保护；打击歧视遗弃老人，虐待老人要受到社会舆论谴责，情节严重的要依法处理，老年人协会要出面维护会员的合法权益。

四、组织：

1. 本会最高权力机构，是老年人协会会员代表大会，代表按街巷或自然村推举产生，每届为期两年，会员代表大会每年召开一次，情况特殊，可以提前或推迟。

代表大会的职责是：

（1）决定和修改本会章程。

（2）审查和批准理监事会的工作报告。

（3）选举本会理监事会（由 7 人～9 人组成，其中妇女 2 人～3 人）。

2. 理监事会是会员代表大会闭幕后的常务执行机构。理监事会推举名誉会长 1 人，名誉副会长 1 人～2 人（可由在职老干部或海外侨胞兼任）。推举会长 1 人，副会长 1 人～2 人，理事 3 人～4 人，监事 2 人，每届任期 2 年，可以连选连任，理监事会每年开会 2 次～3 次。

理监事会的职责是：

（1）审批老人入会申请；

（2）决定、审批财务收支；

（3）决定老人协会办经济实体的事项；

（4）决定会员的奖励和处理；

（5）处理其他重大事项；

（6）定期向当地党政，社区居委会或村民委员会汇报工作争取当地党政对老龄工作的重视和支持。

3. 老年人协会下设：学习组（负责组织学习法律咨询），文体组（负责文娱、体育），经济组（负责办理经济实体和社会服务），生活组（负责福利，保健），财务组（负责财务、会计），宣教组（负责组织老人从事社会治安，环境卫生，计划生育，教育青少年，调解居民纠纷等宣传教育和社会服务工作）。各组组长由一名副会长或理事兼任，另由理监事会指定一名副组长。会员可按街巷或自然村设立小组，并由会员推选正、副组长。

五、经费来源和管理：

1. 经费来源：采取多渠道筹集。社区居委会或村民委员会每年划拨一点；企业单位和干部、职工、社会人士捐助一点；发动海外侨胞、港、澳、台同胞赞助一点；办经济实体的收入解决一点。

2. 经费管理：成立老人基金会，把各项经济收入纳入基金会。基金会把资金存入银行或投入办实业，所得的利息或利润，大部分作为公共积累，壮大基金，小部分用于增加老人福利开支和会员活动经费。建立严格的财务管理制度，设会计、出纳各 1 人，所有资金入账造册，资金按上述原则严格掌握使用外，任何单位和个人不得挪用，监事员定期监督，审查基金会及其他收支账目，每年收支账目张榜公布一次，接受会员监督。

二十、博罗县湖镇镇《黄塘村黄塘小组村民自治管理办法》[1]

为落实乡村振兴战略，契合中央政法委"五治"要求，全面推进村庄建设，维持村庄建设秩序，确保村庄建设成效，经黄塘小组代表大会通过，特制定此小组村民自治办法。本管理办法自颁布之日生效。

一、据《中华人民共和国土地管理法》，农村土地资源属村组两级集体所有，集体公共资源其成员共享，集体土地（除政策允许个人长期使用外），任何人不得超越法规擅自侵占盗用；因土地是不可再生资源，故务必由集体统一规范管理。

1. 2000 年以前占用集体土地（含：水旱耕地、闲置零星散地、山地、以下相同），种植的作物及临时搭建物（含：林、果、竹、苗、棚舍等，以下相同），集体因发展需要收回的，以政府工程征收条例补偿价标准补偿。

2. 2001 年以后占用的水旱耕地，地上一切附着物一律无偿强行收回。

3. 2015 年前占用公地搭建的建筑物及其他附着物，集体因建设规划所需，按时价评估合理补偿。

4. 2016 年以后私自占用公地使用，因集体事业发展用地所需，地上附着物（建筑物、农作物）务必自行清理，一律不予补偿。

5. 2021 年起未经集体许可不得在公地区域内（含：零星散地）乱搭乱建，种植作物，如有劝阻不听者，集体采取果断措施强行清理。

6. 集体公共事业建设涉及村民自由地，责任出，村民须服从集体调配使用，以相等面积置换，不得以任何理由推脱刁难。

7. 落实合同承包条款，守约经营，山地承包者不得擅自毁林扩种，否则，扩种面积归集体所有；2020 年前已扩种的超于合同承包面积者，按扩种面积

---

〔1〕 博罗县湖镇镇黄塘村村民委员会 2021 年 4 月 16 日提供。

每亩上交 50%（每次砍伐）罚金；林木砍伐出售每亩上交 100 元管理费，否则，砍伐证不予盖章审批。

8. 已占用的耕地（水旱地）无法多退收回，必须收取有偿使用费，按每平方米 300 元缴交集体，否则，村组不出具证明办理个人业务，取消集体福利分红，直到资金兑现后恢复。

9. 农田耕地种植的林、果、木、合同期满乙方务必自行清理树头、果茎归还集体复耕，否则，从分红款中扣除复耕清理费，以总费用为基数，并追加总费用 50%管理费。

二、与时俱进，更新观念，树立公德意识，驱邪去恶，根除陋俗，弘扬社会文明新风尚；文明村建设从我做起共同参与。

1. 热心公益，支持配合集体公共、公益事业建设，爱护公共场所的花、草、树木等公物，如有损坏按价赔偿，对故意损坏者要求加倍处罚。

2. 共同维村居环境卫生，不得乱扔丢垃圾、各户收集垃圾需到堆集点投放；家庭院实行门前"三包"，庭院内保持整洁有序，不得乱摆放柴草、农具等杂物；家畜禽实行圈养，不得散放；房前屋后园地围栏不得用损村容村貌的物件圈围，对违者不听规劝者以年终分红款扣除处罚清理。

3. 团结友善，邻里和谐相处，尊老敬幼，家庭和睦，传承良好家风，树文明村风。

三、集体福利分配界定：

1. 外嫁女及其子女挂靠本村户口以及嫁入离异未迁出户口的，不予享受本村一切福利。

2. 2021 年起嫁入本村妇女户籍未迁入本村的必须到户籍地出示当地未享受福利的证明，方可参与本村的福利分配。

3. 政府部门、事业单位上班户籍在本村的人员，必须到工作单位主管领导签字证明不属该单位在编职工或未领取财政工资的方可参与本村集体分红。

四、黄塘小组村民自治管理办法对辖区内村民均具约束力，如有违反造成集体损失者，损失部分由违反者承担，集体不再给违反者及其家人提供任何服务，取消村任何福利（如年终分红、购买医保等）直到违反者改正并承诺遵守，方可恢复相关福利和服务。

黄塘村黄塘村民小组

2021 年 4 月 14 日

后 记

  本书是在中共惠州市委政法委员会委托课题"惠州市'村居法治样本'调研"结项报告的基础上修改、补充而成。

  2020 年 11 月 26 日，我们与中共惠州市委政法委员会签订了《惠州市"村居法治样本"研究》的调研课题协议。按照协议约定，我们组建调研团队，结合学习贯彻落实习近平法治思想的要求，围绕惠州村居的良法善治，深入农村基层单位现场开展调研、开展对话，重点调研惠东县范和村等几个村居，把脉村居法治现状，系统梳理惠州市村居法治治理亮点工作，提炼实践性操作性强的路径与方法，找出存在问题难点、分析原因，探寻提升村居法治的质量、效率、公信力的途径与方法，总结法治对乡村治理的引领、规范、保障作用，为乡村弘扬社会主义法治精神、增强全民法治观念、完善公共法律服务体系、夯实依法治市基层基础提供决策参考依据。

  为此，我们课题组于 2021 年 4 月 14 日至 19 日、10 月 14 日至 19 日到惠州市进行田野调查。我们在惠州市司法局参加了由中共惠州市委政法委员会组织的座谈会，听取了惠州市农业农村局、惠州市民政局、惠州市司法局、惠州市中级人民法院等单位的工作介绍；在惠城区江南街道祝屋巷参加了由中共惠州市惠城区委政法委组织的座谈会，听取了中共惠州市惠城区委政法委、惠城区江南街道、惠城区江南街道下角村民委员会、惠城区江南街道祝屋巷居民委员会、惠城区江南街道祝屋巷文旅协会等单位的工作介绍；在博罗县罗阳街道参加了由中共惠州市博罗县委政法委员会组织的座谈会，听取了中共惠州市博罗县委政法委员会、博罗县罗阳街道、博罗县罗阳街道观背村等单位的工作介绍；在博罗县湖镇镇黄塘村，我们参加了由湖镇镇人民政府组织的座谈会,听取了博罗县湖镇镇坪山村、博罗县湖镇镇黄塘村、黄塘村法律顾问张律师等单位和个人的工作介绍;在惠东县稔山镇范和村,我们与惠东县稔山镇范和公益理事会的各位成员进行座谈;在惠东县稔山镇人民政府综治中心,我们参加了由中共惠东县委政法委员会组织的座谈会,听取了稔山镇人民政府综治中心、稔山镇司法所、稔山镇信访办等单位的工作介绍;在惠东县人民法院,与中共惠东县委、惠东县人民法院的领导和法官等进行了交流。

田野调查期间,我们到惠州市惠东县稔山镇范和村、惠东县稔山镇范和公益理事会、惠东县稔山镇范和村陈氏理事会、惠东县稔山镇大墩村、惠东县稔山镇司法所、惠城区江南街道祝屋巷、惠城区江南街道祝屋巷文旅协会、博罗县罗阳街道观背村、博罗县手有余香志愿者协会、博罗县湖镇镇坪山村、坪山村欢乐稻场项目、博罗县湖镇镇黄塘村、博罗县杨村镇羊和村、博罗县杨村镇洋和花卉基地、博罗县杨村镇石滩村、博罗县杨侨镇万洋众创城、博罗县李艺金钱龟园、大亚湾经济技术开发区西区街道塘尾村、大亚湾经济技术开发区澳头街道东升村、大亚湾经济技术开发区霞涌街道霞新村、大亚湾经济技术开发区霞涌街道新村新海港民宿、惠东县平山镇碧山村大湖洋村民小组、惠东县梁化镇小禾洞村、惠东县梁化镇小禾洞村吾乡别院民宿、惠东县人民法院等进行实地参观、考察、调查。

我们课题组与中共惠州市委政法委员会等单位和个人保持密切联系,获得诸多村居法治建设方面的资料。

在田野调查的基础上,我们课题组对前期调研进行总结,商讨需要进一步搜集的资料;研讨课题报告的标题、结构,逐渐形成基本思路,并进行初稿写作的分工。经过多次讨论和修改,我们于2021年12月7日完成了课题报告并提交给中共惠州市委政法委员会,得到肯定。

在课题报告的基础上,我们撰成了本书。本书是我们课题组三人通力合作的结果,由我确定基本框架,初稿写作的具体分工如下:

高其才:第一章、第六章。

张华:第二章、第三章。

池建华:第四章、第五章。

高其才、张华:附录一。

为了较全面地了解惠州市村居法治建设的情况，我们在附录二收入了惠州市的市、县区、街道乡镇、村居、村民小组、基层社会组织等的有关规定、规范、规约和四篇新闻报道和专家发言。

我对全书初稿进行了最后的阅改，对全书的质量和学术水准负责。

本课题的承担、完成和本书的写作，首先需要感谢中共惠州市委政法委员会领导和工作人员的信任和支持。

同时，我们感谢惠州市农业农村局、惠州市民政局、惠州市司法局、惠州市中级人民法院、中共惠州市惠东县委政法委员会、中共惠州市惠城区委政法委员会、中共惠州市博罗县委政法委员会、中共惠州市大亚湾经济技术开发区委政法委员会、惠东县人民法院、惠东县稔山镇人民政府、惠东县稔山镇范和村、惠城区江南街道、惠城区江南街道祝屋巷居民委员会、惠城区江南街道下角村、惠城区江南街道祝屋巷文旅协会、博罗县罗阳街道、博罗县罗阳街道观背村、博罗县湖镇镇坪山村、博罗县湖镇镇黄塘村、大亚湾经济技术开发区西区街道塘尾村、大亚湾经济技术开发区澳头街道东升村、惠东县平山镇碧山村大湖洋村民小组、惠东县梁化镇小禾洞村等单位的支持和配合。

感谢李箫、李晓鸿、朱晓方、林卫梅、严继章、杨建莉、万翔、张立军、吴桂申、陈华连等对课题调研的关心和帮助。

附录一以《回归乡贤在乡村治理中发挥作用的要素分析——以广东惠东张立军为对象》为题发表在《法治社会》2022 年第 1 期。感谢李广德博士的约稿和肯定。

由于疫情的影响，课题的田野调查时间有限，这在一定程度上影响了我们对惠州市村居法治建设的了解和理解。由于我们的水平所限，本书可能存在不足和局限，敬请批评指正。

高其才

2022 年 1 月 26 日于京西，时近冬奥开幕，疫情防控收紧